变革

新常态下的

对话37位中国企业家

沈伟民 著

中国出版集团
東方出版中心

序言

进入财经管理类媒体12年，我曾访谈过无数的企业家，但我特别想为2009～2015年的七年“新常态”，留下点笔墨。

为什么说是“新常态”呢？七年来，一方面是传统企业进入生死转型，另一方面是“互联网（移动互联网）+”产业与商业模式骤然崛起，使得我们在原有的产业经济模式下的企业，一直就处在传统与颠覆急剧地交互中。

尽管，有关“新常态”的提法在2014～2015年达到空前的热度，但正如温度上升是通过灼热累积一样，实际上，我们的各产业经济和企业，自金融危机后，甚至更久以前的创业期开始，就一直处在“新常态”中。

当然，和“新常态”相对应的是“老常态”。对此，杉杉控股董事局主席郑永刚曾这样给我解释：“以前的市场竞争是，一方面靠低廉劳动密集型的产能，另一方面是把产品输送到全球市场。这种战略在当时就是‘新常态’。但是，现在倒过来了，如果还坚持原有的打法，不要说发展，就是生存都会困难，于是，过去引以为荣的‘新常态’成了‘老常态’。”也许这就是杉杉十多年前决定从传统服装行业转型新能源锂电池的本因，郑永刚的目的是，杉杉能够一直处在“新常态”中。

在我七年访谈过的所有企业家中，郑永刚是第一个明确解释“新常态”的企业家，但这不代表其他的企业家不认同“新常态”和“老常态”之间的辩证关系。打开过去的记忆，我对这些企业家的访谈，仿佛发生在昨天。我对他们每个人访谈前，都花费过大量时间和精力去做研究。他们中，有像娃哈哈的宗庆后、三一的向文波、格力的董明珠、美特斯邦威的周成建、方太的茅理翔等传统制造业中的巨头，也有像同程旅游的吴志祥、1号店的于刚、沪江网的伏彩瑞、拍拍贷的张俊等互联网产业的新精英。这些企业英雄每天都在告别昨天，并盘算着通过技术创新、产品创新、定位创新、战略创新、营销创新，以及商业模式和盈利模式等的创新，来解构当下的常态，创造属于自己的“新常态”。

也许，对于多数人来说，这些人难得一见，更不用说要让他们暂停工作，接受我挑战性的访谈。我至今记得，我第一个采访的人是曾经的中国首富宗庆后，为采访他，我用了整整两个多月的时间阅读了和他有关的信息、资料，然后写出长达五页的采访提纲，但因考虑到访谈的聚焦，又进行大幅度删减，最后成了两页。正是以那次和宗庆后的见面为起点，开始了我和一线企业家零距离的接触。

和我能幸运地访谈到这些著名、知名企业家相比，他们其实并不幸。在过去的日子里，他们不是在面对头痛的产业生死转型，就是苦苦在寻找“黑天鹅”。我知道，他们在面对我的时候，总是会摆出处惊不乱的姿态，以防止我发现负面问题，但是也许和我见面之后，他们马上就会去处理企业中的一件麻烦事。我曾经在面见其中一位企业家的时候，他的助理悄悄地向他送来一个文件，尽管他表现得若无其事，并告诉助理——“等等，1小时后我会处理”，但我还是发现他瞬间的眉头紧锁。

我知道企业家活得不容易，何况他们手里掌握着一个集团或多个产业，并处在社会的塔尖，再加上媒体对他们财富的披露，有时往往引发了社会的仇富情绪。比如，宗庆后2013年3月在家门口的遇刺事件，表面上，是一个落魄的失业者向其索要工作未果，愤而挥刀，但没有人会去听宗庆后怎么想、怎么说。

为了能掏出企业家的真实想法，以及获得访谈的最佳效果，访谈开始，我总是让他们先滔滔不绝，我知道，企业家们都擅长此道，这可以让他们迅速兴奋起来，同时也让他们认为我是一个虔诚的倾听者，以便在他们发表言论之后，抛出我想问的问题。当然，也有企业家说得不尽人意，我会提供一些我的判断，以刺激他们发表意见。

算起来，2008年金融危机后，从2009年到2015年正好是七年，而七年很容易令人联想到“七年之痒”。“七年之痒”有两种解释：第一，夫妻到了第七年可能会因婚姻生活的平淡规律，感到无聊乏味，要经历一次危机的考验；第二，人的细胞每过七年会完成一次整体的新陈代谢。无论是婚姻说，还是细胞说，所谓的“七年之痒”，都指向了生命的周期。如果用这种周期论对应2009～2015年的中国企业和企业家们，居然是如此的相似：在经历了此前六年在市场环境中的抉择、对决、鏖战、嬗变、卡位、蝶变等过程之后，如今正在面临第七年中一个叫“新常态”的大周期转换时代。

事实上，每一年的产业经济都在与时俱进，甚至到了如今移动互联网时期，更加速了各种商业模式更替以及企业生命周期的运转。比如腾讯公司，如果没有微信这个IM（移动社交）产品，腾讯可能还一如2009年时那样，被称为“创新模仿者”；比如阿里巴巴，马云说过，自己在创业的时候，学习的是美国的电子商务模式，但后来却发现美国的电子商务实际是为大公司服务，而当时中国没有那么多的大公司，却有很多的小企业，于是转而用互联网技术的方式来帮助这些中国小公司，结果成功了；比如苏宁，如果没有全力向电商转型，苏宁的生存状态可能会更糟。问题是，这些企业为什么能有今天的好日子？

现代管理学大师彼得·德鲁克说：“企业决策，始于一个管理者的见解，所谓见解，就是尚待证实的假设。”按照这个逻辑，企业家思维几乎决定了一个企业未来的生或死。而通过和企业家直接对话，真实记录他们的思维，正是我七年来的最大成果。

我像寻找猎物那样，和着产业经济变化的节拍，选择性地访谈过往处于风头浪尖中的企业家，现在回头来看，走了这样一条路：前四年偏重于那些重资产性质企业的领导人，后三年越来越注重轻资产企业的领导人。因此，写这本书的时候，必然存在一个冲突问题：在如今“互联网（移动互联网）＋”模式的高烧时期，有没有必要再纳入像三一、格力和方太这样的传统企业？

经过反复思考，我对自己给出了答案——再过三五年，甚至十年，随着工业4.0以及新能源产业经济下的第三次工业革命如期而至，今天最时髦的互联网企业也会沦为传统企业，因此每一个企业都是一个时代的产物，关键是企业家如何在特定的历史时期，做过什么正确的选择。基于这样的价值取向，我想把我最近七年对企业家们的访谈记录拿出来给大家思考和反思，三到五年后，再回头来看看，哪些企业家的预见是对的，哪些企业家的预判是错的。我想，这本《新常态下的变革》正是对中国企业界在2009～2015年的一段历史记录。

沈伟民

2015年10月于上海

目 录

第七编 抉择 2009 // 305

第一编　新常态 2015

这个世界上已经不存在没有颠覆的行业，更不存在没有颠覆的产业模式，因此从现在开始，所有的企业都会进入到“改变即存在”的状态中。正如韩国三星李健熙所言：“除了老婆孩子，一切都要变！”从 2015 年开始，任何一个企业要想可持续，只有把新常态当做常态。

阿里巴巴董事局主席马云：阿里要活102年

阿里巴巴由曾担任英语教师的马云为首的18人，于1999年在杭州创立。他们相信互联网能够创造公平的竞争环境，让中小企业通过创新与科技扩展业务，并在参与国内或全球市场竞争时处于更有利的位置。经过16年的发展，公司目前的业务包括淘宝网、天猫、聚划算、全球速卖通、阿里巴巴国际交易市场、1688、阿里巴巴妈妈、阿里云、蚂蚁金服、菜鸟网络等。2014年9月，公司在纽约证券交易所完成上市，股票代码“BABA”。

2009年9月10日，应阿里巴巴之邀，我从上海赶往200千米之外的杭州萧山黄龙体育场，参加阿里巴巴举办的公司10周年庆典。

当天，在这座可容纳51 000人的体育场四周，遍布阿里巴巴旗下各子公司、业务部门的广告旗，当然，更多的还是人，我分不清楚这些人究竟是来自阿里巴巴的员工，还是客户，总之，阿里巴巴在当天的组织和气氛，让我想到的是某个炙手可热的明星演唱会，而不是一家公司的年会。

在这场让所有人头脑发热的庆典活动

上，马云说了一句影响中国商业社会的话，同时唱了一首用朋克配乐重新演绎的《狮子王》中的主题歌——*Can You Feel the Love Tonight*（今夜你能感到爱吗?）。当然，相比唱歌，那句话才是最够分量的："我们永远会坚持客户第一，员工第二，投资人第三。我们专注电子商务，前 10 年专注电子商务，后 10 年我们还是专注电子商务。前 10 年我们专注中小企业，后 10 年我们还是专注中小企业。因为只有专注中小企业，专注电子商务，才能让我们走得久!"

也许是嫌上次唱歌不过瘾，2013 年 5 月 10 日，马云又一次登上了黄龙体育场的舞台，这一次的主题切换成了"马云告别演唱会"。马云宣布自己辞任 CEO，将日常管理交给接班人陆兆禧，但对于阿里巴巴的整体战略以及各个业务的走向，自己依然会进行方向上的把控。之后，马云唱了两首歌——《我爱你，中国》和《朋友》。唱到《朋友》的时候，黄龙体育场已被一片哭声淹没。我当时就在想，哭他干吗，马云这是要去完成一件大事。

此前阿里巴巴 B2B 业务曾于 2007 年登陆港交所，融资 116 亿元，一度刷新中国互联网上市公司历史规模的纪录，但后来却跌破发行价，一直在低位徘徊。2012 年 2 月，公司进行私有化要约，以每股 13.5 港元的价格回购上市公司股份，这一价格与 2007 年其 IPO 的价格相同。2012 年 6 月 20 日，阿里巴巴 B2B 业务正式退出港交所。尽管如此，从自身业务来看，阿里巴巴还是当时中国最赚钱的互联网公司。就在"马云告别演唱会"之前，阿里巴巴在 2013 年第一季度的净利润已达 6.69 亿美元，较 2012 年同期的 2.2 亿美元，增长两倍多，连续两个财季超过腾讯。很显然，从港交所退市的阿里巴巴，很可能在选择一个更好的机会谋求再次上市。

2014 年 9 月 19 日，阿里巴巴终于在纽约证券交易所挂牌交易，股票代码"BABA"。按定价区间的中值计算，阿里巴巴的市值为 1 550 亿美元。登陆美国证券市场，马云现在的目标是，将阿里巴巴做成真正意义上的国际电商公司，而不仅仅只在中国市场为王，为此，马云要告诉美国人，阿里巴巴和美国排名第一的电商亚马逊，存在重大区别。

做电子商务的 WTO

电子商务在中国发展已经 15 年，并渗透到每个领域，15 年之后又将如何发展？

马云：现在，每天都有上亿买家浏览我们的网站，我们在中国所创造的直接和间接就业岗位有 1 400 万个。公司人数从最初的 18 个人发展到了现在的 3 万人。与 15 年前比，我们现在变大了，但我希望 15 年后看现在，现在依然是大的。我曾说过，我希望 15 年后，人们看不到阿里巴巴和淘宝，因为所有都会化为无形而无处不在。

15 年前，我还要去讲电子商务，去讲中小企业如何利用电子商务或互联网把生意做到全国，但我希望，15 年后，人们会彻底忘记电子商务，这就像如今的电力一样，现在不会有人把电力看成是高科技。我不希望 15 年后，我们走在马路上，依然在讨论要如何利用电子商务去帮助企业。

去年（2014 年），阿里巴巴在纽交所上市，IPO 规模高达 250 亿美元。这是否意味着阿里巴巴已经做到了全球电商业的极致？

马云：我们的 IPO 盘子其实挺小，区区 250 亿美元而已。我还记得，2001 年的时候，我们希望从美国投资者手里融资 500 万美元，当时我们被拒绝了，但说过，我们会再来，到时候融资额会高一些。

我们更看重的是，融资 250 亿美元之后，我们应该如何用好这笔钱。这不仅仅是金钱，这是全球投资者对我们的信任。他们把钱给我们，希望我们的业务能帮助更多人，希望我们的业务能带给他们回报。因此，这对我来说，其实是增加了压力。我们的市值已经超过了 IBM、沃尔玛，现在我们的市值在全球可以排入前 15 位之列。我问自己和我的团队——这真实吗？我们可能还没好到这样的程度。

几年前，还有人在质疑阿里巴巴的模式，觉得阿里巴巴的模式很糟糕，也不能挣钱，当时他们都认为亚马逊、eBay、Google 更好，但阿里巴巴的模式在美国找不到，我说过，我们其实要比大家想的好得多。今天，我们到了这样的规模，我要说，我们可能没有人们想象的那么好，毕竟我们只是一家创立 15 年的企业，员工平均年龄只有二十七八岁。我们是一群年轻人，尝试着此前从未有人做过的事业。

已经上市的阿里巴巴，对未来如何计划？

马云：我们的名字是阿里巴巴，我们是一家互联网企业。我们的创业精神与全球各地的著名企业毫无差别。我还记得创建阿里巴巴的那天，我们的宗旨就是要帮助中小企业。如今上百万的中小企业在我们的平台上销售产品，有超过 3 亿消费者在我们的平台上购物，享受低廉的价格和迅捷的服务。

我现在想得最多的是，我们什么时候能帮到全球的中小企业？如果我们能帮助挪威的企业把产品卖到阿根廷，而阿根廷的消费者可以在网上购买来自瑞士的产品。我的设想就是类似电子 WTO。也许这样的说法不太准确，但在 20 世纪，WTO 发挥了很重大的作用，让许多大企业把生意做到了全世界。如今，互联网可以帮助全球中小企业将产品卖到五湖四海。

我觉得，我们可以为 20 亿消费者提供服务，我们也可以为中国之外的 1 000 万家企业提供服务。我们帮助过美国华盛顿州的农民，去年（2014 年）就卖了 300 吨樱桃到中国。有一次，美国驻华大使跟我说，马云，你能不能帮我们卖点樱桃？我就说，行啊。当我们开始推销美国樱桃的时候，樱桃还都在树上，于是我们就开始进行网上预订，结果是 8 万名中国消费者预订了美国樱桃，等到樱桃成熟，48 小时内美国樱桃就运到了中国。

中国的消费者是如此开心，当然我们也接到了投诉，说为什么只有那么点，为什么不能多卖点。之后，我们又卖了 200 吨坚果，我们还卖过阿拉斯加的海鲜。因此，我们既然能卖樱桃和海鲜，我们为何不能帮助美国和欧洲的中小企业卖东西给中国消费者呢？中国消费者也有需求。

在美国 IPO 之后，你也从中国企业明星变成了世界企业明星，那么又将如何像鼓励中国年轻人创业一样，帮助全球的年轻人？

马云：我好像不是。

15 年前，在我公寓里 18 个共同创业的人中，有我的妻子。我问她，你希望看到自己的丈夫变成富人，当然是杭州的富人而不是中国的富人，还是一个受人尊敬的人呢？她回答，当然是受尊敬的人。

那时，没有人觉得我有机会成为富人。当时，我们想到的都是如何让企业生存下来。我认为，如果你有 100 万美元，这是你的钱，如果你有 2 000 万美元，你会有许多问题，要考虑通胀、要考虑买什么股票之类，但如果你有 10 亿美元，这已经不是你的钱，这是社会投给你的信任，社会觉得你能比其他人更好地支配这些钱。因此，我觉得，我现在手里有资源做更多的事情，可以利用现有的影响力和金钱，对年轻人投入更多精力。

或许有一天，我还会回学校教书，跟年轻人在一起。告诉他们一些事情，跟他们分享一些经历。所以现在我手里的钱不是我的，我只是恰好在管理这些资源，我希望能做好自己的工作。

生意是生活方式

曾经复制 eBay 模式的阿里巴巴，为什么能在中国成功，而美国却反而没有出现阿里巴巴这样的公司？

马云：阿里巴巴在创业的时候，我们注重和学习美国的电子商务，但却发现美国的电子商务致力于帮助大公司，帮助他们节约成本，而当时中国没有那么多的大公司，却有很多的小企业，对于他们来说，生存非常艰难，于是，我们决定用互联网技术来帮助这些小公司。

美国习惯于帮助大型企业，这就好比美国人擅长于打篮球；而在中国，我们应该会去打乒乓球，去帮助那些小公司。我们需要做的不是帮助小公司去节约成本，因为他们知道如何节约成本，他们需要学习的是如何赚钱。因此，我们的业务一直专注于帮助小企业在网络上赚钱。

具有一定规模的中国企业现在都在说自己如何持续百年，而阿里巴巴对自己的百年大计如何思考？

马云：我们希望阿里巴巴可以活 102 年。人们会好奇地问，为什么是 102 年？因为阿里巴巴诞生于 1999 年，20 世纪我们经历了 1 年，这个世纪将是完整的 100 年，下一个世纪再经历 1 年，这样横跨三个世纪，就是 102 年。这给了我们所有员工一个清晰的目标。无论我们有多少盈利，无论我们赚了多少钱，不论我们已经取得什么成绩，都不要认为我们已经成功。不要忘记，我们希望活 102 年，现在才过了 16 年而已，后面还有 86 年。这 86 年中的任何一个时间，如果公司倒闭了，我们就谈不上成功。

创业初期，没有人相信阿里巴巴可以活下去。有人说，你们的平台是免费的，你们的公司那么小。去年（2014 年），我们在美国上市的时候，美国人又说，阿里巴巴是做电子商务的，就像亚马逊。也许，亚马逊是美国人眼中唯一的电子商务模式，但我们和亚马逊不一样。

在做有关阿里巴巴的价值研究中，美国华尔街是将阿里巴巴和他们熟知的亚马逊进行比较，那么如何说服美国人，阿里巴巴就是阿里巴巴，而不是亚马逊？

马云：我告诉美国人，我们和亚马逊不一样的是，我们自己不做买卖，我们帮助中小企业做买卖。在阿里巴巴平台上，有 1 000 万家小企业每天做交易。我们自己不送快递，但每天有 200 万人帮着我们配送 3 000 万包裹；我们也没有自己的仓库，但我们帮助那些中小物流快递公司管理成千上万的物流仓库；我们也没有任何商品库存，但是我们有 3.5 亿的买家，每天有超过 1.2 亿的消费者光顾我们的网站。去年（2014 年），我们的销售额是 3 900 亿美元。今年，我们预计销售成交会超过沃尔玛全球，要知道，沃尔玛用了 230 万员工，而我们只是从 18 人扩大到了 3.4 万人。

我们和亚马逊不一样的还有，亚马逊是一个购物中心，但在阿里巴巴，看到的产品图片展示和你拿到手的产品或许不一样，人们会觉得惊讶，这怎么有点不一样！但是，消费者喜欢这样的购物体验。在美国，电子商务是商务，而在中国，电子商务是人们的一种生活方式。年轻人交换他们的思想，互相沟通，建立信任，建立个人信用记录。就好像大家去星巴克，其实不是去星巴克品尝咖啡有多么美味，而是选择一种生活方式。

我们感到自豪的是，并不是我们卖了多少东西。我前面提到，今年我们的成交总额会超过沃尔玛——是的，我们对此很自豪。阿里巴巴会在未来 5 年，达到 1 万亿美元的成交额。这是我的目标，我认为我们会达到这个目标。更让我们自豪的是，我们为中国直接和间接地提供了 1 400 万个就业机会。我们在中国乡村创造就业机会，我们为中国女性提供就业机会。中国互联网上成功的卖家中，超过 51％是女性。

有人又会说，阿里巴巴现在做到了这些，你们的下一步是什么？阿里巴巴无处不在，你们的未来打算是什么？今天，超过 80％的在线交易是由阿里巴巴所创造的，我们未来的目标是将阿里巴巴的业务拓展到全球。这不只是要成为最会卖货的公司。我们希望电子商务的基础设施能够全球化。

相比美国，为什么中国的电子商务成长速度如此惊人？因为中国的商业基础建设太差。不像在美国，大多数人有汽车，线下有无处不在的沃尔玛和凯马特（Kmart，美国现代超市零售企业鼻祖）。但是在中国，我们并没有这么好的基础设施。

电子商务在美国如同餐后甜点，它是对主流商业的补充。但在中国，电子商务已经成为主菜。我们建设了电子商务的基础设施，如果我们将我们的电子商务基础设施全球化，包括在全球范围内提供支付工具、物流中心和透明公开的交易平台，就能帮助全球的小公司将他们的产品卖到世界各个角落，帮助全球的消费者顺利地买到世界各地的产品。

我们的愿景是，未来 10 年内帮助全球 20 亿消费者在线购买全世界的产品，而且做到全球范围内 72 小时内收到商品，在中国范围内，无论你身在何处，24 小时内收到商品。阿里巴巴的全球化战略，仍然是致力于帮助小企业，帮助他们以最有效的方式来做生意。我们会在自己的电商平台上，帮助到另外 1 000 万家小企业。

可能人们会继续问，现在阿里巴巴的业务做大了，也募集到大量资金，你们会在美国做什么？你们会来美国吗？如果来美国，你们是打算入侵美国吗？马云你什么时候来和亚马逊竞争？什么时候来和 eBay 竞争？其实，我对 eBay 和亚马逊抱有敬仰之心。而我们去美国的目的，也就是阿里巴巴的下一步战略，是帮助美国的小企业走进中国，帮助他们将产品卖到中国。

按照阿里巴巴的未来战略，实际是要打通中国和美国，乃至全球的商品流通和消费者市场？

马云：现在的中国，中产阶层的数量和美国人口大致相当。我们认为，未来 10 年，中国将有 5 亿人口成为中产阶层。他们对优质产品和优质服务的需求非常强大、非常惊人。但是，中国的现状是，没有办法满足他们对于优质产品和优质服务的需求。过去 20 年，中国一直致力于出口，那么在接下来的 10 年至 20 年中，中国将把注意力集中在进口方面。中国将学会进口，学会如何消费。中国应该去消费，去做全球买手。同时，我认为美国的小企业，美国的品牌产品，也应该利用互联网，进入中国市场。

过去 20 年，美国的大公司已经遍布整个中国。对于美国的小公司来说，利用好电子商务，将是巨大的机会。阿里巴巴已经帮助很多美国的农民将产品卖到中国。

每天，阿里巴巴平台都有上亿“饥渴”的消费者来购物。这就是我们去美国的原因，我们不是去竞争的，我们去美国是希望将美国的中小企业带到中国。我们的愿景是全球买、全球卖，未来，无论消费者身在何处，都可以买到任何地方的产品，也可以把自己的产品卖到世界各地。

信任是交易基础

交易信任是阿里巴巴业务的存在和发展的最大基础，这种信任能复制到全球每个国家和地区吗?

马云: 互联网生意是，你不认识我，我不认识你，如果没有相互的信任，又怎么能在网上做生意？对电子商务来说，最重要的就是信任。

记得我首次去美国融资的时候，我跟风险投资人说过信任的话题，但是美国人说，马云，这个不行，在中国做生意靠的是关系，网上怎么做生意？我也知道，没有资信信用和信用体系，生意不可能做成。因此，在过去 15 年，我们所做的全部事情就是为了建设信用体系，信用记录系统。

现在，我们的平台上每天有 6 000 万笔交易达成。人们之间相互不认识，我可以给你发货，虽然你不认识我，但你给我汇钱，我不认识你，我却可以把这个包裹寄给你，我不认识他，但他却可以将货品运往大洋彼岸世界各地，这就是信任。每天 6 000 万笔交易，意味着 6 000 万次的信任发生在我们平台。

支付宝是解决交易信任的纽带。现在，尽管很多人使用支付宝，但其实并不知道它的来历?

马云: 最开始 3 年，阿里巴巴只不过是信息交换的在线市场，客户在我们网上进行供需信息之间的浏览，但在网上谈了很久，却迟迟不能交易，主要问题就是无法支付。于是，我和银行谈过，但银行不愿意做，认为肯定做不起来。我也不知道该怎么办，我们没有执照，如果自己做支付体系，会违反中国金融法律规定，但如果不做，那么电子商业就没有前途。

当时，我去了一趟达沃斯，听了许多人对领导力的阐释，领导力也意味着责任，在我听了那场讨论之后，我立刻给我的团队打电话，现在就开始做，如果将来要有任何的问题，有人去坐牢，我马云愿一力承担。因为构建信用支付体系对中国和对世界都是如此重要，但同时，我也警告他们，如果你们在做的过程中想要贪钱、洗钱或破坏信用规则，我会把你们送进监狱。当时许多人并不看好，有人说做支付宝是我有史以来最愚蠢的想法，当时我说，我并不在乎笨不笨，只要有人用就好，现在支付宝有约 4 亿用户。

清华控股董事长徐井宏：做一家世界级的高校企业

清华控股是清华大学出资的国有独资有限责任公司，于2003年9月30日由北京清华大学企业集团整体改制设立。主要从事科技成果产业化、高科技企业孵化、投资融资、投资管理、资产和资本运营等业务。目前，清华控股所投资企业包括同方股份、紫光股份、诚志股份、启迪股份等控股企业20余家，以及赛尔网络、中核能源等参股企业40余家，资产经营领域主要涉及信息技术产业、能源环境产业、科技服务与知识产业、生命健康产业和股权投资及其他产业等。公司资产规模位列中国高校产业第一。

位于美国加州北部，旧金山湾以南的硅谷(Silicon Valley)，聚集了Google、Cisco、Intel、Apple、Facebook等当今世界著名的高科技公司。尽管全球其他高新技术区都在不断发展壮大，但硅谷仍然是世界各国高科技聚集区的代名词，同时其是全球IT宅男的梦想终极地，那里不仅是全球人均GDP第一的产区，更不断制造出新的百万富翁、千万富翁的传奇。但是，也许很多人并不清楚，硅谷的成就实际得益于斯坦福大学在其背后近80多年来的知识、技术、管理等综合性的驱动。可以说，没有斯坦福大学就没有今天的硅谷。

作为以科技能力见长的清华大学，理应成为中国的斯坦福大学，而且这所中国第一学府也正在朝这方面努力。作为现任清华控股董事长，徐井宏正推动清华产业在中国的“硅谷”——中关村发展中发挥更大价值。

徐井宏在清华有30年的经历，其在清华大学度过求学生涯后，留在学校任职，后投身清华产业，曾在清华产业旗下核心企业紫光股份任董事长、清华科技园的运营主体启迪控股任总裁，2012年后，徐井宏接任清华控股董事长。

作为中国特殊的产业经济模式——高校产业，几乎在全国各高等学府中都以一些实体企业的性质存在。根据教育部发布高等学校校办企业统计显示，仅2013年度，全国29个省份（西藏、宁夏除外）的552所普通高校中，就有高达5 279家企业。而在这些企业中，有25家上市公司，比如清华产业中的同方股份、紫光股份、诚志股份、紫光古汉、同方国芯、泰豪科技；北大产业中的方正科技、中国高科、北大医药、方正证券；交大系的新南洋、交大昂立；复旦系的复旦复华；浙大系的浙大网新、众合机电等。尽管这25家上市公司的市值合计高达2 000亿，但清华北大两家就占据其中一半江山。

清华产业和北大产业，都需要证明自己的产业模式价值，以及可持续发展的能力。2010年时期，在全国高校资产管理公司的净利润指标排名中，清华位居第二，到了2013年底，清华控股集团以19.13亿元净利润成为最赚钱的高校企业，其一家的净利润就占去了整体高校企业净利润的23%。“2012年，我们规划到2022年，实现销售收入和总资产分别超千亿，但2014年底，我们总资产就达到了1 300亿元。”在国家推进创业创新的进程中，徐井宏认为，清华控股从现在开始，将面临一场前所未有的发展机遇。

生态思维才是商业思维

现在所有的产业、企业都在谈“互联网思维”，似乎一个企业没有搞所谓的

“互联网思维”，就很不时髦，就很没有出息，那么“互联网思维”到底是否是企业转型、升级，甚至解决一切问题的关键？

徐井宏：的确，这两年最时髦的词叫做“互联网思维”，似乎任何企业或企业家用这样一个共性的“互联网思维”，就会实现商业的颠覆与重构。从“互联网思维”中又衍生出像水平思维、垂直思维、跨界思维、颠覆式思维、平台化思维、结构化思维、创意思维等。

说句实话，我对此并不反对，但也不以为然。我认为商业思维就是商业思维，商业思维对应的是那些科学家的思维、政治家的思维、军事家的思维，商业思维是企业家应该具备的一种思维，无论是互联网时代还是工业时代，商业的本质并没有发生变化。

伟大的企业，永远都是个性的，企业的失败有共性，但是成功没有所谓的共性，企业的成功是百分之百个性的。无论是比尔·盖茨、乔布斯，还是任正非和柳传志，在管理方法和对产品的认识上，无处不显示出自己的个性！

我认为，人才大概有三类：专才、全才、奇才。多数人都会是专才或全才，但所有那些最伟大的企业家，我认为都是奇才。奇才是什么？就是跟常人不大一样，他敢于冒险，甚至他的很多行为，用逻辑是分析不出来的。看过《乔布斯传》、《杰克·韦尔奇传》的人，一定会觉得那些思维和行为不是一个普通人能想出、做出的，但正是他们，有着强烈的前瞻性，并带领企业走向辉煌。没有互联网的时候，奇人的确很难涌现，因为地域的限制、信息的限制、垄断的壁垒等，但是今天有了互联网，人人可以在互联网上展示自己、推荐自己、传播自己。所以我们看到，今天全球包括中国，新一轮的创业潮正在涌现。

中国有没有真正意义上的企业家？在中国改革开放以前，我认为企业家并不是一个独立的社会形态。有一位学者讲过，真正的企业家将诞生在真正秩序的、法制的规则中。如今一个新的时代来临了，互联网的高速发展和中国社会深刻的变革，将会形成一个由企业家主导经济发展的全新时代，将为中国的企业家带来无限的机遇。

面对充满机遇的新时代，中国的企业家该怎么做？我认为我们应该有家国情怀、学者智慧、商业思维和江湖行动。家国情怀是有信念、有责任，如果仅仅只想着自己，不能够带着一种社会责任感，不能有为人类更加幸福去创造价值的心态，一定成为不了一个真正的杰出企业家。学者智慧是有知识、懂方向，可以看到社会的发展趋势，能够带来判断力。商业思维是要懂市场，按照市场的规则、规律来推动企业发展，能够带来决策力。江湖行动则要有信誉、懂规则，行动落在商场上要走得通、走下去，能够带来执行力。这是中国企业家最需要具备的素质。

在“互联网思维”下，尤其是移动互联网崛起后，也的确改变很多原有的商业行为、模式，这难道不是一种商业颠覆吗？

徐井宏：互联网带来什么变化？我认为，互联网使得人与人、人与物、物与物的交流更加快速、直接、开放、透明，互联网时代的特点主要是：快速、海量、透明、开放、个性、包容。这样一个包容和开放的互联网时代为人才提供了前所未有的成功机会和无限宽容的创业环境。

互联网带来的另一变化是，它打破了时空的限制，突破了时间的限制。这两个纬度的突破，使得商业体系面临着巨大的变革和重构。我不太愿意用“颠覆”这个词，听着很夸张。比如说，互联网是颠覆了吃的功能，还是颠覆了保暖功能？所有的硬件，依然是人们最基本的需求。所以，我认为互联网只是改变了方式而不是行业。对于传统企业而言，如何利用互联网手段来推动未来的发展，确实是面临的挑战，但我认为，这同时也是机遇。

下一个阶段可能应该是呼唤、青睐具有“生态思维”的企业家的阶段。生态思维是什么？就是打造企业自生长、自连接、自繁衍的商业思维，其核心价值在于不断进化和可持续的发展。应该看到，这些年企业的循环反复，生生死死高于过去的任何一个时代，每天诞生上千家企业的同时，也死掉数百家企业。今天这个时代，企业要想存续并更大、更强，首先要建立自己的生态系统，打造业务层面的生态链，打造自身和外界因素相连接的生态系统。成功企业之所以卓越，都无一例外具备了不断构建生态系统并与时俱进的能力。所以，我们要有现代的企业思维，我们以“生态思维”引领企业的未来发展。

做中国特色的高校产业

“高校产业”这个词很具中国特色。为什么和全球高校相比，我们会有“高校产业”？又为什么我们的“高校产业”在产权方面仍然和高校牵连？能不能有一天完全自主，或者说，它的未来将会如何？

徐井宏：大学办产业是希望将高校科技成果转化为现实生产力，这个过程需要有一些制度的保障。我们看看美国，是鼓励教授、学生去做企业，他们为什么可以解决好，就是因为他们制定了明确的、清晰的规则，我相信，只要在规则下，这些问题会逐步得到解决。

中国的高校企业经历了几个阶段：最早的时候，国家把很多重大科研任务交给高校，高校把这些科研任务做成成果后，就去评奖，后来就放在档案馆里，在这个特殊历史时期，高校成了高新技术的牵头人；之后，为了把科研成果运用到实际，就开始设立高校企业，这样做的目的就是，直接孵化项目、驱动新产业，这个阶段就出现了两大问题：第一，教授的身份错位，到底是教授，还是企业主角？第二，企业是企业家的事业，有很多教授必然做不了企业家。但是，由于当时处于物质匮乏时期，这两个问题没有完全冲突起来。我还记得，在早期的高校企业中，一个简单的节能炉、汽车后视镜、炸鸡锅的发明和生产都会有一个巨大市场，这样的机遇完全是基于当时物质供不应求的特殊历史阶段。

但是，到了20世纪90年代，当市场进入竞争状态后，很多企业具有研发能力的时候，我们所从事的这些低端产业就受到冲击。这个时候，技术转化为产品就需要更多的能力，如果仅有领先的技术，而没有市场化思维和行动，企业就会亏损，业务就会受到阻碍，另外，不懂市场规则，更可能出现财务管理混乱、公私不分，外部经济纠纷等更多的其他问题。

当时，我们国家所有的高校企业，实际都是高校旗下各院系自己办的企业，而且还都是无限责任公司。所以2003年为规范这件事情，国家就以清华、北大为试点，成立各自高校经营性资产公司，清华叫做清华控股，北大就叫北大资产经营公司。

企业如果说产学研一体化，可以理解，但作为高校企业，也说产学研一体化，我始终觉得有些问题。因为很多教授在这些企业中任职，这样他的身份变成两重性，但做学问和商业本身是对立的，在利益驱动下，他如何沉下心去研究课题？

徐井宏：这还是有关规则和制度的问题。2003年之后，以清华、北大为试点各自成立的高校经营性资产公司，实际是一场改制，当时国务院办公厅给教育部关于两家高校成立各自经营性资产公司的公文中明确写明“两公司的设立，要依照《中华人民共和国公司法》进行规范，严格规范学校与公司的关系，加快建立现代企业制度”。这意味着什么？

实际就是当学校的资产、产业的资产被严格区别开来后，学校注入产业资产，就承担有限责任。而对于人的处理问题，清华采用的是“老人老办法，新人新办法”，原来是事业单位编制的，要继续做企业，就保留事业编制，但教授在做企业的阶段，其薪酬、待遇按照企业制度规定，只是给其保留教师资格，一旦不做企业，还可以回来教书。

另外，这样的制度也针对学生，他们可以休学创业，学校保留其继续学习的资格。其实在硅谷，斯坦福大学就是这样带动这一地区创新的。

打开清华控股官网，看到的是众多的上市、控股、参股公司名单，这些产业怎样才能有效地进行资源配置和集中？

徐井宏：怎么形容清华的产业？的确很难，不是一个行业，更不是一个形式，我认为可以叫做以科技创新为主业的综合性集团。

高校产业是中国的一个特殊的产物，即使在硅谷这样全球创业基地的美国斯坦福大学都没有自己的公司，但在中国不止清华有，如果把中国500多所高校的所有子公司和母公司算在一起，上万家企业都有。有些高校企业进入的产业领域不多，容易用一句话进行概括，但有的高校企业涉足的行业很多，实际是形成了产业群。

我本人，2012年在清华控股担任董事长，之前我是启迪控股的总裁，用12年的时间打造了一个清华科技园，现在已经发展成全球最大的科技园。实际上，高校企业发展到今天这个阶段，已经面临着非常多的问题，高校产业需要重新整合、重新思考和重新转型，从清华控股的角度，我们的产业又应该做成什么样，我们说了五句话：

首先，我们希望清华产业能做成高校产业的中国先锋和全球典范。尽管美国斯坦福大学这样世界一流的大学没有产业，但不代表中国不可以有，其他地区不可以有。韩国的前十所大学，在2012年和2013年也都纷纷建立了和我们类似的校办企业，所以这样的产学研一体化的趋势是必然的。

其次，我们坚持针对高校产业自身优势，把清华产业做成产学研一体化的世界级标杆，强力打造产学研一体化的新模式。

再次，我们希望能够做到创新型企业三个层面——孵化、投资、运营的巨人。

最后的两句话，分别是发展理念和生态系统，围绕创新链部署产业链，围绕产业链完善资本链，围绕资本链助力创新链，所以我们的生态系统是人才技术的交互迭代，产业资本市场的融合推进，孵化、投资和运营的协调发展。经过两年半的发展，目前清华产业形成了一个新的格局，包括科技实业孵化器、数个科技产业集团、创新服务集群、科技金融集群、创意产业集群及现代教育集群在内的六大产业集群。

说到发展理念和生态系统，结合当今的新常态，企业在战略上应该具体如何构架？

徐井宏：把那些昙花一现的企业和走向衰亡的巨头集中起来分析，毫无疑问都是源于生态系统的断裂。比如汉王，其创造的电子书在若干年前极其辉煌，但现在基本就快销声匿迹，因为产品的技术如今以几何级的速度在变化发展，一旦跟不上就会死掉。而被微软并购的诺基亚，以及索尼如今的颓败状态，也是因为技术断代，没有跟上新时代新技术的发展。那么，我们在思维上需要有一些怎样的方法？我认为当今的企业必须从四个方向上去思考：

首先是产融互动，这是下一步的趋势。阿里巴巴用支付宝，腾讯、百度都在推出各自的互联网金融，未来的企业完全靠扩大再生产的方式已经不可能长大，要想让企业长大，迅速的成长，必须和金融结合起来。当然，华为是一个特例，如果华为是产生在今天，依然用不上市、不借款这样的方式，肯定走不下去。又比如GE（通用电气公司），本来是一个纯粹的制造商，但在杰克·韦尔奇时代之所以走向辉煌，就是因为建立了自己的金融系统。

去年，清华控股旗下的紫光集团，并购了全球第三大的智能芯片企业展讯和第四大的智能芯片企业锐迪科，后来，英特尔又同意以90亿元入股展讯和锐迪科的控股公司，只占20%股权。在收购展讯和锐迪科的过程中我们借助了金融杠杆和资本运作。

其次是竞合发展，更强调合作，未来那种靠垄断、靠价格竞争，把谁打死的情况将不复存在，这个世界的企业与企业之间，将更多地以共赢、共享、合作来推动下一阶段的整体发展。

再次是线上与线下的创新迭代。两年以前产生一个词叫O2O，线上到线下，实际上，这个世界不管互联网下一步再怎么发展，线下是必须存在的，互联网上买东西，东西还得送到你家，还得造出来，线上线下的结合将是未来的一个趋势。

最后是跨界融合。跨界融合是由于互联网强调了更多的连接，过去我们觉得两个东西都是分立的，是不搭边的，未来大的企业集团一定是这样的，要么相关多元化，要么是行业多元化，单一的一个产品或是一条线走下去的将没有更大的出路。

当然以上这四个方式，不同的企业究竟采取哪种路径还是要依据所属行业的特色来考虑，由每位企业家自己判断，在这四个阶段外还有很多新的模式，等待我们探索。

产融结合做大高校产业

清华此前和金融、资本关系不大，但现在要改变，说要学学北大。这句话，是否意味着在金融和资本领域方面，落后于北大的步伐？

徐井宏：当然，过去我们的发展速度不如北大产业。过去十年有两个行业在特定历史条件下获得巨大发展，就是房地产和金融。本来由科技起家的北大产业就是抓住了这两大爆发性增长的行业机会实现突飞猛进，这很值得我们学习。但是作为高校产业，我认为我们更重要的使命是促进科技成果的转化和产业化，在此过程中如何发挥金融的作用是需要我们考虑的。

2012 年之前，清华控股几乎没有涉及金融，都在踏踏实实做产品和销售，用销售收入做投入，以这样的速度显然做不大规模。后来我们启动了金融战略，但我们的金融战略是科技金融，宗旨有明确的八个字“实业为本，金融为用”，就是说，我们做的金融，一定是和我们的各院系科技、实业交互发展，并紧密相关。

在走金融与资本这条路上，你给清华控股制定了一系列策略，其中重要的一项就是搭建母基金。为什么叫母基金，其功能是什么？具体怎么运作？

徐井宏：和一般基金最大区别是，一般基金投在具体项目上，母基金是投在基金上，或者叫做基金的基金。我们这个母基金叫做紫荆资本，是 2013 年开始组建的，第一期为 6 亿，二期为 25 亿，目前正在筹划的三期准备扩展到 50 亿，同时，清华控股也在扩展并购基金、夹层基金和产业基金，打造全线的基金链条。

去年4月，清华控股和印尼力宝集团还共同设立基金管理公司，并计划组建一个百亿的产业基金，重点投资在新型城镇化、科技实业、金融服务等领域。事实上，在清华产业一系列的并购中，清华控股的基金都发挥了重要的作用，比如去年7月，紫光集团就以海外融资的方式完成了对锐迪科的并购。

在金融战略上，清华控股还准备直接控股中融人寿保险，这如何体现清华控股提出的“实业为本，金融为用”？

徐井宏：由于国家对保险基金进入中小企业已经有了进一步的开放，而清华控股的各产业，现在都面临着众多的机会，我们有太多的项目和创新能力，需要资本的支撑。因此，我们希望进入到金融领域，更需要一个金融平台，我们希望资本不要成为我们各产业的发展瓶颈，而要成为我们未来发展的动力。这符合我们提出的“实业为本，金融为用”这个宗旨。

清华控股在不断进军新领域，例如在线教育和集成电路，这两项业务上，前者暂时以MOOC（Massive Open Online Courses，大型开放式网络课程）为形式，还要进入K12（Kindergarten through Twelfth Grade，从幼儿园到十二年级）和外语领域，但目前网站上内容还很简单，其盈利模式似乎也不具体？后者的终极目标又是什么？

徐井宏：互联网的特点是流量经济。有很多的盈利模式，不在于它提供的服务本身，而在于在其衍生业务上找到盈利。用户登录新浪、搜狐门户浏览内容，都是不用花钱的，当其带来海量用户的时候，他们就可以植入广告，而广告就是盈利模式之一。在线教育也是一样，我们第一步会通过免费开放课程来吸收流量，目前我们的内容都是优质的开放大学课程，下一步，我们会开发中小学课程，以及职业教育和外语教育，我们希望让想学习的人能够在我们的平台上找到最好的教育资源。

在线教育竞争非常激烈，但做得好的才能最终赢得流量并占据市场。至于盈利，我们储备了很多计划，并不急于一下子就全部释放出来。比如，学习是免费的，但是学习者希望获得课程证书认证，这就要收费，另外我们还可以推出人才和职业顾问、中介等业务，当然，有些业务我们自己做，有些业务还可以和外部资源融合发展。

关于集成电路，我们非常看好，会集中精力做好这个产业。首先从资源基础上，已经通过旗下紫光集团26.9亿美元前后收购展讯和锐迪科，后又有英特尔以90亿元入股展讯和锐迪科的控股公司，并向我们开放其技术；其次是资金上，我们五年内将投入300亿资金来推动这一产业的发展。

具体做法上，我们将通过“1+3模式”推动。何谓“1+3模式”?“1”就是主导的集成电路产业，另外的“3”分别是建立集成电路产业园区、建立集成电路产业基金、建立通讯微电子学院，从而在基地、技术资金和人才、资源等各维度上，培育全球集成电路的巨头企业。

杉杉董事局主席郑永刚：存在就是为了改变

杉杉的前身为宁波市甬港服装总厂，由郑永刚创建于1989年，经过七年成长，1996年成功登陆A股，并成为第一家中国服装业上市公司。1999年后，杉杉不仅提出做中国商社的概念，且大胆切入新能源、新材料领域。在转型探索中，公司已从单一的服装企业，发展成集科技、时尚、金融服务、城市综合体和贸易物流等五大产业于一体的多元化产业集群。其中在新能源锂电池业务上，杉杉不仅在中国拥有最完善的产业链，更是规模中国第一、世界第二的锂电池领导企业。

2008年，美特斯邦威董事长周成建借其公司在深圳上市之际，特邀杉杉控股董事局主席郑永刚观礼，在席间他们做过一次对话。周成建很想知道服装行业在未来五年的大趋势。比周成建早12年前就实现上市的郑永刚，当时掏出了肺腑之言：在苛刻的中国上市门槛要求下，一个服装企业能实现上市，就已经证明自己的价值，但正因如此，一旦在中国将一个服装品牌做到极致，后面就危险了，企业家需要思考行业的转向问题。

什么是行业转向？直白说，就是转入新产业或者开辟新的非主营业务。关于行业转向，经济舆论曾就杉杉和雅戈尔的“不务正业”有过不少口诛笔伐，但这些舆评的作者，要么本人在纺织服装行业从没待过一天，要么完全是照本喧嗓，完全没有站在纺织服装行业、企业自身的立场思考问题。

我曾经从雅戈尔李如成那里获知，其之所以介入地产、投资，主要是因为从纺织行业本身发展的局限出发，所做出的战略决策。这个行业的痛点就是，劳动密集型和资本密集型。而按照这两大特点，这个行业的准入门槛就不受限制，市场上就容易出现激烈竞争。

从企业运营角度，纺织服装企业普遍的生存状态是：前有市场的逼迫竞争，后有成本挤压，最终摊薄的是利润。截至2015年1月30日，A股有72家纺织服装业公司发布了2014年度业绩预告，其中，预减和略减的公司共计16家，占比22.22%，包括中冠、中银绒业、爱迪尔、美邦服饰、凯撒股份、嘉麟杰、金飞达、报喜鸟、孚日股份、金轮股份、搜于特、兴业科技、卡奴迪路、华鼎股份、朗姿股份、七匹狼。

有意思的是，上述16家上市公司，都属于坚守主业不动摇，且坚定于自己在主业上做专做精的战略，但现实很骨感，这些企业除了继续高呼品牌升级之外，不得不面对尴尬的业绩问题。与之相比的是，曾经被认为“不务正业”的两家同行业公司雅戈尔、杉杉，却宣告自己2014年度业绩的利好：前者宣称，预计2014年年度实现归属于公司股东的净利润与上年同期（法定披露数据）相比，将增加120%～150%；后者告诉投资人，预计2014年度实现归属于上市公司股东的净利润与上年同期（法定披露数据）相比，将增加70%～120%。

16家业绩预减或略减的上市纺织服装公司，必须注意到雅戈尔、杉杉实现高利润的来源，两家公司的最大收益，都并非来自主营的纺织服装业务，前者得益于金融资产的运营，后者除了同样的金融业务之外，还有高科技的新能源锂电池业务。

雅戈尔、杉杉的业绩证明，行业转向不是对纺织服装行业发展模式的否定，而是该行业的规律。巴菲特控制的伯克希尔·哈撒韦公司，此前就是一家纺织服装企业，巴菲特曾一度促其主业发展，但始终困于劳动密集型和资本密集型两大症结，最后选择了彻底的金融资本转型。

郑永刚说过，企业家选择进入什么行业，一定要看明白是否符合大的趋势，如果趋势下行，就必须考虑自己的行动，否则做了一辈子，很可能到头一场空，用民间的一句套话就是，“男怕入错行，女怕嫁错郎”！事实上，郑永刚所领导的杉杉，早在2008年美特斯邦威上市的同期，已经更换了自己的商业版图，其不仅新开辟出锂电池业务，同时还涉足金融、投资，郑永刚希望由此打造出一个具有中国特色的商社雏形。

新常态给民企新机会

“新常态”这三个字，现在很受热议，从杉杉的企业自身角度，怎么融合当前的“新常态”？

郑永刚： 从我做企业近30年的角度来说，其实“新常态”是司空见惯的，为什么？因为我从1989年领导杉杉至今，每天都必须面对新的竞争、新的市场、新的产品，而且要快速接受和融入“新常态”，否则杉杉早就倒在沙滩上了。我曾经看到无数和我们同时期创业的企业，结果都因为没能融入“新常态”，不是消失，就是今天处在更大的危机困境中。

对企业家来讲，“新常态”是天天要遇到的事情，但在面对“新常态”之前，首先要研究和弄清楚什么是“老常态”，以及彼此之间的转换问题。

以前的市场竞争是，一方面靠低廉劳动密集型的产能，另一方面是把产品输送到全球市场。这种战略在当时就是“新常态”。但是，现在倒过来了，如果还坚持原有的打法，不要说发展，就是生存都会困难，于是，过去引以为荣的“新常态”成了“老常态”。

什么是今天的“新常态”？比如，因为以马云为代表的互联网商业的崛起，使得传统的零售商都出现关门，进而导致很多中小企业陷入痛苦。但是，这个现实无法埋怨，因为是大趋势，也是未来发展的生活方式。这种情况下，传统企业唯一要做的就是迎合互联网时代，同时也要洞察到产业大转型、大升级的不可逆转趋势。我注意到我的朋友郭广昌近几年的动向，他正从投资的角度，把全球好的技术、好的公司、好的产品带到中国，来帮助中国企业产业升级，这是符合趋势的行动。

企业生命和大自然生态一样，淘汰、死亡、生存、发展，都是自然的事情，无须人为去延长它的时间。和我们一起活下来的，并发展起来的企业，哪一家没有经历过大风大浪，甚至死亡威胁？每年的公司年终会议上，我都会用一句充满忧患意识的话，来敲打我们的团队——任何产品都有其发展的时间，在达到一定高度之后，如果技术不出现新的创新、品牌不出现新的提升，一定会面临被淘汰。

在“新常态”中，中国企业应该干什么、怎么干？

郑永刚： 老蔡（德意志银行亚太区投资银行执行部主席蔡洪平）前一段时间说的“工业 4.0”概念，引发社会广泛热议，在私下，我们也早就沟通过。我还需要再补充一点，“工业 4.0”概念中还包含另一个元素——今后的生产，甚至生活的消耗性能源，将逐渐“去石油化”，代之的是新能源。

以互联网商业为代表的“新常态”，又将很快成为“老常态”，时代也将进入到下一场“新常态”——以新能源为代表的能源革命。我相信，至今为止，还有很多人对特斯拉说三道四，但从我的角度，我认为特斯拉定会成为一家全球性的伟大公司，为什么？因为特斯拉的革命性，不是它制造了什么新汽车，而是宣告了完全“去石油化”的新能源革命。大家想想，为什么污染、雾霾这么难以根除，核心问题就是烧煤、烧油以及汽车尾气。而最好的解决方案就是来一场颠覆性的新能源革命。当然，在这种“新常态”下，很多人还有分歧，还有各种想法。不管怎样，杉杉决定以一个企业的身份先来投身于这场“新常态”，我们的锂电池业务现在发展不错，短短十多年的坚持，现在成为中国第一、世界第二，我相信在我们的带动下，会引导更多企业、投资进入新能源产业。

“新常态”对有些企业来说，几乎是毁灭性的，但对有些企业或许反而是机会。我知道大家对我现在做什么很感兴趣，很多人说我现在是甩手掌柜，因为我除了对旗下两家上市企业控制之外，不担任董事长，也不进行经营干涉，完全交付给团队自己去处理。那么我最近在干什么，这两年时间实际都是和金融有关。

尽管我干不了马云那样的事，但是我觉得金融会有一个大机会。我们经常说，男怕入错行，女怕嫁错郎，企业家一定要做那些对的事，做可做的事，千万不要涉及不能干的事，比如说，现在国家对某些行业不支持，这些行业就千万不要干，不要干了很久，最后发现这辈子都没有干成功。现在，国家正在对整个金融体系启动新一轮改革，因此在保险、银行、投资、证券、期货等方面都提供了机会。但是，我到底能不能做好，还有两个因素要考虑，一个是努力，再一个是时代，我认为金融改革就是这个时代的机会。过去，全国性的商业银行、全国性的保险公司，民营企业是不可能做的，到现在政策也仅仅是开了一个缝，但这会形成一个趋势，未来还会放大。

我做金融，还有一个原因是，过去我们一直是乙方，为找金融服务，经常要看甲方的脸色和揣摩他们的思维，现在我有机会能进入到甲方领域，希望能通过用金字塔顶端的资源，去帮助大量中小企业融资和发展，同时也整合好大量社会资产和资源。我想，“新常态”不仅是我，也是更多中国企业的一轮凤凰涅槃。

做中国特色的中国商社

“坚持主业”和“多元业务”，一直很矛盾，尤其是服装行业。事实结果是，凡是“坚持主业”的服装企业都活得不好，这是否说明现阶段的服装企业，应全部转向“多元业务”？

郑永刚：杉杉是从服装起家的，并且成为国内知名品牌，规模和效益都是领军企业。但是服装业是竞争性领域，很难做到垄断，品牌也只是针对目标消费群体，属于个性化消费，跟汽车、化工、石油开采这样的行业不同，不能做到无限大。因此 1999 年以后，我们就开始思考，全力做服装并不合适，而且我们的财力和精力都还有剩余。

所以，我们把优秀的专业化人才和团队都留下做服装，通过跟世界名牌的合资、合作，开始做一些世界名牌的代理，并且参与研发、参与运营，而且基本上我们是控股的，在中国运营。所以我们有好多世界级品牌，包括玛珂·爱萨尼、大公鸡乐卡克等，在服装领域基础打得比较扎实，团队也比较专业化。像我这样的综合性人才就多出来，所以我就带一部分资本，开始寻找新的产业。因为我也不懂其他产业，但那恰恰是我的强项和优势，因为我会思考，会配置资源。

为什么会最终挑选到锂电池材料，作为“新常态”下的新业务？

郑永刚：1999 年的 3 月份，一个关于锂离子电池负极材料的研发信息吸引了我，这是鞍山热能院碳素研究所的一个“863”课题，国家也给了这个中国唯一的碳素研究所一笔经费做研究，而这个研究所也正在寻找产业化的出路。我当时觉得这个“新技术”、“新能源”在未来中国将会很有前景。锂离子电池负极材料实际上就是从焦炭中提炼出来的。

于是，我们就投资了 8 000 万元在这个课题上，并且把科研人员和他们的家属都请到上海，为他们在浦东安家，因为安居才能乐业嘛。也从此，杉杉开辟了第二个产业。2000 年，我们又收购了中科英华这家中科院的上市公司。我认为既然要做高科技产业，一定要跟国家的科学院、研究院所结合起来。

按照现在的话说，其实我们是预判到了一个“新常态”。我当时的看法是，石油不可能无限制用下去，不仅消耗资源，而且对生活环境也会造成危机后果，新能源的更替迟早会出现，我们早点进入、研发、生产，就会掌握先机。事实证明，我们做对了选择。

为什么后来又进入了金融、投资领域？

郑永刚：开辟了第二个产业之后，我又觉得我没什么事做了，我这个人是要给自己找事的人。在新科技领域投资之后，我又不懂科技，也不想学那些专业知识，而且也不好学，所以就没有进入到这个高科技行业里面仔细研究。但是投资之后，我们就形成了两大产业：服装产业和高科技新能源产业，并各有一家上市公司。我后来就开始研究和投资金融，主要是金融和土地开发，但是我们不做房产，只做一级市场，就是跟政府合作，联合开发土地一级市场，做基础设施，为政府做规划、做设计。

打开杉杉的官网首页，就是醒目的四个字——中国商社。和日本商社相比，日本的综合商社没有实体，只做投资、贸易和各种中介业务，而杉杉则经营着两大"实体业务"（服装和锂电池材料）。那么，何谓中国商社？杉杉要做的中国商社和日本商社到底有什么不同？

郑永刚：实话说，什么是中国商社，我们还在探索和实践中，我们不想过早就定义中国商社究竟是什么，因为还需要通过长期的实践来提供解释的依据，但有一点是明确的，尽管我们和日本商社之一的伊藤忠社进行深入合作，但我们不会全盘照抄，实际上就算照抄也要有基础资格，因此，我们的做法一定是，打造一个具有中国特色的中国商社概念。

从目前阶段来说，我们不会放弃自有的实体产业，依然会加大对实体产业的投入，尤其是我们认定的新能源业务锂电池，这个产业事实上已经改变了我们——我看到很多证券分析归类中，已经不把我们放在服装行业类别中，而是归入到了新能源板块去分析。

另外，我们正在涉足金融、投资等业务，进一步探索和完善中国商社的组成要素。未来，我个人会把注意力更多集中在这一领域，通过金融手段，去整合社会产业资源。

做一家中国商社最缺的是什么？

郑永刚：我认为还是人才。一个商社要做什么？里面有金融研究和创新，还有对产业的分析、投资和判断、整合，以及品牌打造等能力。这一切都需要顶尖人才，而且要能把他们凝聚在一起，才能打造一个航空母舰式的商社。

杉杉从早期偏隅乡镇的小工厂，发展到现在，一路上都是依靠人才的挖掘、引进，甚至合伙。说到合伙人概念，今天已经是一种“新常态”，最近有企业家说，创立一家公司，先不要急着去想方向、商业模式，应该花更多的时间去寻找合伙人。其实，找合伙人这种概念，早在20多年前，我已经用过，当时的杉杉是小企业，没有技术力量，我找了一位知名度很高的“甬帮”师傅，但我根本开不出高价工资去聘用他，于是我想了办法，就是和他一起再成立一家公司，这其实就是今天说的合伙人。再后来，我们要进入锂电池业务领域，首先就是并购一家科研所，把人才抓到手里，进而催生了杉杉在今天的另一项主营业务。因此，我们要做中国商社，下一步的赌注，其实不是商业计划，也不是进入的金融领域，我更看重的是，我们手里有没有超强能力的顶尖人才团队。

融入新常态就要大调整

杉杉目标是规模做到千亿。那么，要达到这个目标，从现实角度，机会和赌注在哪里？

郑永刚：这是针对杉杉实体产业而言，但未来如果算上金融、投资产业就不是这个规模，1 000亿还只是一个门槛。

我们一个保险公司（正德人寿），目前规模已经有300多亿，两年后估计会有600多亿，五年之后上千亿也指日可待。一个保险公司就上这样的规模了。

但实话说，从杉杉实体产业来说，如果没有锂电池新能源业务，仅仅期望服装业务要做到1 000亿难度很大。我们提出过2018年杉杉实体产业要做到千亿目标，最大希望其实是在锂电池业务。当然，从更大范围来说，我们保险公司目前每天保费进账就要5 000万以上，因此，从集团角度来说，金融则是最大的助力器。

尽管杉杉的行业归属，已在新能源类别中，但主营业务中还有近30%的收入为原有的服装业务，那么从服装业的角度，你认为困境中的企业应该如何调整经营思维、行为？

郑永刚：实话说，能够在这么多年的市场浪潮中，挺立到现在的服装品牌，都应该说是好的品牌，企业家也值得称道。但是，我们的时代已经改变，我们不仅面对的主流消费群成了85、90后一代，而且原来的那种以我为中心、产品为中心、质量为中心的做法，现在全部被否定。过去只要做产业，赢多输少，这是因为信息不对称，比如一款服装出来，不是所有竞争者都能第一时间知道，但在互联网或者移动互联网起来后，可以通过电商渠道或者其他页面立刻知道，各企业的竞争就会加剧，与此同时，消费者的选择余地加大，成为市场的主宰者。

因此，我的看法是，服装企业首先要调整思路——要以消费者为中心，以服务为中心。这就是我们现在经常提到的互联网思维。怎么做？我看见有些企业很聪明，用大数据分析结果来经营，比如从大数据中，分析出当季消费者喜欢什么颜色、什么款式、什么尺寸等，通过这种互联网数据手段，反过来要求设计、生产量次，这样既符合市场需求，也同时控制住自己的成本。服装企业必须承认和融入这种“新常态”，否则今后的日子一定比今天更难。

早期依靠服装起家的杉杉，今天面临的问题是，如何对起家的服装业务进行资源整合，这说起来，的确很痛苦，比如新明达、明达针织（转让后杉杉分别持有15%、15%股权），一直拖累公司业绩，为什么直到去年年底前才开始决定对部分服装资产进行剥离？

郑永刚：产能过剩，几乎是所有服装企业不得不面对的“新常态”的冲突课题。尽管这些产能过剩的资产，能提高或者维系公司的营业收入，但却不能带来利润，甚至还会亏损，影响整体利润。我们决定对这两项资产剥离，是很纠结的。因为在过去，它们都属于优质资产，帮助了企业成长，但时代改变了，昔日的“姑娘”成了老态龙钟的“老太太”，我们不得不在感情和理智中做出最后选择。

实际上，剥离这些有数千员工的资产，看似很简单，但对我个人而言，是经过很长时间思考的，但是为了顾全大局，适应形势，最后在去年终于下定决心，送走它们，并给它们一个归宿。反过来说，这些资产剥离之后，杉杉股份的业绩将不再受到影响，公司也可以轻装上阵，更会受到资本市场的喜欢。

除了剥离新明达、明达针织之外，杉杉还对旗下多品牌业务中的合资公司“鲁彼昂姆（意大利服装LUBIAM)”进行了关停。这些动作之后，是否意味着杉杉对服装资产的整合，已经完成？

郑永刚：鲁彼昂姆是一个意大利顶级品牌，它的定位是贵族成衣，比市面上的阿玛尼、杰尼亚都要高端。我们当初是从伊藤忠社手中，拿到大陆生产和销售权的。但是，在实际经营中，我们还是发现，这样一个顶端品牌在中国很难落地，中国的消费者还很难了解它，甚至在接受它时，还需要很长时间，因此我们决定暂时对其进行调整。

的确，去年底之前的这轮对服装业务的整合、清理，已经告一段落，也基本把亏损或者发展停滞的业务调整完毕，这样可以保证在上市公司内的服装业务健康和赢利性运营。

需要解释的是，近期对服装业务的运营调整，都是上市公司团队的决策、运作，我基本没有参与，我相信他们的判断，至于我，更关注的是我们锂电池业务的前景，还有就是涉足金融的战略把握。

为工业4.0配套新能源

实际上，在杉杉转向锂电池业务后的前十年，该业务一直风雨飘摇，但为什么现在它成了香饽饽，是否和时下新能源大趋势有关？

郑永刚：在我们之前，中国还没有这个行业，是我们培育出这个行业，但是我们一直在亏损，市场打不开的原因是技术不行，于是我们不断投入进行研发和创新。

我们锂电池业务真正跑起来的时机，却是苹果的乔布斯时代，当时他们的手机电池全球招标，我们被选中了。然后，我们的锂电池业务一下就腾飞起来。很多手机厂商看到我们能被苹果选定为供应商，就纷纷找我们合作。现在，每三台手机中，必然有一台手机的电池材料就是我们的产品。但是，我对之并不兴奋，因为我当初搞锂电池项目，初衷并不是要做配套手机，而是想给汽车配套，希望用锂电池能源动力，颠覆掉传统的汽车能源动力。

我们等了十多年了，现在看起来终于等到时机了，不仅美国、欧洲，也包括中国现在都在推出补贴政策，积极推动电动汽车，这就给我们的锂电池业务带来了前所未有的机遇。由于大家已经看到新能源动力的趋势，很多企业、投资就开始大量集中，目前处于群雄逐鹿的时候，我们现在是中国第一、世界第二，但是后面的竞争者也会追赶，因此我们会继续加大投资和创新力度，争取夺取世界第一。

在锂电池业务上，杉杉最值得一提的是，拥有从矿产资源，一直到正极、负极和电解液等完整的产业链，但为什么去年又要剥离正极业务中的前驱体？

郑永刚：企业为什么要做一条完整的产业链，无非就是从技术上对接、成本上进行控制，尤其是后者的意图会更明显。但是，在布局产业链的同时，也必须密切注意竞争环境。我们发现在这条产业链中，正极前驱体业务，生产厂家很多，而且供应价格也较便宜，如果我们再投资，再投入技术，不一定会有效压低成本，而如果通过第三方采购，不仅避免浪费，而且还能有更好的市场选择，于是我们决定剥离正极前驱体业务。

既然杉杉主营业务60％以上已经是锂电池业务，为什么不改变上市公司杉杉这个原有的服装名称？

郑永刚：杉杉早期的时候是服装品牌，上市之后，就升级到企业品牌。后来我们尽管做了锂电池业务，但服装还是保留的，而正因为服装业务存在，这就和我有莫大关联，因为杉杉服装好不好，外部就看我在不在公司体系内，我在的话，我们的合作者、投资界就会看好，我不在，就会担心。

那么我怎么看这两个实体产业的关系呢？以一件衣服为例，锂电池是我们的里，服装是我们的面，他们是面子和里子的关系，暂时我们还不想改变。

2014年12月，通过一家新成立的投资公司，你收购和控制了上市公司艾迪西，这家公司和杉杉没有任何业务关系，这一行为意图是什么？另外，相比另外三家小股东的收购价格，你的收购价格为什么要溢价40%？

郑永刚：的确如此，艾迪西和杉杉没有任何业务关联。我说过，我们一直在探索如何使得中国商社真正成型问题，这次通过收购和控制上市公司艾迪西，就是想达到这样的目的。

从艾迪西角度，这家公司上市时间不久，创始人也想退出，这刚好给了我们进入的机会，这家公司是做卫浴配件的，其所处的行业中，大概有3 000多家类似的公司，但优质资产和品牌不多，我们发现艾迪西这个公司，如果能通过有效资产整合，会比现在更有价值，因此我们决定进入。当然，我们也希望利用自己的产业经验，以及将优质技术和资产注入，帮助艾迪西实现产业升级的同时，对该企业、对行业、对投资者、对我们自己，都能带来多方共赢。

从2014年上半年财报上看，投资和金融的主要贡献来源是宁波银行和稠州银行两家城商行，而类金融业务的归属股东净利润却是负的，这是为什么？

郑永刚：的确如此，两家城商行给我们投资和金融业务带来丰厚的收益，但这样的利好，不会长期，因为前期的时候，银行的价值被低估了，而我们恰好有机会进入，但现在牌照逐渐放开后，这种高收益，就会逐渐减弱。至于我们的类金融业务，目前只是尝试，还是培育期，需要一定成长期。

相比之下，我认为我们进入保险领域，会创造新的收益，因为国家现在鼓励民营资本进入，同时又放开了保险资金投资上限，这样我们就有可能获得资金渠道，同时又能进行资本经营。由于保险业务不在上市公司范围内，这里就不方便进一步解释。

中搜首席执行官陈沛：打造“中国好搜索”

北京中搜网络技术股份有限公司（简称中搜网络）是一家高速成长的互联网公司，致力于让网络搜索更简单。成立于2002年，拥有独立知识产权的第三代搜索引擎与个性化微件两大互联网技术，构筑国内首家行业应用的云服务平台，以独创的“合作经营”模式，充分结合传统产业的优势和资源，缔造全球领先的中文行业网站集群。

谁是中国互联网搜索市场的老大？当然是百度，而且有第三方数据证实。按照易观智库产业数据库发布的《中国搜索引擎市场季度监测报告2014第四季度》数据排名，第一名是占79.48％市场收入份额的百度，其次是谷歌中国、搜狗，以及所谓的“其他”。而“其他”意味着什么？就是只占整个市场收入份额的3.07％的绝小份额中再分食更为微小的市场蛋糕。

有一个人和他领导的公司，似乎对这个市场排名不满意，甚至表现出非常不屑的态度。中搜网络现任当家人陈沛及其领导的中搜网络，也许对大多数人来说，都是陌生的，但对于百度的李彦宏、奇虎的周鸿祎、搜狗的王小川这三个搜索巨头来说，就不是那么轻松，在他们看来，只要陈沛仍然在搜索领域，就意味着威胁会随时到来。

除了商业身份为中搜网络总裁之外，陈沛还有另外四个个人标签，分别为：中国网络搜索之父、中国搜索联盟发起人、第三代智能中文搜索引擎的主设计师、个人门户倡导者。由于其中第一个称号，使得业界经常将陈沛和李彦宏作对比，称他们两人为“既生瑜，何生亮”的关系，但到底谁是周瑜，谁是诸葛亮呢，在 PC 互联网时代，结论是毋庸置疑的，就连陈沛也承认，自己缺位了 PC 互联网时代的盛宴。

实际上，进入互联网搜索领域，陈沛足足比李彦宏早了五年。根据公开资料，陈沛 15 岁以神童身份，从安徽蚌埠越级考入浙江大学数学系，毕业后在总参三部计算中心从事大容量信息处理工作，其间获全军科技成果二等奖两次、三等奖三次；研究领域涉及信息处理、人工智能、专家系统、机器翻译等，1994 年开始中文全文检索技术的研究，第二年将人工智能技术引进中文全文检索领域，推出智能中文全文检索系统 I－Search，第三年正式发明中文全文检索与大型数据库无缝对接技术。相比之下，李彦宏到了 1999 年，才开始通过创立百度正式介入互联网搜索领域。尽管在技术和研究上，陈沛代表了整个中国互联网搜索领域的最高水平，但在个人商业运作上，却因为波折过多，失去了成就霸业的最佳机会。

就在李彦宏创立百度的同一年，陈沛受邀加入郭凡生领导的慧聪国际担任 CTO，并同时在内部创立中搜网络。根据陈沛的描述，其当时进入慧聪国际，就是希望帮助其在纳斯达克成功上市，但很不幸，随着 2001 年互联网行业的全面崩盘，一切计划灰飞烟灭。此后，由于中搜的整体经营陷入困境，且慧聪国际自己也力所不逮，于是在经过一段悄无声息的沉闷与压抑后，中搜网络最终被富达基金（Fidelity）、IDG 和联想投资联合接手，三家公司同时将 1 350 万美元的风险资金注入中搜网络，而慧聪国际也因此失去对中搜网络的控股地位，所占股份仅为 18.44%，而以陈沛为代表的中搜管理层控制的宇联投资所占股份上升为27.46%，并成为中搜网络最大的单一股东，而富达、IDG 和联想投资三家风投共占有中搜

46.57%的股份（分别为14.27%、21.53%、10.77%）。

中搜网络成为独立公司运营之后，2003年开始，陈沛就将其搜索引擎服务，连续签约了当时的新浪、搜狐、网易、TOM、263、中华网、腾讯网等七大门户网站。但是众所周知，一家互联网公司要想做大、做强，仅有投资远远不够，还必须通过上市这种最快捷的手段，和资本市场做更深入的合作。陈沛原本希望在美国或者香港IPO，但2008年之后，由于金融危机爆发，又一次阻挡了其前进的步伐。不得已，直到2013年11月8日，中搜网络才最终觅得在国内新三板挂牌，由此创下中国网络第一股的新纪录。也是从这一天，陈沛给自己立下了一个新的目标，希望能在当今的移动互联网时代，重新坐实自己的搜索之梦。

十年，只为等待移动时代

实际上，在PC互联网时代，百度已经一统天下，为什么你还是不愿意缴械，并决定从现在起卷土重来？

陈沛：我希望未来的互联网是这样的——一个普通用户，当他打开自己电脑的时候，他看到了他要的所有东西，而他不需要的不出现，他不关心它们来自哪里，因为他只关心内容本身，他不关心它们是怎样来的，是收藏夹、是朋友推荐，还是搜索引擎，因为它们已经来了。

这是我在1999年提出来的，当时的门户网站如日中天，而我认为对用户应该有更好的服务模式，以上的这段话，是我的理想。到了今天，我继续坚持这个理想并为之实施，虽然我个人领导中搜网络经历了各种磨难，甚至在今天的中国搜索市场上，遇到的竞争对手也异常强大，但我的初衷从没有被忘却和动摇。

为了实现理想，我把中搜网络打造成一个搜索引擎，因为要为每一个用户提供真正需要的内容，首先就是要成为一个搜索引擎。

最初做搜索引擎的时候，没觉得有什么困难。我是1995年开始创业做企业搜索，那时我们的客户是新华社等各种媒体；1999后，我又在PC上做搜索，为联想公司的用户提供数据搜索服务；2003年，我进入了互联网搜索领域，开始为各大门户提供服务，值得一提的是，那时我们替代了百度，成为搜狐和网易等几个主要门户搜索引擎的供应商。尽管如此，我还是很不满意：当用户输入一个关键词，我们的搜索引擎根本不管用户是否需要，而把互联网上所有东西都给出来，使用户不得不一屏一屏的去找信息，我认为那是浪费用户的时间。

我的理想是：用户找任何信息，都可以通过中搜网络的产品获得，但我更希望用户看到的是真正需要的，而不是让他到一大堆信息中去二度寻找。这是一个最广阔信息获取和最个性化信息获取之间的博弈，做出平衡非常困难，所以我们摸索了十年去思考和研究平衡问题。十年意味着什么，原来在我们身后的百度，现在成了中国搜索领域的老大。

现在，我由衷感谢移动互联网，因为移动互联网的到来，让我看到反超强大对手的机会。

实际上，在2012年中搜网络已经较早地推出了移动端的“搜悦1.0”，但为什么没有投入更多资源去规模化宣传，并迅速抓取移动用户？

陈沛：第一个版本出来后，我认为还不够好，不过最新的“搜悦4.0”，基本上表达了我们的想法，也到了向用户广泛推动的时候了。

“搜悦”是什么？很多用户都很关心，为什么关心呢？因为在他们的手机里已经有无数个APP，为了获取服务，必须在各个APP里跳来跳去地选择，事实上，很多APP的功能同质化非常严重，对用户来说，有些APP像鸡肋那样“食之无味，弃之可惜”。如果统计现在所有的APP，少说也有百万个，但到底有几个是用户真王喜欢的，并且能够满足用户大部分的需求呢？也许大家都会说是微信。

我承认，我本人也在经常使用，微信在我个人的社交中发挥了很大作用。但它也有明显的缺点：一开始，微信“朋友圈”本来是朋友之间交流的，但现在“朋友圈”似乎很难达到朋友交流的功能。比如，用户想发一条中午吃了什么，但会产生顾忌，因为“朋友圈”里他的合作伙伴、投资人，甚至还有领导、老师、长辈，这些人恐怕对他所发的信息并不喜欢，但是，发什么是用户的权力，APP本身不可以限制，于是我们在“搜悦”里提供了不同的“兴趣圈”，在这些不同“兴趣圈”中，用户有不同身份，比如我和互联网朋友在一个圈子时，我就用真实的资料和头像，如果换一个兴趣圈，比如美女圈，不想让别人看到自己的真实身份，可以换另外一个身份在这个圈中交流。人们在“搜悦”可以用不同的身份参与不同的兴趣圈，每个身份都是自动与每个圈子匹配的。另外，我们还提供私密社交的空间，比如我在清华的MBA班是一个私密圈，我们可以分享不同的内容，这些信息和内容其他人肯定都看不到。

“搜悦”和微信的最大不同就是，微信解决的是人与人的关系，而“搜悦”解决的是人与信息的关系，我很期待它成为第二个超级APP。

当然，除了达到真正的私密之外，“搜悦”还集内容、技术、资源和商业化平台化于一身。说白了，用户现在根本不需要安装那么多APP，一个“搜悦”就帮个人用户满足新闻、图片、视频、百科、微博、论坛、博客、社交等需求，而商业用户，更可以通过“搜悦”完成技术分享、资源共享，甚至开展支付金融等。

为了净化用户环境，创造出个人专属的互联网环境，在PC时代，尽管我一直在努力，但始终没能如愿，也没有做大公司，但今天不同了，移动互联端之争的核心就在用户的环境之争。这恰恰是我们前十年积累起来的强项。未来五年的竞争，中搜会直接挑战现有的百度模式。

搜索垄断，已到打破的时候

你确信自己真能在移动互联网时代的某一天击败百度吗？

陈沛：这和我的天性有关，有朋友说我是对搜索的偏执，确实，在我的性格中，我认为应该改变的事情我就会努力去改变，哪怕创新路上遇到的困难再多，我也会坚持。

搜索是我的一个理想，我认为现在的搜索必须要被改变，改成每个人都只看到自己想看到的，不想看到的就不应该出现，这是我在1999年提出来的，今天我继续在坚持。

百度在PC搜索上的商业成功，我是尊重的，但这不代表我认同他们的模式。尤其是在今天的移动互联网时代，用户个性化的需求会日益突出，如果还是和PC互联网那样，搜索一个信息时，给出一大堆内容，用户会很痛苦，因为现在的屏幕只有手掌大小，用户怎么忍受去不断翻屏？因此，我在1999年提出的“理想”，很适合现在的移动用户。由于理想和现实已经没有差距，我认为现在是中搜的最好时机。

另外，我们在移动端的产品，现在基本都以周的速度在更新，这无论是对自己的成长，还是直面竞争，都会产生一种优势。

中搜2013年度财报中，用了多达六页的版面引用了艾瑞的分析报告，主要是为了解释移动搜索领域的用户、市场规模的增量趋势，并明确中搜的移动战略选择。但是乐博资本的杨宁却认为，“五年后手机会消失，移动互联网创业风口将衰竭”。如果杨宁的观点被坐实，中搜现在的移动战略是否存在巨大风险？

陈沛：对于这个“五年”的论断，我持保留意见。但是，五年足以发展出一个新互联网巨头，也足以使一个互联网巨头倒闭。现在，大家在移动互联上的投入其实是占领一个入口，但移动搜索的市场格局未定，这对于中搜而言是机会，并且中搜三年前就已经准备好移动搜索的技术底层、内容底层、产品形态，现在只是发力抢占用户市场。

我们的移动搜索产品和现在市面上的产品有很大不同，我们的产品其实是一个个人门户，这个产品我们起名叫“搜悦”，通过这个产品，能让每个人可以使用属于自己的机制个性化搜索、订阅、阅读及生活服务等。我认为这些其实是搜索的最佳表现形式。

比如你想看看王菲的内容，“搜悦”首先会告诉你，有不同的王菲，问你想要的是哪个王菲，选择之后，跟她相关的各种内容就都呈现出来。如果关心她和其他娱乐人的关系，可以点开相关人物看看，王菲所有的关系，不管是朋友关系，还是娱乐圈的各种关系都被清晰地表达出来。王菲和谢霆锋之间的关系最近比较火，所以成为她所有关系中最重要的。在“搜悦”，你可以从王菲点击到谢霆锋，再点击到张柏芝，再跳转到陈小春……直到再回到王菲，形成一个很有意思的关系网闭环。大家可以看到，这样的搜索跟现在的搜索有什么不同吗？其实是现实生活中的很多知识被融入其中。

我们以前看到的搜索是由技术驱动的，未来的搜索则是以知识驱动。“搜悦”是全球第一个开放的搜索引擎平台，所以在“搜悦”中可以看到其他搜索看不到的内容。

公司财报中，一方面认为自己在移动端产品具有独创性，另一方面又表示可能存在技术方向失误或者开放合作业务模式不成熟，造成市场份额降低，这种风险冲突如何避免？

陈沛：尽管 BAT（百度、阿里巴巴、腾讯）三巨头目前都在会战移动端，但实话说，没有一款 APP 足够让用户满意，用户的手机屏幕被各种 APP 抢占，他们做不了自己的主。我们正在做的是一场整合 APP 的革命，这是没有先例的。我们所争取的让用户只用“一个 APP”的做法，会直接挑战 BAT 的地盘，因此会存在风险，我们必须向投资者说明事实。

但是，我也说过中搜是一家有理想的企业，我们会怀抱梦想继续往前走。我们可以看到近十年来，搜索的变化是缓慢的，而其他互联网领域的产品基本都是呈现多元化的发展，诸如社交，你很难想象在今天再用十年前的社区产品去获得信息。所以，我们正是看到搜索垄断、搜索技术难以裂变而造成搜索产品的单一、重复多次检索可能都找不到自己想要的等问题，用户对搜索的公正性、精准性也变得越来越有抱怨，我们才发现应该用新的搜索技术改变人们对搜索的习惯，用户应该要使用一个“打开即为所得”的搜索，而不是多次检索都找不到自己想要信息的搜索，为此我们推出了第三代搜索服务。同时我们也发现 PC 搜索要想在短时间内挑战既有的垄断模式会非常困难，我们则把目标更聚焦在移动搜索领域，推出的“搜悦”其实就是一个个性化的搜索，里面也不仅仅有搜索，更集成了以个性化信息服务、电子商务、社交为核心的整体“搜悦”生态链，提供一个全面的个人门户服务。

产品好不好，让用户决定

在中搜财报中，提到去年（2013 年）营业收入下降主要原因是“公司在移动互联网业务上寻找到规模化的营收模式的时间较晚”。那么，中搜为什么直到去年才发布移动端的产品？

陈沛：我们其实从 2011～2012 年就已经推出了 APP 搜悦（个人门户）、移动船票（商业服务）、V 商（移动微博产品）等移动端的产品，但在那个阶段，我们主力是在企业类市场中进行推广，在用户市场稍微保守了些。我们认为应该有更好的、更个性化的产品升级，为此我们从 2013 年开始大力推进用户级市场的 APP“搜悦”。

作为中搜主张的第三代搜索引擎的核心武器——“搜悦”，对百度、360 等搜索对手，乃至行业来说，到底有什么特别的创新和竞争价值？

陈沛：我想解释一下“搜悦”，它是一个整合多种用户需求的多用途的 APP，而不是仅仅提供简单的搜索功能。其主要体现在四个方面。一、中搜第三代搜索让人的知识融入算法，使得搜索质量更加精准、全面；二、竞争层面不太一样，百度等搜索企业基本是一家公司的服务，而中搜第三代搜索引入众多合作伙伴和用户共建搜索，是一个开放平台；三、中搜在个性化搜索、推荐、订阅方面，做到每条信息都是切近用户所需；四、知识图谱式搜索结果服务。

现在主力推动“搜悦”这一移动端产品，如何才能实现用户规模化？

陈沛：现在我们正在强化生活信息服务功能，我们有一个移动支付工具，叫做“中搜币”，今年9月份和友宝公司合作，借助这个支付工具开展移动购饮料活动，仅合作一个月，友宝公司通过“中搜币”的饮料销量就达到创纪录的83万瓶。目前，“搜悦”用户已逼近亿级规模，破亿是必然的事情。

中搜过去的主要收入来自向客户提供互联网技术服务，移动业务上来之后，公司整体收入结构将出现什么样的变局？

陈沛：向客户提供互联网技术服务的业务，我们仍然会继续，这是我们过去业务的核心，但是我个人更希望看到移动业务创造的收入能成为主要收入来源，这是决定公司下一轮成长，甚至成败的关键。如果说过去的业务模式主要通过B2B实现，现在以“搜悦”主力推动的移动业务，将混合B2C、B2B2C等多种业务模式，这样就彻底打开了我们收入来源的边界。我想，只要1～2年，我们的业务结构就会出现很大的排序变化。

张小龙（微信创立者）一直强调产品要简单化，他把很多功能隐藏起来，让用户自己去发现。而“搜悦”却是把所有功能呈现出来，对比之下，是否会引发用户体验问题？

陈沛：其实这是蒙的，用户需要被引导和推荐。“搜悦”在第一步就给了用户很好的引导和推荐，告诉他如何选择自己想要的，尤其是当他做了一些选项之后，到了第二次登录，他会发现已经拥有自己的空间。

我们现在要做的事情，就是再拼一年，争取让所有的用户都熟悉搜悦，习惯打开搜悦，我想，用户自己会去做产品比较，并做出最终的选择。

罗莱董事长薛伟成：用15年做全球500强

1992年，薛伟成正式创立罗莱品牌，并在行业内率先实施品牌经营理念，使罗莱成为一个家喻户晓的家纺品牌。自2005年开始，罗莱连续位居国内家纺市场占有率第一；2009年，罗莱A股成功发行，成为国内首家床上用品上市企业。近年来，作为最早实施多品牌运作的家纺企业，罗莱从2004年开始将Sheridan、Disney、Zucchi、Yolanna、尚·玛可、Millefiori等众多国际知名家纺、家居用品品牌引入国内，形成以罗莱品牌为首的多品牌矩阵。

2015年6月10日，随着多喜爱家纺（SZ.002761）的上市，A股家纺类公司中，终于从此前的罗莱（SZ.002293）、富安娜（SZ.002327）、梦洁（SZ.002397）之间的“三国杀”，转变成了如今的“四国杀”。然而，无论是资产规模还是主营收入，罗莱依然是行业中的老大，对手中，除了富安娜略可匹敌之外，梦洁、多喜爱要和罗莱竞争尚需找到新的招式。

形势在变，竞争方式也在改变。自罗莱宣布从原有的床上用品，转型为多元的整体家居企业及智能家居企业的战略之后，除了新晋者多喜爱未明确自己下一步战略之外，富安娜和梦洁均采取了相似的战略跟进，这一方面使得未来几年的家纺行业有了新的命题，同时也推动各企业之间的竞争——将从价格战，引向全家居产业以及现代智能化的战场。

从研究角度，作为连续10年在国内同类市场占有率第一的罗莱，在新形势下的变革行动，将直接影响到行业内的竞争，以及整个行业的未来。“行业集中度会进一步提升。主要集中在有规模、有创新、有自立能力、有优质的多品牌、有多渠道、有资本优势的企业。”罗莱董事长薛伟成提出的这“六有”门槛，实际是衡量一个家纺企业在下一轮生存的标准，也是能否参与竞争的基础。在薛伟成看来，但凡不具备这“六有”能力的企业，将逐渐退出市场，而市场权力将逐渐向优势企业集中。

2009年的7月炎夏，当我第一次访谈薛伟成的时候，时值罗莱圈下了一块位于上海虹桥机场附近的地皮，不巧正在准备总部搬迁。搬迁运动显示了罗莱要继续做大做强的态度。“领先半步就能赢”——这是薛伟成在2009年对我所说的罗莱战略思想。

领先半步，曾经是罗莱的市场基本打法：1994年，在公司尚未形成规模时，就下大赌注，斥资38万元，请广告公司为罗莱设计了品牌标识，这在当时，是非常超前之举，使得罗莱与众多家纺企业首先在视觉上一下拉开了档次；2003年，为谋求品牌定位，汲取了意大利设计思维，对品牌进行欧化；2004年，聘请李嘉欣为形象代言人，出演罗莱的品牌故事主角“阿拉克涅女神”，这使得罗莱知名度和美誉度得到攀升；此后，对公司品牌和产品进行系统化改造，最终在国内确立高端形象。

前20年中，罗莱实际完成和构筑了大半个“六有”门槛，而现在正在通过补充资本能力，来收拢自己的市场权力。薛伟成现在提出了一个更大胆的想法：“一个家纺企业要做世界500强，如果仅做床上用品，是根本不可能实现的，但如果能做整体家居，能成为一家智能家居企业，同时也能国际化，那么还是可期的。罗莱的想法是，花15年的时间来完成这个目标。”

薛伟成现在提出的新战略包括两大部分：一方面从过去家纺用品的企业，转型为整体家居企业，也就是像宜家那样整体复合的企业，而智能家居将是其中一个重要的发展方向；另一方面将从产业型企业升级为“产业＋资本”双轮驱动型控股集团。

15 年，是薛伟成给罗莱定下的战略实现时间，没有人能预判 15 年内将发生什么事情，但对于薛伟成来说，或是他人生中最艰难的时期。

用 15 年倒逼自己

中研网认为，我国家纺行业存在 2 000 亿～3 000 亿人民币的市场规模，但从现有主要的家纺类上市公司的业绩总和来看，连 1/30 都不到，这是为什么？

薛伟成：我不知道这是如何统计出来的，根据我在行业中的经验看，对家纺行业很难统计出准确的数据。首先是对家纺行业范围的认定，这个行业其实不仅仅指的是床上用品，还包括了毛巾、窗帘、地毯等家用纺织品，现在能公开的数据都是家纺类上市公司的数据，但这些公司都属床上用品类的公司，在向全家纺类转型过程中，多处在起步阶段；其次就是家纺行业的集中度不高，大多数品牌知名度偏低或无品牌，甚至还在低端的轻纺市场中流通，因此，整个行业到底是否存在 2 000 亿～3 000 亿人民币的市场规模，这有待商榷。

另一个问题是，假如家纺行业存在 2 000 亿～3 000 亿人民币市场规模，即使将目前所有家纺类上市公司的业绩加起来，距离 2 000 亿的底数还远远不到，也就是说，我们的行业的天花板还很远，我们还有很大的增长空间，但事实上并非如此——在所有家纺类上市公司中，营业收入增长率没有一家超过 30%。于是，我们就需要思考：家纺类企业到底应该怎样规划自己的下一步？

罗莱在中国已连续 10 年执掌行业龙头，为什么还要提出二次创业？

薛伟成：做行业龙头，不是我们的终极目标。必须看到，在新形势下，本土品牌将不仅仅面临现在的竞争对手，由于关税持续降低，无数优质的国际大牌将和我们的价格不相上下，而且他们会发挥出整体家居的竞争优势，因此，包括罗莱在内的本土品牌都需要二次创业。

我们现在的战略是，一方面从过去家纺用品的企业，转型为整体家居企业，也就是像宜家那样整体复合的企业，而智能家居将是其中一个重要的发展方向；另一方面将从产业型企业升级为“产业＋资本”双轮驱动型控股集团。

整体家居这个概念，是基于我们对海外市场的研究总结出来的。国际大牌为什么比我们优秀，优秀在哪里？为了弄清这一问题，我去了日韩、欧美考察，结果发现，就产品而言，我们国内的生产技术和产品未必逊于国际大牌，但在整体配套上却非常缺失。国际大牌的核心竞争力不在于售卖某件高档次的产品，而是为客户做整体方案设计，卖的是效果和场景，比我们领先二十多年。按照这个逻辑，相比我们只卖出一条被单、一个枕头，国际大牌就可能卖出整整一个卧室，因此他们就能获得很高的收益。

另外，现在国内的消费者，也正在向我们提出这样的诉求。为了快速适应新形势和应对市场需求，接下来，我们会通过资本手段来整合全球的资源，其中就包括整体产品设计和人才资源，以加快实现战略转型。

公司提出，用15年时间来完成做一家世界500强企业的夙愿，战略路径是什么？

薛伟成：考察了发达国家的同行企业后，我发现世界上没有一个家纺企业能做到500强，这促使我进行了反思。得出的结论是，因为家纺行业的产业链很长，而多数有品牌的家纺企业却大多集中在床上用品这一细分领域，因此，即使在这一细分领域夺得头牌地位，也仅仅是抢到竞争中的身位，但是永远也不可能独吞天下，尤其是在今天的互联网时代，所有床上用品都将公平、透明地陈列于网上，这给消费者在做选购时，有了信息获取、价格比较、产品比较等自由选择。

为了做一家世界 500 强企业，我们结合当下互联网智能时代，提出了“健康、舒适、美”的新使命。在这个使命下，我们将进入到智能健康监测产品领域。其间，我们会通过资本投资并购手段，把国内外在智能健康监测产品领域中具有创新技术、创新产品的资源，叠加到我们整体家居中，通过大数据分析、诊断等手段，给消费者居家以健康关怀。可以看到，未来的居家生活，还将包括家庭机器人、家庭管家等，而这些和整体家居战略是一致的，这会让消费者生活变得更有意思。当然，互联网智能时代本身就是对传统居家生活的跨越，而我们设想的是，将我们的产品通过互联网化、智能化、数据化，形成不断迭代。

在战略驱动中，资本将在其中扮演重要的价值作用。我们希望通过资本来打造一个产业链和生态圈。如果靠自己一点点做起来肯定做不大，一定要整合资本。把优质的品牌资源、人才资源、技术资源纳入进来，同时自己也走出去销售。

设内部合伙人制

罗莱已累积了包括罗莱在内近 20 个品牌，但它们的表现差异很大。据 2014 年财报，相比罗莱主品牌（营业收入增长 11.04%），为什么其他品牌合计只增长 6.13%？2015 年，业务贡献比率上，会有怎样的变动？

薛伟成：为了针对不同的目标群体，我们前几年中逐渐加大了品牌阵营，这近 20 个品牌就是在整个过程中形成的，每一个都对准了自己的用户群。

但是，由于我们发展速度太快，在人才架构、制度管理上，还存在一些问题，我们需要时间去调整。另一个原因是，在整体经济和消费信心下行中，相比主品牌而言，小品牌的优势会弱一些。

目前，我们正加大人才培养和引进，以及制度的变革，尤其在针对后者，我们正在部分品牌事业部中试点合伙人制度，让原先的职业经理人，转变为企业的投资者、部分股权的拥有者，以推动他们积极利用智慧、资源和能力来推动品牌事业部的业绩提升。

关于合伙人制度，公司内部具体计划是什么？

薛伟成：我们现在有很多子公司、孙公司以及品牌事业部，每一个业务板块都需要员工尽心尽力。尽管我们希望合伙人制度能在各个部门推行，但也不能盲目。我们之前是一家传统企业，有些员工在公司工作了很多年，现在公司拿出股份，让他们拿钱认购，员工会有各种想法，我们需要深入沟通，只有双方一致，我们才能推行。

至于合伙人制度是什么？最核心的就是股权问题，我们的方法是拿出30%的股权份额给员工认购。我们希望通过这样的制度变革，形成双赢关系。一方面鼓励员工做强自己的事业，到一定规模之后，或许部分资产就能独立上市，这样一来，不仅公司获得价值，员工也能因此创富。

公司通过收购加盟商的部分股权，强化与加盟商业务融合，激发动力。根据公开资料，公司已和10家加盟商签订协议。加盟商是否都愿意接受这样的合作？实际效果如何？

薛伟成：出台这条政策之前，我们首先从加盟商自身长期发展的利益角度进行了考虑。大部分加盟商跟了我们公司10～20年。罗莱的今天，也都是靠加盟商发展做大的。但是，在今天传统零售下行的形势下，如果我们还是把他们简单当作加盟商来对待，那就变成了经销商和厂商之间的博弈。

我们现在控股加盟商，双方利益就形成一致，加盟商就不会采取短期的激进行动。我们希望通过资本行为，把加盟商和公司利益捆绑起来。我们和加盟商签订协议，就是希望他们能获得更高的增长收益。过去，经销商赚的是简单利润，现在通过股权合作，他们赚取的是市值。从事业的角度来说，由于我们和经销商形成了你中有我，我中有你的关系，他们就会看重长期利益，这恰恰是我们愿意看到的结果。

收购与资本联动

进入 2015 年，无论是产业合作，还是资本动作，罗莱开始加大吸睛动作，先谈产业合作。和专门做智能控制的上市公司——和而泰的合作上，罗莱主要目的是什么？另外，和而泰还与罗莱竞争对手梦洁，也实施了合作，这对罗莱和梦洁之间的竞争产生什么影响？会不会出现智能家居竞争产品的同质化问题？

薛伟成：没有太大的冲突，我们与和而泰签订了战略性合作，但是我们签订的合同并没有排他性。需要强调的是，没有排他性，也意味着竞争变得更加透明和公开，就看双方的推广能力和深入思考能力。

设立资本性公司“南通罗莱商务”后，罗莱先后做了两大动作：第一，再用 5 000万设立孙公司“罗莱智能家居”；第二，出资 2 912 万，以 21.17%成为迈迪加公司第一大股东。那么罗莱智能家居主要业务是什么？在整个公司体系中将扮演什么角色？

薛伟成：我们希望通过“罗莱智能家居”开展整体软装业务，包括一些智能硬件，比如空气清新系统、温控系统、音响系统等等。

至于迈迪加公司，它是一家专注睡眠健康监测产品的研发和服务公司，有很多领先全球的独立发明专利。其产品能为用户提供睡眠期间的生理指标监测、提供睡眠健康分析、管理和指导服务等。这家公司的产品和我们智能健康化战略有很高的契合度，因此我们决定对其进行投资，成为其第一大股东。

目前，我们和迈迪加公司合作了一款睡眠监测的产品，该产品在全球也是属于领先的产品。我们希望先通过睡眠的监测，再到以后解决睡眠质量问题。我们是迈迪加的第一大股东，帮助他们在我们的渠道里销售这个产品。

现在大家都在说智能家居智能健康，行业都处于初级阶段。我们正在和硅谷、以色列等地最有研发能力的机构整合技术和产品，将来会通过我们的智能家居公司逐渐推出创新产品。

罗莱不仅和戈壁创赢成立5亿产业基金，还与艾瑞资产成立3亿产业基金，以及和加华裕丰设立2.02亿产业基金。这三大基金显然都是为了并购而存在。据我们知道，家纺行业中，至今尚无出现大的并购。现在行业是否要通过并购来提高集中度？另外，罗莱和这三家资本合作者，有没有明确的股权投资、并购的对象？

薛伟成：三大基金，双方都有一定比例出资额。我们看中的合作方，在各自领域上有行业判断能力和运营基金投资的能力。我认为，罗莱要将企业做大，一定要通过投资并购才能做大做强。当然我们的投资，一定是围绕自己的产业范围来投资。至于目前有没有明确的投资对象，因为目前还在评估阶段，从上市公司信息披露制度角度来看，还不宜对外透露具体信息，但我可以说的是，既然成立了以投资为目的的基金，我们一定会做这件事情。

在公司内部还推行了“牛人文化”。这对公司将产生什么价值？

薛伟成：这是我们一种全新的战略迭代方法。该方法是，通过群策群力的方式确定组织或团队短期内需要执行和完成的关键任务，并形成项目；然后在组织或团队范围内，采取无岗位限制、无级别限制的现场PK，确定项目经理，整合组织或团队资源组建最强大的项目组来完成挑战任务。

我们的这个文化不玩虚套，它有“五大鼓励行为”和认定的标准。所谓“五大鼓励行为”包括鼓励创新和试错、鼓励聚焦关键任务、鼓励完成更具挑战性的任务和勇于承担并具备狼性、鼓励市场需求导向、鼓励用比自己更牛的下属；而牛人标准是在“五大鼓励行为”及集团价值观基础上，通过广泛征集意见提炼出来的，内容包括与集团倡导的价值观高度吻合、极强的目标结果导向、极强的创新力和学习力、具备狼性思维和快速的行动能力、用超出常人50%的时间学习和工作、有互联网思维、极强的应对变革能力等六条。

我说过，我们准备花 15 年的时间，力求把罗莱打造成一家全球 500 强的公司，除了公司推行新战略、新策略之外，人的因素才是关键。我相信“牛人文化”会是我们的真正利器。

浙大网新董事长史烈：做“互联网＋”双重身份者

浙大网新集团是以浙江大学的综合应用学科为依托的信息技术咨询与服务集团。自 2001 年 6 月创建以来，集团在信息技术服务、环保节能、轨道交通、城市建设服务、金融创新等业务领域取得了迅速发展，旗下拥有浙大网新（SH. 600797）、众合机电（SZ. 000925）、网新兰德（HK. 8106）三家上市公司。目前，集团业务覆盖中国绝大多数省、自治区、直辖市、香港及美国、日本、东欧、东南亚和南美等国家和地区。

A 股存在以来，在各大证券分析机构的板块架构上，迄今没有对“高校产业”做出明确和清晰的归类，包括北大系、清华系、复旦系、交大系、浙大系等 A 股公司，均散落在不同的行业类别中，但“高校产业”的集群效应，却在整个国家经济的产业体系中，扮演越来越重要的力量。

“高校产业”中的各家上市公司都无一例外的存在“产学研”的身份标签，但这些企业的另一个重要标志——“商业价值”，在当下全民“互联网＋”的时代中，正在显示自己的肌肉感。尽管从商业力量看，北大系、清华系在“高校产业”的市场份额中占据绝对的优势地位，但不代表复旦系、交大系、浙大系等南派系失去话语权。一向专注于IT领域的浙大系代表——浙大网新科技股份有限公司（以下简称浙大网新），正在迎来属于自己的“互联网+”时代。

浙大网新由中国智能CAD和计算机美术领域的开拓者之一、中国工程院院士、原浙江大学校长潘云鹤创建于2001年，该企业依托浙江大学综合应用学科优势，以“打造软件与网络业航母”为远景，进行“产学研”通往商业的开发。公司目前的掌舵者是史烈。

史烈是浙大网新初期的建造者之一。浙大网新最初的发展，实际是通过吸收合并了浙江大学的部分院系企业而成，史烈曾是早期被并入浙大网新的浙江大学图灵信息科技有限公司的创建者和时任该公司的董事长。因此，在浙大网新十多年跌宕的进取发展中，史烈是亲历者。现在，他要带领这家166.3亿市值的浙大网新，在“互联网+”时代中，走出一条有别于其他高校的新模式。

根据IDC（Internet Data Center，互联网数据中心）的观点，改变世界信息产业的第一平台是20世纪50年代的大型计算机系统，第二平台是20世纪80年代的客户机、服务器系统，而第三平台则是今天以大数据、物联网、移动互联网、云计算为依托的平台。当下，互联网正在重新定义所有的行业，这意味着以“大、物、移、云”为核心的第三平台，将会不断向各行业渗透，并带动相关硬件、软件及服务市场的高速增长，甚至颠覆与重构所有传统行业。

对于中国经济来说，粗放型增长方式已走到了尽头，各行业都面临着变革与转型，而变革和转型都需要IT的强力支撑。“我相信，类似我们浙大网新这样的IT厂商，都将在第三平台的时代中，面临前所未有的挑战，但也需要明鉴这些调整背后所孕育着的巨大商机。”按照史烈对浙大网新的战略设计，浙大网新不仅自己是一家“互联网+”的公司，同时还希望通过向客户提供各种“互联网+”工具、方案，推动客户向“互联网+”转型。

起得早不等于成功

A股中，一度诞生高达40多家高校控制的公司，但顶着高校、高科技光环的这些上市公司，却大多经营不善、负面不断，在经历一系列股权变更后，许多高校系公司退出，最后留下的只有寥寥几家。为什么中国的“高校系”公司普遍不能做强、做大？

史烈：这几年，大部分高校系企业的成长遇到了挫折，这是一个事实。以我们的浙大网新为例，我们是国内最早提出“智慧城市”理念的企业，但我们起了个大早，却没有持续优异的市场表现。原因很多，比如我们原本的商业模式是打单、接工程模式，产品化的程度不高，可平台化运营的空间不大。在互联网时代的激烈竞争下，许多机制更为灵活的互联网公司比我们有更好的表现力。

经过反思，我们认为，我们不能再等，而是要主动地去改变自己，我们要从传统的IT公司转变为致力于做“互联网+”的新型IT全案服务商。

在机制、资金、技术、人力上，浙大网新和浙大的具体关系有什么新的变化？

史烈：对我们来说，区别于其他高科技企业的一大优势就是，浙大网新与浙大是“政、产、学、研”一体化平台。未来，这也依旧会是我们的核心优势，浙大网新与浙大的关系只会更紧密。我们还将在例如国产操作系统——核高基（核心电子器件、高端通用芯片及基础软件产品）项目、残疾人信息无障碍平台、智能互联城市公共服务平台等平台成果之上，进一步推进产业孵化及财务性投资，强化与浙大以及政府、同业机构、投资银行等的合作关系，开展有效的人才合作、项目合作、资本运营，培育互联网金融、电子支付、网络安全、物联网、云计算、大数据、人工智能等新兴产业方向、新型业态。

现在是万众创新的时代，学生又是最具想象力、最具创新精神的一个群体，我们还要向学生们学习，同时创新合作模式，让有想法、有能力的学生加盟我们，甚至成为我们的事业合伙人。我们在浙大搞浙大网新杯创新创业大赛，向同学们征集智慧助残、智慧商务方向的创意方案。

“互联网＋”魔术师

相比2012年度亏损，对2014年的亏损分析中，董事会首度提出了“传统IT分销业务与软件外包业务亦面临严峻的市场风险”。这是否意味着过去的业务战略存在转型缓慢问题？而此前公司提出的“信息系统开发能力Computer（计算机）＋”战略，是否错误？

史烈：每个阶段的战略都是根据时局背景、企业核心竞争力和企业当时的发展情况而制定的。软件企业又是受时代迭代影响最大的企业类型。

自2005年开始，公司剥离机电总包业务单独上市，提出以“Computer ＋ X”作为产业选择的基本导向，我们以自身所擅长的信息技术服务于智慧城市建设、服务于各行各业，提供整合协同的解决方案和服务。随着时代的发展，“Computer”作为一个实体的概念已越来越被淡化，数据处理的大部分压力，从终端设备上释放并通过互联网、移动互联网转移到其背后的支撑中心——云计算及大数据。仅仅是信息系统开发和数据处理已经不够，企业更需要有通过大数据、物联网、移动互联网和云计算等多种先进技术手段而服务于一切的无形能力。

2013年，我们提出了“网新云战略”，基于云为客户提供全价值链的增值服务，做客户的云服务经纪人。2015年国家提出“互联网＋”，即指以“大物移云”为代表的新一代信息技术与现代制造业、服务业等的融合创新。这与我们一贯倡导的“Computer ＋ X”战略很相似。我们积累了“大物移云”的技术储备，积累了深耕传统行业做信息化服务的扎实基础，以及对客户需求的理解。我们要做“互联网＋”中的连接器和魔术师，能帮助客户找到其所在行业的“互联网＋”。

董事会特别提到“迫切”——“迫切需要对传统业务进行整合，加大对智慧城市业务与创新业务的投入，寻求新的业务增长点，实现业务核心能力的快速提升。”实际上，2011 年的时候，公司已意图在这些新业务上设想和布局，为什么今天会提到“迫切”?

史烈：2014 年，我们分销业务的亏损很严重，原因是我们对互联网冲击下业态的变化认识不足。我们虽然有一定的前瞻，但没有充分重视到分销商的价值正在快速丧失，当我们想要收缩的时候，成本太大，并伴有各种风险因素。所以，公司一部分的纯分销业务必须逐渐剥离，向基于互联网、云计算，以客户为核心的 IT 服务方向转型。

我们目前正在探索以分销为主业的子公司的转型方案、可运营的“互联网+分销渠道”解决方案。比如，新兴的快消品 O2O 解决方案、智慧社区 O2O 业务需要大面积推广，SaaS 服务模式全面铺开，网新的私有云业务也需要本地化的咨询和客户维护服务。这时候，我们原有的分销渠道就能发挥价值，成为网新“云服务”的经纪人，改善用户体验，提供近在身边的 IT 服务能力。

整个服务外包产业困难重重，人力成本、企业运营成本不断上升，特别是日元汇率快速贬值对我们影响更大。去年，我们在日本市场虽然业务量实现增长，但收入却因汇率问题未实现较大增长。另外，还有回款慢、行业竞争加剧、人才流失等一系列问题。但是，危机总是伴随机遇而来，且不说国际大背景以及中国服务外包新常态下的机遇，就我们本身来说，我们 3 000 多人的研发团队就是一笔宝贵财富。

“互联网+”10 条路

公司现在确定了“信息系统开放能力 Computer+”战略向“互联网+”的转型。但是，“互联网+”现在几乎是每个企业的标配，浙大网新的“互联网+”本身的价值和含义、指向是什么?

史烈：我们的“互联网+”有两层含义：一是帮客户做，不仅仅通过 IT 技术，同时也通过商业模式策划、资本运作、渠道重构、业务运营等方面，帮助客户实现互联网化转型，我们做客户的转型顾问；另一层意思是，我们自身也要从组织架构、业务布局、运作模式、思维方式、技术储备、人才引进等方面进行互联网化的转型与重构。

浙大网新“互联网＋”业态有五种。请从经营策略、技术能力、商业回报等三维度，详细介绍一下“互联网＋交通”“互联网＋会展”“互联网＋园区”“互联网＋健康”“互联网＋人社”业务？

史烈：我们的“互联网＋”业务不止五种，还拥有“互联网＋社区”“互联网＋金融”“互联网＋零售”“互联网＋公益”及“互联网＋城管”等多种案例。

“互联网＋X”业态需要具备三大要素，一是技术要素，这是我们最擅长的，“大物移云”的技术现在到哪里都是基础、是标配，而我们能够给各类行业客户做定制开发，这就是我们“互联网＋”连接器的作用；二是行业要素，这是我们的客户所擅长的，没有在垂直行业领域摸爬滚打过若干年，是体会不到行业的痛点的；三是互联网化运营的要素，如何通过创新的商业模式、通过运营带来流量、加强用户黏性、引爆热点应用，如果没有这个要素，我们还是一家IT外包公司，只有具备这个要素，我们才称得上是“互联网＋”的魔术师。

以我们涉及的“互联网＋X”为例，这里面有我们纯粹提供技术要素，帮助客户实现“互联网＋”的案例，也有我们投身互联网化运营的业务案例：

互联网＋人社。“智慧人社”是“智慧城市”中最核心的基础部分之一。网新恩普（浙大网新旗下公司）长期致力于人力资源社会保障和电子政务行业信息化建设和服务，经过十多年发展，已成为业界领先的行业整体解决方案供应商、开发商和服务商。随着云计算等信息技术的成熟，公司的人社业务也由原来的数据存储中心向资源利用中心转变，使人社信息系统更具感知、主动、精确、海量等“智慧”的特征，使民众和企业享受到政府更便捷、及时、人性化的人社服务，并有效促进政府职能转变、加快服务型政府建设。

互联网＋交通。网新电气（浙大网新旗下公司）致力于成为绿色智慧交通行业里的领军者，以国家重点发展的高铁业务为核心主业，向铁路交通、城市交通等行业用户提供智能化系统工程及服务。优势业务包括高铁信号系统、高铁客服系统、高铁综合监控系统等。目前公司正积极探索“互联网＋交通”，推动移动互联网、云计算、大数据、物联网在交通运输领域的推广应用，利用大数据和智能化分析技术，为交通领域的客户提升运营管理和决策水平，为民众提供更人性化的服务。

互联网＋会展。网新信息（浙大网新旗下公司）的智慧会展包括智能应用、智慧管理、智慧营销、智慧布展和智慧服务五大方面。通过物联网、大数据、移动互联网等信息技术实现会展业的智能应用和智慧管理，同时通过与交通、公安、工商、卫生、质监等相关职能部门的信息共享和业务协同，根据智能化信息网络掌握展位布置、人群分布、配套需求，科学监测和处理会展区域的观众数量、交通状况、安保状况等情况。

互联网＋园区。我们结合利用物联网、云计算等新一代信息技术全面感知并整合全区的运行状态，通过搭建数字化技术应用综合信息集成平台，建立一套集网络化、信息化和智能化为一体，以为人服务为中心，高效、节能的智慧园区。公司提供的智慧园区解决方案涉及物流园区基地、住宅综合体、制造生产基地等多个不同业务领域，提供设计及实施等不同方面的服务。

互联网＋健康。智慧健康是我们涉足的新兴市场，公司致力于提供完整的智慧养老解决方案，包括移动医疗设备仪器、智慧健康管理云平台和物联网络，其中智慧健康管理云平台通过智能穿戴设备等各类终端系统采集使用者的人体生理参数、地理位置及环境信息，由云平台实时监控并提供个性化的管理方案。公司还与地产机构洽谈合作，运用网新的云计算和健康运营平台能力，提供社区、居家、养老院和养老地产的全系列健康管理服务体系。

互联网＋社区。我们的智慧云社区“民情E点通”手机APP服务平台今年已经在杭州市上城区全面推广，通过移动互联网创新基层政府的工作方式和服务理念，搭建了一个集社区办事、信息推送、邻里交流、便民应用为一体的线上社区管理和服务平台，让政府实时收集和掌握社情民意，让市民随时随地享受各种服务。

互联网＋金融。我们为昆明微交所量身定制了面向PC端以及移动端的互联网金融（P2P）解决方案，为小微金融主体构建安全高效的投融资交易服务平台。

互联网＋零售。我们为农夫山泉定制了桶装水O2O在线销售平台，助其业务升级转型，实现更优化的客户服务，提升竞争力、提升业务利润；网新与中国烟草合作打造服务于全国500万家零售商户的“中烟新商盟电商平台”，为街边、社区的烟酒小店配送食品、日用品，打通服务居民的“最后200米”。

互联网＋公益。我们联合中国残联、浙江大学建立了面向残疾人社会保障体系和服务体系的“中国残疾人服务网”，服务网搭建涵盖残疾人就业、教育、维权、爱心捐助等的网上互动平台，还通过与淘宝开展“云客服”项目合作，利用互联网模式实现残疾人网上居家就业。

互联网＋城管。我们通过“贴心城管”APP平台，为杭州市城管委搭建第一座移动互联网沟通桥梁，实现“全民共管”的城管新格局。

公司决定出资5.5亿元，分别购买网新电气、网新信息、网新恩普、普吉投资四家公司的股权。从股权上看，浙大网新是对这四家公司实施了控制。从控制目的看，对前三家公司的用意是为了实施“互联网＋”目的。不过，在对前三家公司业务归类上看，实际也是此前公司一直在做的智慧城市业务与创新业务等，那么，为什么不将这些业务继续在自己原有的11家子公司/参股公司做，而需通过购置外部公司？

史烈：并购目的是实现业务的整合升级，完善我们IT全案服务商的产业布局，通过并购协同效应，提升网新的盈利能力，同时也通过定向增发、募投为公司核心技术的研发与升级提供资金支持。

这些公司的业务都具备通过物联网采集数据和分析的内容，这样一来，我们跟市民、跟每一个个体的联结，就有了更丰富的通道，包括市民卡、各类APP、可穿戴设备、传感器……这些多元化的连接既是流量入口，也在每天沉淀大数据。并购行为，实际是在大数据方面进行立体布局。

智慧城市的基础建立在城市海量数据的集成与整合之上，通过大数据分析，我们能帮助政府管理部门做出科学决策，提升智慧城市管理运营水平。之所以要采用并购的方式，这是网新快速获取核心能力、快速扩张业务版图的需要。值得注意的是，此次并购的公司，都是大网新体系内的公司，我们非常了解这些公司的经营班子，认可其管理、开拓业务的能力和未来发展的前景，同时，因为都是浙大系的科技公司，在企业文化融合上也相对轻松。

第二编　蝶变2014

中国的“互联网+”模式或“移动互联网+”模式经济，这一次成为全球最发达的产业模式。它们不仅促使部分中国制造的互联网化，也洞开了一些全新的互联网产业通路。尽管这一经济模式仅仅聚焦于消费方式和消费产品，但也为下一步工业的经济智能化打了一场前哨战。

创维总裁杨东文：不要把互联网想得太神秘

创维成立于1988年，涉及产品包括消费类电子、显示器件、数字机顶盒、彩电、网络通信、半导体、冰洗、3C数码、LED照明等。经过20多年发展，创维已跻身世界十大彩电品牌、中国显示行业领导品牌和中国电子百强。公司现任总裁杨东文1998年加入创维，曾经不仅领导公司在2000年实现香港主板上市，而且在CRT向平板转型中，成功带领创维集团彩电事业本部突出重围，其打造的“酷开”系列家庭娱乐电视受到业内瞩目，并为创维集团奠定了下一步硬件制造和“互联网+”模式融合的发展基础。

2014年，50岁杨东文和26岁的创维集团，站在了传统家电与互联网的十字路口。

这一次，杨东文遇到的对手，既不是索尼，也不是海尔，而是一群以乐视、小米、爱奇艺、阿里巴巴等为代表的彩电行业门外的“野蛮人”，他们正以智能电视的角度切入家电行业。

2014年是杨东文在创维的第14个年头。两年前，他升任创维集团总裁，正式成为这一家电企业的掌舵人。财务出身、对数字极为敏感的杨东文发现，整个产业和对手，都发生了前所未有的变化。

根据创维在港交所发布的2013全年业绩，创维仍然是国内彩电市场的老大。但是，尽管公司营业额和毛利分别实现增长为4.4%和3.0%，但全年净利润却同比减低16.5%。杨东文很清楚，随着乐视电视、小米电视等相继推出，互联网企业以黑马之势杀入家电领域，确切地说，这一次冲击甚至可能毁掉包括创维等在内的传统家电企业的老底。

过去，在彩电领域的比拼，竞争者只是在分食蛋糕的大小，但不会将整个蛋糕打碎或搬走，但跨越领域而来的革命者则不然，他们可能直接通杀所有传统产业中的公司。

乐视、小米以“不靠硬件赚钱”的方式强势杀进来，家电行业的老公司完全不知道这一战会演绎到何种程度。2000年的家电价格战还有迹可循，有线可守，但这一次，杨东文说，他甚至想过这些互联网企业：“下一步极有可能采取直接免费送电视机的方式。”

杨东文的担忧，绝非耸人闻听。只要找到足够好的软件和服务的商业模式，互联网企业就敢把硬件成本无限制压低。杨东文不想坐以待毙，而是谋求主动进攻。

2013年9月10日，杨东文和创维实验性地跨出了迈向互联网的第一步。在与阿里巴巴联合举办的发布会上，创维携手阿里巴巴推出了酷开系列智能电视，最低售价1 999元。这一价格，已接近了产品成本最底线。对于一向以利润为考核目标的创维来说，这是一个无奈的决定。

和阿里巴巴合作前，杨东文曾试图对小米智能电视负责人王川表达过合作意愿，但由于小米的模式没有给硬件产品留下足够的利润空间，双方没能走到一起。

结果是：小米电视以2 999元价格推出，而创维随后把价格拉低至1 999元。现在，创维和小米彼此成了死敌。

在接受我的访谈时，杨东文告诉我，既然那些互联网公司只想独食，而不愿和创维合作，那么，他倒要看看，是创维会赢，还是他们会成功？

制造要融合互联网

一说到互联网，大家都会认为传统制造业会被互联网整合掉、消灭掉，雷军和董明珠年初（2014 年）的那场 10 亿对赌，谁会赢？

杨东文：雷军和董明珠的 10 亿对赌，其实就是在争论谁整合谁、谁终将灭掉谁的问题。从我的角度理解以及创维的实践来看，我想对制造业的同行说，不要把互联网想得太神秘，我们和互联网的关系没严重到你死我活的地步，相反，它只是我们制造业转型升级可利用的思维、模式和渠道。

现在很多人谈互联网思维，从制造业企业角度，有没有先去想两个问题：所谓的互联网思维怎么和我们有关？它对我们到底改变了什么？

举一个实体型产业和互联网结合的例子，深圳有一家叫“壹点壹客”的蛋糕店，一开始是几个年轻人租用一个厂房搞起来的，他们销售的方法，不是传统的门店模式，而是搭建了一个网站，把蛋糕通过这个网站卖出去，据说去年的销售额就做到一个亿，而且蛋糕口味也不差。相比之下，那些抱着传统门店模式不放的蛋糕店，日子一天比一天难过。举这个例子什么意思？可以看到，这家蛋糕店的本质还是实体，只是利用了互联网思维、模式、渠道来做实体，但这样的做法，难道其他传统蛋糕店学不会吗？

我认为，实体企业，尤其是像创维这样的家电制造企业来说，首先是要在产业中继续深耕，其次可以利用互联网思维来补充企业的发展方式。这两个战略是相辅相成的，没有符合用户需求的好产品、创意产品，即使嫁接互联网思维，也只是赶时髦，并不能真正让企业产生现代竞争力。

去年（2013 年）双 11 购物节期间，创维在电商领域的新品牌“酷开”，在 24 小时之内销量达到 56 272 台，并创造了电子商务网站上 LED 智能 TV 销量的吉尼斯纪录。这个产品为什么会创造这样的业绩？主要得益于两个因素，第一是制造，我们将这个产品定义为“互联网＋电视机”模式，而这一模式的背后，实际上蕴含了我们的显示技术、芯片技术、外观设计以及互联网应用技术等制造基础；第二是电商渠道，我们和阿里巴巴深度合作，通过淘宝平台进行互联网渠道销售。“酷开”的成功，证明“制造”还是制造企业之本，而引入互联网发展方式，则是使“制造”与时俱进。

除了影响“制造”之外，引入互联网发展方式后，这对传统的管理方式催生改变究竟体现在何处？

杨东文：我认为主要集中在三点：价格管理、库存管理和供应链体系改造。

家电制造企业最烦心的就是价格战，各企业所掌握的技术虽然有差异，但只要将产品在市场上投放，对手很快就会学习，随时有被超越的可能，怎么办，只能靠成本管理，要么控制上游资源，要么在内部搞成本控制。而在互联网时代下，网上购物是消费者的重要形式，于是各企业都要去开通电商渠道，但问题是，把线下产品搬到对价格更敏感的线上，一方面要面对线上价格战，还难以平衡线下经销商的利益。

互联网发展方式下，为了规避价格，最好的办法就是为互联网渠道开设一个品牌，创维的“酷开”就是这样产生的，这个新品牌和我们线下渠道没有关系，也不和传统竞争对手去比较，它是和乐视、小米等新兴的互联网新贵对手做竞争。“酷开”好不好，去年双11的表现已经有了证明。

除此，还对库存管理起到优化，并对供应链体系发生前所未有的挑战。过去在线下的竞争中，尽管我们有销售预测，但无法准确统计，现在上了互联网之后，就不存在去库存一说，我们可以用网上的数据分析来指挥我们的生产响应。但是，正是由于渠道互联网化后，我们的生产模式，从内部的计划生产变成了随时待命模式。线上销售有一个特点，就是可能会在某一个时点上突然出现爆发式的需求量，去年为了应对双11，我们实际准备了6万台“酷开”，之前通过网上数据分析，知道了可能会发生这个量，预先加紧了供应链管理，但这轮下来后，我们内部深刻感受到，互联网思维改变了我们平时的计划生产习惯，好在，我们挺过来了，接下来在供应链体系的应急能力和资源配置上，创维将研究新的策略。

从黑电反攻白电

从标清到高清，再到如今的4K（超高清）和互联网电视，电视机领域的发展几乎每隔2～3年都有一个颠覆变革，从创维角度，怎样才能始终抓住变革机遇，并保持行业领先？

杨东文：我曾说过，创维是从死人堆里爬出来的，为什么这样说？创维生产电视机的时候，中国差不多已有几百家企业在生产，且有很多电视机都是名牌，比如上海的凯歌、金星、飞跃等，但最后是创维活下来了，而那些品牌却消失了。创维活下来的关键是，我们一直在关注和研究产业和技术的发展趋势，幸运的是，我们每次都很好地把握了机会。

的确如你所说，电视机产业现在每隔2～3年都有新的发展。我记得，到液晶电视机开始流行后，一度被视为趋势的背投式电视机还没有站稳脚跟，就惨遭淘汰，紧接着，又从准标清一下子过渡到高清，现在又到了4K时代。创维在这一产业变革中，到底如何把握自己？我以为，主要是认清趋势、适应趋势。

所谓趋势，就是即将发生的事情，不改变现状就意味着要被淘汰。就电视机而言，目前趋势有两个方向，一是显示技术，二是互联网应用。

显示技术就是从标清到高清，再到4K（超高清），创维是第一家通过国家4K认证的企业，也被行业内叫为“4K之父”，目前创维4K累积市场占有率在42.4%，说明我们把握了趋势节奏，并做到了领先。

至于互联网应用，我们在内部建立了一支200多人的互联网团队，他们不仅搞出了“酷开”这个专注于电商渠道的子品牌，而且也将各种互联网应用，植入到创维各系列产品中，因为现在对于电视机的理解，不仅仅是看电视，还要上网、社交、购物、游戏和娱乐，去年双11的时候，我们的销量在淘宝上创下吉尼斯纪录，说明我们同时也把握了这一趋势。

在你个人出版的《沉淀是金：我在创维这十年》的书上，不仅系统介绍了过去10年创维的发展，同时也提到创维应该向海尔学习。而按照创维目前的能力和发展，未必输给海尔，创维是否今后还会以海尔为标杆？

杨东文：提出学习海尔，并不意味着我们很差。创维有一个企业文化，就是在不同阶段，就自己的短板，对标选择标杆企业学习。我们最早提出的学习对象是韩国三星，一度提出要做中国的三星，后来发现，三星业务庞大而多元化，不适合我们创维，但是三星的技术，对产品研发的重视，以及品牌投入，给我们很多借鉴和营养。

后来，我们重点研究了海尔，提出向海尔学习，学习他们的订单模式、产品创新、供应链管理，尤其是他们的相关产业多元化，启发了我们最终决定要进军白电领域。我们注意到，全球任何一个家电制造业要做50年，甚至做100年，都不是拘泥在一个细分产业中，肯定要进行相关多元化。

从创维战略架构上的彩电、机顶盒和液晶模组，以及白电等四个业务板块来看，实际是一个“3+1”的战略，如果说像彩电、机顶盒和液晶模组是基于创维传统的制造资源，但切入白电市场，是否已经太晚？为什么不像格力那样，继续专注一个专业领域，也能做大做强？

杨东文：首先，全球任何一个具有市场地位和优势能力的家电企业，战略上都是“黑白（黑电、白电）联动”，这是规律也好，是家电企业必由之路也好，总之，创维已经想了很久，并不是拍脑门决定的。

创维为什么不是一开始或者早一些进入白电领域呢？因为我们还没有在黑电领域做到更好，现在我们认为时机已经成熟，公司可以试水白电。

另外，来自我们的经销商渠道的需求，我们原来的销售网络是单一为彩电产品设置的，现在全国有41个分公司，206个办事处，他们希望创维能够丰富产品线，加入洗衣机、冰箱等产品，充分发挥渠道的优势。

我们进入白电领域用什么策略，形势如何？我们的策略是农村包围城市，先在县级城市做，逐步转战大城市。目前，形势对我们非常有利，以冰箱为例，我们2011年初建立工厂，3月份后开始量产，当年就卖了27万台，2012年卖了77万台，去年更是突破120万台。现在看来，发展速度不错，既然做了这件事，创维就会下大力气配置资源。

内生性互联网思维

“制造＋互联网思维”模式，是创维的产业发展战略，解构后发现，创维实际是走了外部合作和内生性互联网两条路。在外部，是和阿里巴巴合作；在内部，则是推出了“直通好莱坞”的互联网付费频道，在这种互联网思维导向下，创维未来还是一个生产型企业吗？

杨东文：关于和阿里巴巴的合作，有两个方面，第一，我们推出的“酷开”是互联网电视，从本质上，它和当前的很多互联网电视机的对手一样，都基于互联网来收看电视，并满足消费者的各种互联网行为。第二，这款电视机硬件上，不仅有3D功能，而且集中了内置双频WIFI等创维的大部分技术优势，在软件上，是将我们独立的应用系统搭配阿里云OS系统的组合式开放平台。我想，消费者自己可以去做产品比对，创维产品好在哪里，我不用多说。

至于创维是否改变自己的制造型企业属性，改向软件内容供应商，我想，外界是因为我们推出了“直通好莱坞”的互联网付费频道，而引发的猜测。“直通好莱坞”目前是我们的试点，消费者只要购买我们的电视机，开机就有这个频道，我们的初衷是，希望用“传统＋互联网”的结合模式来创造新赢利点，还没有想得更远。

“直通好莱坞”的创建，是我们受美国付费频道HBO模式启发的结果，没有想到，运营下来不错，去年突破了3 000万销售收入。我想，随着这一新业务的继续发展和对利润的贡献加大，创维未来的发展战略也一定会有新鲜内容。

在创维内部有一个叫“巷战”的项目组，它是鼓励小微经销商开设社区门店的特色营销部门，这是否模拟了格力的做法？目前这一模式的门店全国有多少？这些“巷战”门店，每年为创维贡献多少收入？

杨东文：互联网行业的人会认为，线上会灭掉传统零售，社会零售将全部变更为线上，但我认为，人的消费行为是多姿多彩的，不可能所有消费行为都发生在网上或者网下，也正因如此，会产生不同的终端和渠道。比如按消费距离划分，人们也会就近到楼下的社区零售店；按体验划分，也会专门到远处的商店。

我们在开发电商、互联网渠道的同时，也同时发现，社区门店对于家电零售来说，还是一个很大的市场空白。因此，我们以社区的街巷为单位，开辟了新的渠道，这和格力自建门店模式有本质区别。这些门店，有些是家电维修店或者小家电的小型售卖店，我们整合了这一社会资源，向他们开出加盟邀请和牌照。

截至去年底，创维的社区店在全国已经有 3 700 多家，从回报上看，还是比较满意的，2012 年销售额为 25 亿，占整体销售额 8%，而 2013 年为 35 亿，约占整体销售额的 9%。

现在，很多电器公司找我们合作，要求销售和代理他们的产品。我们正在考虑升级这种社区店，朝社会化、开放化，甚至独立零售品牌的模式转移。其实，社区店模式和当今的互联网碎片化模式很接近，它满足了消费者随时随地的消费和服务的需求。

关于创维 A 股上市。此前创维准备借壳华润锦华，但遭否决，原因是和公司创始人黄宏生经历有关。那么接下来，创维是否会继续坚持上市征程？

杨东文：关于 A 股上市，我们做了五至十年规划。我们是一家香港的上市公司，但国内市盈率倍数、融资能力都很有优势，同时创维又有良好的资产，我们希望是分拆上市，最早想走 IPO，但很困难，只能借壳。正好上市公司华润锦华要退出纺织行业，我们希望通过对华润锦华资产重组，实现借道上市，但因为在公司实际控制人的认定上，存在意见，我们暂时被否，但是我们进入资本市场的大门并没有关掉，我们现在正在和股东、华润锦华、会计和律师事务所等相关利益单位进行沟通，研究新的方案，选择适当时机，再争取上市机会。

上海华谊董事长刘训峰：做产业组织者

上海华谊（集团）公司前身是上海市化学工业局，1995 年 12 月 28 日改制为上海化工控股（集团）公司，1996 年 11 月再与上海医药局联合重组改制为上海华谊（集团）公司。其所属全资和控股企业有双钱股份、华谊能源化工、上海氯碱化工、华谊精细化工、华谊丙烯酸、上海天原等 20 多个子公司，其中双钱、氯碱、三爱富三家单位为上市公司。

新的历史阶段，要求新的思维方式、方法和系统，而那些过时的机制很少再能沿用下去，大多数需要更换新的理念。

中国的企业，尤其是国企，已进入再次变革的新时期。从新一轮国企改革中包括的分类监管、层次监管、投资经营体制改革、放宽市场准入、发展混合所有制经济、股权激励，以及市场化聘用制度、薪酬、员工持股等内容看，都涉及对原有思维方式、方法和系统的颠覆。

自 2013 年 12 月 17 日发布国资国企改革意见“二十条”以来，上海市的国资改革在 2014 年明确提出国企公司制改革时间表。其中，由董事长刘训峰领衔的上海华谊，位列上海国资改革的六大试点集团之一。上海华谊是一家拥有500多亿资产规模的上海国企，接下来朝什么方向变、怎么变，不仅牵动整个上海化工的发展，也影响到上海国资改革。

事实上，对于上海华谊来说，市场化并不陌生。上海华谊的前身是上海化学工业局，1995年改制为上海化工控股（集团）公司，也就是从这一年开始，行政事业属性彻底转向了企业制，第二年，又和上海医药局联合重组成上海华谊（集团）公司，“华谊”二字也由此得名。但是，从“凯恩斯模式”转向了市场化的整个过程，上海华谊却付出了20年的时间成本。这20年意味着什么？意味着巴斯夫、杜邦等跨国公司，在中国已深耕扎地，也意味着像方大化工、盘锦和运等民营化工由零崛起，再到如今成为“一方权威”。

现在，刘训峰希望借助新一轮国企改革，能将企业完全市场化、管理信息化、资产证券化，以期上能挑战跨国公司、下能应对民营发起的竞争，并提出将上海华谊的战略布局从上海拓展至全国，同时开辟出国际化路径。

但，这家上海化工航母，是下辖三爱富、氯碱化工、双钱股份等三家上市公司，业务领域涵盖煤化工、丙烯酸、涂料、轮胎，甚至还有鞋业、制皂等多个化工相关业务的庞大集团公司，在整体性推进变革中，究竟如何颠覆传统思维，并实施有效改革？

在2014年初接受我拜访时，刘训峰向我表示了他的策略：上海华谊将加快从上海移向全国，同时实施“制造＋服务”的双核驱动策略。按照他的说法，上海华谊今后不仅生产，而且会渗透到化工行业中的每个服务链环节。看起来，上海华谊要走微笑曲线之路。

“制造＋服务”双轨模式

在国家启动新一轮国资国企改革之前，上海华谊作为身处完全竞争性行业的企业，早在2010年就被上海国资委列为第二批改革试点企业集团之一，进行过市场化探索和推进。其主要改革方向是什么？

刘训峰：总结起来，一是重新规划和部署公司新的战略和策略，二是在集团内部实施多种混合所有制模式的市场化。

战略思维上，我们打破地域思维，提出和构建了“一个华谊，全国业务”的发展格局，在有资源、有劳动力、有市场优势的外省市布局，建立大型、一体化生产基地，不仅使位于上海的集团总部集中精力于微笑曲线的两端——技术和营销，同时也帮助外省解决当地就业、创造当地税收；在战略对象上，我们打破过去仅把业务停留在“制造”这一传统思维，首次把战略切入到化工服务，提出立足于化工产业的“制造＋服务”的“双核驱动”业务发展模式。

2013年底，上海出台国资改革的新20条《意见》，我觉得重大价值在于，第一次对国资系统内的企业进行三大分类，如竞争类、功能类、公共服务类，从战略管理角度，这就是给企业进行市场定位，明确自己到底做什么，实现什么样的目标。上海华谊归于竞争类，那么，我们的目标就是，以企业经济效益为最大目标，兼顾社会效益，成为国际国内有竞争力和影响力的企业。

这轮国资国企改革最大亮点就是发展混合所有制经济。上海华谊改革到什么程度？

刘训峰：我们这几年早就在做这件事。我们内部几乎各种所有制经济模式都有，比如有员工持股的企业、中外合资合作的公司、民营参股的公司、央企持股的公司，也有我们向民营收购和兼并的公司，接下来，这种混合所有制模式还会继续推进。

我认为，上海华谊要做强做大，乃至实现国际化和进入全球500强，需要开放的心态，让有能力、有资源的合作者进来，吸收先进技术和共同发展市场。

举一个例子，很多人质疑我们好不容易把回力从米其林手里要回来，为什么现在又和米其林合资？不合资，我们也可以做，只是我们十年没有涉足过轿车轮胎，我们需要重建生产线、重搞技术研发、重建营销网络，但这些“工程”的时间成本、市场成本都是巨大的，现在我们和米其林是合资，我们控股，这样解决了过去困扰已久的纠葛，变成双方资源、技术、市场的整合。试问，没有开放的心态，回力即使被我们要回来，何年才能重新出山？

这轮国企改革中，很多国企将直接市场化，过去向政府要政策、要资金的做法不可能再有，因此，竞争性企业到底能不能生存和发展，一定是市场说了算。

从上海华谊角度，我在集团内部说，把上海新20条《意见》中提到的“上海要出5～8家具有国际竞争力和品牌影响力的跨国集团”作为目标，如今我们处于第二梯队，我们生存在一个夹心竞争市场中，我们上面是央企、跨国公司，下面是民营企业，唯一的竞争策略就是，要用成本和服务能力应对央企和跨国公司，要用核心技术能力应对民营，同时也要加强与他们的战略合作。

切入产业相关服务链

上海华谊把企业战略从上海移向全国，最大亮点就是提出了“制造＋服务”的双核驱动策略。那么，何谓上海华谊的化工服务？

刘训峰：“双核驱动”模式是我们在2010年提出并实施的发展策略。

先谈制造驱动。需要强调的是，上海华谊的双核驱动是平行的驱动，不是“切入到服务，制造就不重要了”，制造仍然是上海华谊之本。

现在一谈到化工业转型，总是喜欢提到新型化工，但什么是新型化工？以甲醇为例，这个化工产品其实一直在传统化工制造业中生产，但它现在又是一种新型能源，我们不能把生产甲醇的企业都叫做新型制造，要看企业是否用了先进的技术、流程和管理在生产。基于这种认识，我认为上海华谊的制造驱动，既有从上海到全国的市场地理位置的转变，也有流程、技术和管理的更新优化和升级。

再谈服务驱动。我们实施的是与化工领域相关的服务业务的驱动，和化工业务没有关联的服务，我们不做。我们这几年打造了九大基于化工产业的服务平台公司，涉及化工贸易、物流、工程、金融、信息等领域。

另外，我们研究了包括巴斯夫、杜邦等跨国公司的成长规律，发现一个化工企业要做大做强，业务上一定不会局限在制造，肯定会构建贸易、物流等相关服务链。上海华谊要发展，就要遵从市场规律。

基于化工产业的服务平台，如何为集团创造价值？它们将来如何走向？

刘训峰：双核驱动策略的本质，是将上海华谊完全导向市场化。

比如在贸易上，我们打破了过去只销售自己产品的传统做法，把贸易推向了市场化，我们不仅卖自己的产品，还通过在国际、国内两个市场组织资源，销售非自产产品。截至去年，这方面的业务收入已占整个集团收入的30%。同样，我们在二程、信息服务上，也和贸易一样的市场化，现在工程业务每年为集团创造15亿销售收入，而信息业务也有50%的销售收入来自外部市场。

九大服务平台公司如能继续做大规模、做强市场，不排除会将他们从集团分拆出去，并进行完全独立化运营。

作为集团内“制造＋服务”的双核驱动的载体，为什么是天原化工公司，这家子公司对集团价值如何体现？

刘训峰：天原化工是上海本地传统的民族企业，也是中国第一个氯碱厂，迄今有80多年历史。为了资源优化，我们对天原化工实施了重组，转型为现在的“新天原”，策略就是“物流＋贸易”的物贸联动模式，使传统的民族品牌焕发了新活力。

从目前的结果来看，“新天原”为集团打开了市场化的前景。没有实施转型和重组之前，它的销售收入一直徘徊在15亿元左右，而到2013年已超过100亿元收入，而且其收入并非来自集团内部，完全是市场化独立运营所致。作为我们的最大试点，“新天原”的成功，说明我们实施双核驱动的市场化之路走对了。

统一企业内部语言

上海国资委20条改革《意见》中，第15条特别提到了“提升企业管理水平”，上海华谊在“提升企业管理水平”中，主要变革是什么？

刘训峰：进入改革大名单的国企都具规模化，管理改革首先要解决的是管控，而管控主要来自信息化语言。我们这几年推得最多的就是以信息化水平来拉动集团管控水平。具体来说，有两条原则。

第一个原则，集团内部要讲同一种语言。我们平时一直说要管理制度化、制度流程化、流程信息化，可我们为什么还是难以管控？因为每一个企业讲的是方言，包括自己的财务系统，自己的采购系统。

我和一些跨国公司领导人在沟通的时候，对企业信息化管控感触最深。为什么跨国公司运营能够高效，为什么一旦实施兼并收购时，能够有条不紊，并且鲜见失败？原因就是，他们能把信息完全连在一起，讲一种语言。

比如财务管控，上海华谊旗下公司有上百家，过去在财务数据对接中，很多分公司子公司不能同步、同接口，他们使用的财务语言中有用友、有浪潮，信息接口完全不对称，使得集团管控根本无法实施，现在我们全部用SAP，把语言系统完全统一起来，让大家说一种语言，提高了集团的管控能力。

第二个原则，企业做任何事情都要有痕迹。过去，我们很多企业的决策行为没有痕迹可查，出了问题也不知道在哪里，但信息化可以保证任何决策都可追溯。

除统一财务语言之外，管理信息化还包括哪些内容？

刘训峰：比如办公自动化系统，我们现在用的是OA加E-mail的系统，保证我们即使在出差的时候，所有文件都可以看到，提高了管理时效。

我们还启动了人力资源管理系统，把旗下公司所有的人才招聘、录用、培训、资料、绩效薪酬等管理环节，全部放到一个平台上，确保人力资源管理的科学化、精细化。还有，我们从去年开始启动了集团的ERP项目，定义了258个标准业务和管理流程，通过这一系统，旗下的氯碱、焦化、天原公司的业务标准化率分别达到95％、93％、87％，可以说，这一体系开通后，我们的管理才算真正走上新的台阶。

这轮国企改革，特别强调的是释放国企的活力。而活力来源，首先是释放人的活力，上海华谊有一个叫"1＋X＋Y"的激励机制，具体如何运行？

刘训峰：国企很大的问题就是动力问题，怎样使国企的领导和员工都有动力，也未必只有给股份这样的方法，我们这两年推动的就是下属企业经营团队"1＋X＋Y"考核激励机制，其中，1就是基本薪，X是考核薪，Y是激励薪，就是创造业绩的增量。

"1＋X＋Y"激励机制的本质是，鼓励经营团队为企业创造价值的同时，也获得相应的回报。我想，这种激励方式由于目标明确，奖罚分明，就能激发企业内在活力和动力。

盘活资产再谋上市

在上海改革《意见》中第5条，特别提到推进国企整体上市。上海华谊其实一直在朝这个方向努力，最早的时候是在2008年，当时是试图通过旗下上市公司三爱富买入上海焦化，但未被证监会通过，现在回头看，到底为什么没有成功？

刘训峰：当时通过上市公司三爱富买入上海焦化，主要是为了把三爱富的主业从单一的氟化工，转变为大型煤化工、氟化工企业，并成为上海华谊煤基多联产业务上市平台，走出整体上市第一步。但是，由于正好同时遇到金融危机和行业周期，上海焦化业绩出现了大幅下滑，另外也涉及关联交易过大，因此被否决。

在接下来的集团改革中，是否还是依然通过三爱富并入资产，还是将旗下另外五家非上市公司资产合并，争取整体上市?

刘训峰: 目前不会这样考虑。我始终认为，上市是末，经营是本，其实资本市场接受的是有盈利和有成长动力的资产。

现在，很多企业都在朝上市方向努力，大家都希望到证券市场马上把钱拿回来，也出现了一些违规事件。我们认为，与其花费大量时间研究上市，还不如把企业弄好，只要企业持续盈利，有好的资产，并且诚信，资本市场自然会接受你、自然会抢你。

五家非上市公司尽管合计净资产超过100亿，但彼此盈利能力差异很大，接下来，哪些会卖出、哪些会混合股权、哪些会继续自己持有?

刘训峰: 通过资产梳理，我们要把优质资产和赢利的资产，逐步归起来，可能会组建一个“华谊股份”。至于无效和不良资产，我们会实施清算和重组，比如有些会直接剥离，有些会引进战略投资进行重组或者合资、合作。我们希望把那些优势资产培育好，最后才会考虑走到资本市场中去。现在，我们需要的是时间。

华住董事长季琦：以 O2O2O 修订 O2O

华住酒店集团前身为汉庭酒店集团，由季琦在 2005 年创立，是国内第一家多品牌的连锁酒店管理集团。公司于 2010 年在美国纳斯达克成功上市后，得到迅速发展，通过旗下七个酒店品牌，在中国超过 280 个城市中拥有 1 800 多家酒店和 40 000 多名员工，目前，该公司位列全球酒店排名第 13 位，BrandZ 中国品牌 100 强。

整整一个 2014 年，无论是互联网，还是传统制造、贸易、金融、交易、零售，几乎所有的行业、企业都试图 O2O。有趣的是，有些企业甚至连 O2O 的概念都没有弄清楚，就被这股潮流席卷而前。

如同 C2B、B2B、B2C、C2C 概念一样，O2O 的概念也不是中国人提出，还是来源于美国，并不是有些国内专家提出的——源自“中国互联网企业的自发明”。2011 年 8 月，一个叫 Alex Rampell 的美国企业家在分析美国 Groupon、OpenTable、Restaurant. com 和 SpaFinder 公司时，发现了他们有一个共同点，就是四家公司的商业模式，既不是单一的线上，也不是单一的线下，而是整合线上线下的商业发展。于是，Alex Rampel 将这种商业模式定义为“线上—线下”（Online to Offline）商务，并简称为 O2O，这样就可以和 B2B、B2C 等商业概念一起，说得清、道得明。

三年之后，这个概念却在中国被完全消化，并得到实践。但实际上，O2O在中国被广泛运用开来，是在消费领域，互联网企业和线下传统企业为了彼此减少商业冲突，在优势互补中谋求共赢所致。

现在，O2O对于过去单一的“线上—线下”（Online to Offline）有一个新破解，其增加了“线下—线上”（Offline to Online）、“线下—线上—线下”（Offline to Online to Offline）、“线上—线下—线上”（Online to Offline to Online）三个新的方向。另外，由于移动互联网完全进入大众生活消费，因此O2O将直接改变每个人作为消费者对生活服务类商品的消费行为，从而使作为消费者的每个人的生活理念从“为产品而消费”改变至“为生活而消费”。

O2O是移动互联网经济下的产物，但不会是一个终止符号，在时代变迁以从未有的节奏加速，并成为一种新常态下，有“创业教父”之称的季琦，如何带领华住酒店集团适应新的需求和竞争，将是其下一轮大考。

季琦有一个梦想，就是要让华住酒店集团成为一家“世界级的住宿业领先品牌集团”。但是，面对包括O2O在内的各种商业思维的更替，以及中国经济进入低增长的趋势，已经人到中年的季琦，路并不好走。

从百度、阿里巴巴、腾讯三家公司做大做强的角度，季琦告诉我，“中国制造”转型方向是在“中国服务”，因为过去的“中国制造”是低工资的中国人为全世界制造廉价产品，而“中国服务”恰恰是富裕起来的中国人让自己的生活更美好，而且能培育出强竞争力的公司。另外，在就当下O2O路径上，季琦提出了另一个像数学等边三角形模型的概念——O2O2O。

一个明确的现实是，不管用什么战略思维、策略动作，华住酒店集团要想成为一家世界级别的酒店，季琦必须先胜过自己创立的第一家经济型酒店集团如家，根据2013年财报，尽管从营业收入和净利润的绝对值上，华住酒店集团分别以7.303亿美元和5 130万美元次于如家，但两者的增幅，则分别以29.3%和58.6%，远超如家。但是，如家在2014年后，启用了新标志，并在推出“网上自助选房”这一全新的移动服务基础上，意图打造“互联网化＋年轻化”的战略。因此，整个经济型酒店产业，已经进入到一场新的竞争。

锁定中下层消费人群

作为连环创业者，你曾经缔造过三家纳斯达克过百亿市值的上市公司，究竟是个人努力的结果，还是时代赋予的运气？另外，下一步的商业方向是什么？

季琦：我创立过三家市值过百亿的纳斯达克上市公司，媒体称我为“创业教父”。对于这个名称，我真是诚惶诚恐。我经常调侃自己是“运气好”，但这种运气是由于时代赋予的三大“红利”所创造的。

每一个时代都有自己的主旋律。改革开放初期，中国的各项生产要素由于受制于长期限制和束缚，产品、商品和服务几乎都是空白。企业家就像在一片原始的土地上开垦，资源丰富。这就是“制度红利”。

另一个推手是“全球化红利”。随着互联网的发展、冷战思维的结束，全球经济实现一体化。技术、人才、资金、品牌等关键生产要素，不再局限在某个国家、其个地区，而向发展更快、机会更多、利润更高的地方流动。无疑，中国是其中最大受益者。我创立的三家上市公司，都是靠国际资本来完成初始投资。IDG、鼎辉等 VC、PE 与天使投资人的资金都来源于全球各地。我们选择上市也是在美国的纳斯达克。

最后，就是“人口红利”。它滋养出了“中国制造”的盛况，不过它却受到诟病。“中国制造”虽然解决就业、带来外汇储备和造就富裕的企业主，但是廉价劳动力、低廉土地、税收优惠等低成本优势难以维系；同时，粗犷的发展模式给环境带来极大破坏。因此，我们这几年一直在谈“中国制造”要升级转型，方向在哪里？

我第一个提出“中国服务”的概念，主张“中国制造”转型方向是“中国服务”。价值何在？

首先，基于人口基数。目前城市化人口超过3亿，跟美国的总人口差不多。未来中国城市化达到50%以上，城市人口将会超过6亿。我们会形成一个全球最大的消费大国。这会带动世界上最大的服务业产业链。

其次，从业主体会多元。有酒店的服务人员，也有写字楼里西装革履的律师；有开网店、开餐馆的小企业主，也会有创业公司的CEO和投资人。“中国服务”会给社会各阶层带来相适应的新收入。

再次，对环境友好。对于能源、土地等资源性生产要素消耗不大，缓解制造业对环境的影响。有一天，我们也许可以像欧洲、像美国一样，青山绿水，空气散发着甜甜的味道。

最后，避免贸易摩擦。“中国服务”成为新经济后，不用看美国人的眼色，不随欧洲的潮流，不担心关贸壁垒和人民币升值问题。

实际上，过去的“中国制造”是低工资的中国人为全世界制造廉价产品，而“中国服务”恰恰是富裕起来的中国人让自己的生活更美好。因此，“中国服务”释放出的价值远大于“中国制造”。

在中国经济进入低增长、缓增长的趋势后，服务型企业要想成为世界级的企业，基础何在？

季琦：在“中国制造”进入低增长、缓增长拐点后，服务型企业却有机会成为世界级的企业。比如腾讯、阿里巴巴、中国移动和中国工商银行等，都是此类榜样。

现在问题是，服务业怎么做大？我认为，重点是大众消费。根据陆学艺《当代中国社会阶层研究报告》，我整理过一张中国各阶层的比例图表，在“金字塔”中，居于72%的中下层是中国的消费主体，如果算入上下移动的3%～4%的高层，这部分人群就是我们服务的对象。

该结论让我想到自己的酒店行业，汉庭的主要消费对象不仅涵盖了工人、农民，也包括大学生、公司中等管理层等商服人员。随着最低工资的提高和一线劳动力的紧缺，未来这个人群的收入上涨还会继续，这将进一步提高他们消费汉庭这类经济型酒店的比例。

这样的社会结构在未来的10年、20年会有大的变化吗？我相信，即使在我有生之年，都不会发生大的改变。首先，要大幅减少贫困线下的人口，就不是一件容易的事情，另外，消费升级会不会导致品牌向高端转移？答案更加清晰：要让72%的人过上欧洲人的富庶生活，对于像我们这样的发展中国家，可能还要相当长的时间。

大众消费一定是消费的主流。这群客户对于价格非常敏感，成本领先的企业将会更有前途。有人概括“中国制造”的特点是“Good Enough”，“中国服务”的特点也是如此。在大众市场上，速度是关键，市场占有率是关键，基于低成本的“Good Enough”将会大行其道。

看一看马云的淘宝，就是抓住了大众消费的典型特征：一是人口基数大，二是价格敏感。另外，QQ和微信也是同样的逻辑在起作用，基于大V和菁英的微博却逐渐冷落下去。在中国，谁抓住了占人口绝大多数的中下阶层，谁就拿到了成功的金钥匙。

做出让用户尖叫的产品

进入2014年，大部分经济型连锁酒店都大打“年轻化”，这是否意味着，行业目标人群出现结构性变化，而谁能获取这一人群，谁就能有更大的胜出机会？

季琦：包括酒店在内的服务业，现在面对非常明显的特点是，80、90后消费者的崛起。

我在刚刚做酒店连锁业的时候，所设计的产品实际上是我自己的审美观和价值观。典型客户原型就是我当时的形象：30多岁，男性，大学学历，平头，商务休闲装，出差拖着旅行箱、背着登山包，带笔记本电脑。于是，酒店装修的风格、卖价、互联网使用和免费打印复印等服务，都根据这样的客户原型设计。

十多年过去了，我已到中年，再以原来的客户原型设计已不合适。来经济型酒店的，20多岁年轻人居多，看上去他们并非出差，可能是旅游，也可能和女友浪漫，或仅仅租用一个时间段休整。这些以80、90后为主体的消费者，出行的多样性增加，消费的冲动性增加，审美兴趣、价值取向都在变化。

我还注意到一个数据，使用苹果手机的人群，78%是80、90后。刚开始我不太相信，后来看华住的数据，大吃一惊！我们旗下酒店的客人中，80、90后客户比例居然接近70%！我想，这些人已经不是一群来自星星的客人，而是我们这个行业切切实实的消费主体。既然在我们这里是这样，我也相信竞争对手同样如此。因此，研究80、90后的消费特点，为他们而改变，这是我们行业竞争的新焦点。

如何为新消费人群改变，既是行业共同应对的问题，也是每个经济型酒店自身服务模式的创新课题。我们注意到华住打出的旗号是“用互联网思维做智慧酒店”，并说“华住一小步，行业一大步”，那么，华住究竟如何创新，并影响行业？

季琦：经济型酒店本质上要具备两大特征，就是经济和便捷，前者是价格要便宜，普通人消费得起，后者要能提供快速服务，其中最重要的是，给客人尽量减少办理入住手续的时间。过去，我们的开房手续主要是客人网上或者电话下单，然后到入住酒店通过身份证和信用卡办理，但门店会有一个信息核对的手续，所需时间平均为三分钟，这样的流程和星级酒店没有区别，也无法体现便捷性。

今年2月1日起，我们在旗下全国近100家海友酒店内，尝试自助终端服务模式。就是客人利用手机、平板等移动互联设备，在我们的APP应用中直接完成从选房到身份登记和支付的全部手续，客人入店时，只凭一张身份证，30秒就可以完成入住。华住在业内第一个推出这一服务模式，也带动了行业其他对手的竞相复制。

表面上看，这一服务模式给客人提供了便捷，优化了体验，但背后却是我们在尝试互联网思维。我们将苹果硬件设备、身份证识别模块（通过国家信息安全工程技术研究中心的信息安全技术检测）、会员系统、酒店 PMS 系统等结合起来，做到无缝对接，这就要求我们的 IT 团队必须熟悉酒店服务流程，了解消费者对于设备的使用习惯，对最新的移动互联应用具备强大的理解和消化能力，这样才能站在消费者的角度，开发出适合大面积推广的酒店服务应用。

现在看来，这一服务模式的尝试获得了顾客的认可。2 月份统计的时候，客人使用这一服务到店的平均使用率为 15%，3 月份已升至 31%，个别门店甚至出现了 90%的比率。接下来，我们可能会在旗下所有门店中推广这一服务。

“互联网思维”现在是一个很时髦的词，似乎只要和互联网搭上一点关系，都说自己有了“互联网思维”，那么，从传统企业角度，正确的“互联网思维”及其道路应该是什么？

季琦：十年前，我进入传统行业时，提出“用 IT 精神打造传统业”。今天，我再进一步调整为“用互联网精神打造传统服务业”。

何为“互联网思维”？相对于工业化思维而言，工业化时代的标准思维模式是“大规模生产、大规模销售和大规模传播”，但在互联网时代，这个重要的三位一体被解构了。正是因为工业化的发达，产品和生产能力不仅不再稀缺，反而极大地过剩；产品更多的是以信息的方式呈现，渠道垄断变得不可能；最根本的是，媒介垄断被打破，消费者同时成为媒体生产者和传播者，通过单向、广播式制造热门商品，诱导消费行为的模式不再行得通了。

我们正在迎来消费者主权时代。在消费者主权的时代，消费信息越来越对称，价值链上的传统利益集团越来越难以巩固自身的利益壁垒，传统的品牌霸权和零售霸权逐渐丧失发号施令的能力。话语权从零售商转移出来到了消费者手中，消费者通过自媒体，建立和强化了这种自主权。

互联网思维本质是一种用户至上的思维。以前的企业也会讲“用户至上、产品为王”，但这种口号要么是自我标榜，要么是出于企业主的道德自律。但在互联网时代，尤其是移动互联网时代，“用户至上”是你必须遵守的准则，你得真心讨好用户，因为用户口碑和好评变成了有价值的资产。

移动互联网让我们重新思考，我们必须回归到商业的本质，找到用户真正的痛点，做出让用户尖叫的产品来。如果仅仅提供商品本身的消费价值，由于大量同质化商品的存在，粉丝是没有动力去买你东西的。

O2O2O 直通“中国服务”

现在盛行的 O2O，可以说是对“互联网思维”的一种变造。华住今年启动的“自助终端服务模式”算不算是一种真正的 O2O？和互联网企业相比，传统企业搞 O2O 怎么实现价值？

季琦：首先，我们的“自助终端服务模式”本质就是一种 O2O。

其次，为了区分当下流行的 O2O 概念，也为了更好地诠释我们传统产业的 O2O 途径，我提出了 O2O2O 的概念。第一个 O 是线下（Offline），也就是我们的产品和服务，这是我们的基础和根本。在这个网络时代，我们必须借助互联网手段（Online）来传播、来销售我们的线下产品和服务。这就是第一条 O2O（Offline to Online）的边。

用户在线（Online）购买我们的产品和服务后，必须来到我们实体店（Offline）来体验，这就是第二条 O2O 的边。

下面的边，是我们坚实的线下基础，这也是我们赖以生存和竞争的根本。上面那个顶是我们必须善用的互联网工具，用它提高我们的知晓度，提高我们的运营效率，提高用户的全过程体验。连起来就是 O2O2O。我用一个三角形来表示。

用这个概念理解我们的“自助终端服务模式”，从上往下看，第一个 O2O 就是我们旗下的六大品牌和标准服务，以及具有专业能力和互联网技术叠合在一起的互联网手段；第二个 O2O 就是我们分布在全国的 1 400 多家实体门店。两个

O2O，再加上线下能力，形成了一套闭合的“中国服务”链。

传统服务业要在新格局里找到自己的定位和核心价值，必须具备互联网思维。我提出的 O2O2O 模式（实际上也是 O2O 模式，只是这样的表达更加明确和便于区分）应该适用大多数传统服务业。

现在有些订房 APP 应用，实际是一个 APP 平台，汇集各竞争酒店的信息，对于顾客来说极其方便，可按照自己的需求，就近订房，但对于酒店行业来说，实际上是和竞争对手一起在平台上比拼，那么，在这个虚拟的决胜场上，华住如何体现实力，吸引到顾客的“拇指”?

季琦：我说过，现在是消费者主权时代，即使没有整合型 APP 平台，消费者也会有自己的选择，因此行业竞争永远存在。

华住的理想是要成为世界第一酒店品牌，另外，我也坚信任何技术的发展，都代替不了线下的实体体验。比如，酒店做好产品和服务，餐厅做出美味的菜品，永远都是我们线下企业最重要的核心价值，线上平台永远无法替代这种体验式服务。移动互联网提供了我们与用户沟通和交易的更有效手段，不需要或者极少需要任何第三者插足其间。我们将自己的核心价值，直接和最终用户对接，使得他们方便、迅捷、能消费。

尽管，服务模式因为互联网思维而改变，但经济型酒店现在遇到的现实问题是租金和人力成本上涨等问题。根据资料显示，华住现有一半以上是直营租用门店，另外有 3 万多名员工，这两项属于增长性成本，那么华住如何应对这两大传统经营问题?

季琦：我们早在两年前就未雨绸缪，做了许多努力和准备。

对于租金上涨，我们推出了中档酒店全季和星程。只有通过推出更高 RevPAR（Revenue Per Available Room，每间可借出客房产生的平均实际营业收入）的品牌，才能消化一二线城市优越位置的租金，才能将我们的品牌不断地渗透到一二线城市。纽约的曼哈顿，几乎找不到经济型酒店，因为这样的地理区域，物业成本不允许售价低廉的经济型酒店生存。

我们的 RevPAR 始终是行业最高水平，但却不是通过提高房价，而是通过高出租率实现。一方面说明华住包括“自助终端服务模式”等营销做得好，另一个方面也说明华住品牌受用户青睐。经济型酒店的关键是“经济”两个字。我们不断研发新的汉庭升级版，在投资不增加或增加不多的前提下，提高用户满意度。我们不能说每一家汉庭都能让用户兴奋地尖叫，但我们会让每一个客人都觉得物超所值。

至于人力成本问题，我们领先在行业内推出自助入住登记、0 秒退房等省工省时、方便用户的措施和方法。行业内“人房比”（员工数量与酒店客房数量的比值）的逐步降低，实际上都是我们在引领，未来汉庭“人房比”甚至要做到 0.17％以下。

1号店前董事长于刚：对冲“京东腾讯”联盟

电商1号店，由前戴尔公司全球采购副总裁于刚和前戴尔公司中国区总裁刘峻岭，共同创立于2008年7月。1号店以打造“网上沃尔玛”为宗旨，在线销售涵盖食品饮料、酒水、生鲜、进口食品、美容化妆、家用电器、运动用品等超过400万种商品。经过短期迅速发展，1号店以每天近2 000万人次的网站流量，位列电商第一阵营。

放着跨国公司高管不做，放着丰厚的年薪不要，于刚和刘峻岭，这对前戴尔公司的资深高管，却在2008年异想天开地创办了以“网上沃尔玛”为概念的1号店，在经历了商业模式的弯路、受人冷遇和不被VC看好的创业期之后，2014年的1号店已经成为和京东、亚马逊、苏宁易购等一线电商的分庭抗礼者。

1号店能在群雄中占据位置是一个奇迹。和京东、当当相比，1号店的积累期远短于前者；和亚马逊相比，曾在这家美国公司担任过全球副总裁的于刚深知，亚马逊的供应链和系统能力，不是1号店短期之内就能复制的；和有着强大资金、实体店和物流能力的苏宁相比，1号店还必须建立自己的物流系统。但是，从零开始摸索的1号店，却凭借此前六年的奋斗，拥有了令对手垂涎的 6 000 万庞大顾客群。6 000 万顾客群是一个什么概念？就是说，中国人口中 4.6%的人在 1 号店网上进行过消费。

实际上，1 号店早在 2012 年就已兑现了其初创时提出要做“网上沃尔玛”的夙愿。彼时的 10 月 26 日，当沃尔玛全球总裁兼首席执行官麦克道（Mike Duke）在上海宣布获得 1 号店 51%股权，并成为其第一大股东后，1 号店就从一个要做“网上沃尔玛”的企图者，正式变身为正宗的“网上沃尔玛”。当然，“网上沃尔玛”也成了 1 号店一个专用名词。

然而，热闹的背后，却是于刚和刘峻岭以出让 51%股权为代价的融资，而且也不是 1 号店唯一的一次“卖身”，此前，还有过平安集团对其的控股。为什么接连出现股权出让，于刚一直守口如瓶。

从电商竞争市场而言，这是一个罕见的全员亏损行业。即使 1 号店已经拥有 6 000 万顾客群，并在 40 个城市设立 200 多个物流站点，以及 70%的商品可通过自有配送体系完成。但是，沃尔玛成为东家后，1 号店多久能实现盈利？在接受我访谈时，于刚对此做了回避，只说“肯定会加快盈利的进程”。

就在 2014 年 9 月，网上传出一篇《1 号店准备再次卖身了?》的文章，指出沃尔玛接盘平安，所得到的 1 号店，并非是一个完整如初的 1 号店。1 号店的总资产包括自营 B2C、开放平台 1 号商城、物流公司，而沃尔玛拿到手的只有自营 B2C。此外，该文指出 1 号店 2013 年市场投放的费用高达 10 个亿，但给交易额带来的帮助有限，且物流亏损更加严重，拖垮了沃尔玛整体的业绩，令沃尔玛不满意。该文还说，1 号店之于沃尔玛，只是后者通过互联网触达中国消费者的路径，但是供应链线上线下磨合进展缓慢，加上亏损严重及错综复杂的股权关系，最终让沃尔玛有心无力。

尽管，该文分析得有模有样，但涉事的企业均否认了该消息的真实性，表示这是一则假新闻。那么，为什么市场会有对 1 号店的利空消息？也许是竞争对手的恶意攻击，也许有人出于某种目的诋毁 1 号店，和所有电商企业一样，这是 1 号店成长路上必须经过的荆棘。

2014年，电商行业最大热点是京东上市。但是京东的背后却隐藏着腾讯对其的支持，京东上市前，腾讯入股京东15%股权，并在京东上市时再追加认购5%股权。这样一来，“京东＋腾讯”的联盟，和马云的淘宝，就正式形成电商双寡头局面。而双寡头也将利用行业与互联网优势，进一步挤压中小电商空间。作为创业六年的1号店，尽管拥有6 000万顾客群和115.4亿零售总额，但面对双寡头的市场“压迫”，必须采取积极的“对冲”战略：它一方面和京东宿敌——当当，互驻彼此平台，并结成合盟；另一方面也在品类、移动端、区域、商务和大数据等五大战略上进行挖掘，尤其是，还利用自己开发出的“电商智慧＋能力”，和传统企业进行O2O共赢合作。但是，于刚所采取的一系列策略，能否保住自己的阵地，或有所进步，这需要市场最终结果来验证。

电商平台转向社会化

2014年，电商行业的竞争进入了新的阶段，先是苏宁宣布整合自己的线上线下渠道，后是1号店和当当宣布互驻对方平台，再是腾讯以2.14亿美元入股京东，似乎电商行业出现了一波新的产业发展趋势：从过去单打独斗的竞争模式，演变成今天的资源整合的竞合模式。为什么产生这样的结果？另外，竞合模式真会产生“1＋1＞2”的成效吗？

于刚：从电商行业的竞争层次来说，第一轮是比拼价格，第二轮上升为比供应链能力，至于目前的竞争，大家也看到了，竞合模式已经成为一种新的趋势。也许有分析会认为“1号店＋当当”将PK“腾讯＋京东”，或者“腾讯－京东”将PK淘宝，在我的理念中，不管什么样模式的竞争，最终都离不开在顾客体验上的比拼。

为什么1号店会和当当合作？我需要强调的是，一方面，我们有共同的理念，就是一切都是从顾客体验出发；另一方面，竞合是电商行业发展进程的必然结果。

先谈理念。我和李国庆（当当创始人、联合总裁）在确立双方合作前，我们谈得最多的话题，就是希望通过彼此的专业领域和核心品类，来补充和完善各自顾客群的体验。当然，和当当之间也会继续存在竞争，比如，同样的商品也会在彼此的平台上出现，就看你能不能做到价格优势，给顾客更多的选择，另外，能不能让顾客感受到你的系统、物流、客服能力带来的最佳体验。我希望通过互相学习，提高各自的运营效率。

再谈竞合。我认为电子商务是一个规模游戏。初期的时候必须花巨资去开发系统、建造物流、投资人才。因此，在这一阶段中，大部分电商先要建立自己的核心运营能力，接下来就要抓流量。流量意味着顾客群，只有顾客群扩大，才能带来订单的增大，当销售规模化后可以摊薄运营成本、营销成本、人力成本等。这是电商走向竞合的第一个原因。

其次，电商是所有互联网生态链中的重要组成部分。互联网生态链包括门户、社区、游戏、娱乐、搜索等，这些模块不管形态如何，最终都是为了满足大众的需求，比如有娱乐需求、新闻需求、社交需求和购物需求，电子商务的作用就是满足购物需求，它的重要性体现在它对消费者的高黏性。不过，经营电子商务却是非常难的，它涉及采购、营销、系统、仓储、物流、客服等多个管理和运营环节。而当前一些电商的入股或是收购，多数是无电商业务但有流量的互联网企业为了让自己的服务内容更完整，电商企业也可以获取更大的流量，这是电商竞合的第二个原因。

相比过去的恶性竞争，电商间的这种竞合模式，对打造良性的竞争环境和生态圈，真能带来价值吗？

于刚：此前的竞争环境是，电商与电商之间斗、电商与传统零售之间斗，结果是电商企业两败俱伤，而传统零售受到电商的冲击，对电商持敌对的态度。现在的竞合，实际上是包括了两个含义：第一，电商之间的竞合；第二，电商和传统零售的竞合。前者是将线上零售的社会资源进行大整合，后者是将线上和线下零售的社会资源进行大整合，比如说我们现在大力推进的O2O（Online to Offline或Offline to Online）。

现在，几乎所有的大型电商，都将平台开放给第三方商家，这些商家有品牌商，也有小型电商，更有传统零售企业。从1号店角度，接下来我们还会推进和更多的传统零售企业合作，让他们入驻我们的平台，1号店将向他们提供电子商务解决方案，包括网络营销、数据分析和决策、平台化展示、供应链响应系统和机制等。我认为，包括1号店在内的大型电子商务平台，将不再是过去那种单打独斗的竞争经营模式，而是一种开放化、社会化的电商平台，我们的身份也将具备两重性，一方面继续扮演市场竞争参与者，另一方面也成为市场的服务提供者。

开启竞合第一个范本

1号店和当当是两家最早宣布联盟的大型电商，1号店为什么和当当联盟，而不是选择其他对手？

于刚：四年前，就电商行业发展趋势，我说过有五个方向，第一是移动化，第二是平台化，第三是社交化，第四是大数据应用，最后是整合和服务集成化。目前，包括我们和当当、腾讯和京东，其实都符合我说到的第五个趋势，这一趋势，有行业竞争的因素，也是电商行业自身发展规律的结果。

说到我们和当当的联盟，是因为机缘。去年底我和李国庆在一个零售领袖峰会上相遇，就顾客体验交换各自意见，后来双方共同提议，不如进驻各自网站，给各自顾客带来更多的购物选择，就这样一拍即合，我们达成了合盟。

其实，我们和当当在各自的网站上，也都有第三方商家，我们的合作形式，和彼此与第三方商家的合作，基本是一样的，当当未来也可以和其他人合作，我们也可以，我们的合作没有排他性，我和国庆都认为，像我们这样大流量的B2C

平台，未来会更加开放，借助社会资源来发展。

既然是合作，总会有所让，也有所图。1号店和当当彼此进驻之后，原有的竞品，会不会下架？物流方面，会不会彼此共享？

于刚：我们合作出发点是，给双方顾客群带来更多的购物选择，提升顾客的体验。因此，对于竞品，非但不会下架，还会同时存在不同的价格，我们让顾客选择。我们的平台，既扮演了商品的提供者，也扮演了市场服务的提供者，把购买商品的权力交给顾客。

至于物流方面，当当有自己的物流体系，如果顾客在1号店下的订单是当当的图书，我们会通过系统第一时间把订单转给他们，反过来，他们在自己网站上接到属于1号店的商品订单，也在第一时间转给我们，这样，双方分享流量的同时，也加大了物流配送效率。

如果说，“1号店＋当当”竞合，是经营互补，那么“腾讯＋京东”的竞合，就是在移动互联上的合盟。尽管1号店在移动端的销售去年（2013年）增加了13倍，但相比之下，“腾讯＋京东”在移动端的优势更加明显，1号店和当当均没有微信、QQ这种IM（Instant Messaging，即时通讯）产品。那么“1号店＋当当”如何面对“腾讯＋京东”的竞争？

于刚：首先，我们对移动端的业务很重视，去年移动端的销售占了我们整体销售的20％，我认为，移动端业务是将来电子商务的主战场。我将此也列入1号店在今年五大战略重点之中。

尽管我们没有IM产品，但不影响我们的移动端业务。比如有人担心，微信会成为其电商业务获取移动流量的来源，进而抢夺移动购买人群。我倒不认同这个观点。为什么？微信之所以是大众喜欢的移动IM，是因为它是公立的，没有商业偏向，如果它沦为某一个商家的垄断资源，那么微信就背离了它的社会属性，而其社会价值也将大幅降低。

平台变身“运营房子”

除了电商之间的合作，1号店也在积极推动O2O合作。但是，电商一直扮演着传统零售的“克星”角色，那么1号店如何与传统零售合作？

于刚：我认为，将来是“无商不电商”。既然所有的商业都会进入电商领域，那么我们为什么不把这种趋势视为机会？

我们在两年多前推出了“SBY”（Service by Yihaodian）项目，这个项目目的就是，面向那些希望进军电子商务领域而又缺乏电商运营能力的传统企业，为他们提供电子商务解决方案。

“SBY”是1号店在电子商务运营中多年积累下来的智慧和能力，我们把这一成果做成一个个管理和运营的模块，比如物流模块、营销模块、数据模块、平台模块，以及供应链金融模块等。我们把这些基于电子商务中的智慧和能力的模块，和传统企业的模块结合起来，搭建起“运营房子”，把它放在平台上运行，可以帮助传统企业迅速进入电子商务的跑道。

目前我们正在谋求和传统大型零售商进行O2O的共赢合作，其中有一家已经进入最后商定阶段，这将是1号店全面拉开O2O战略的重要一局。

截至2013年底，1号店开放平台的商家已达14 000家，占1号店集团40%的份额。那么，在品类经营中，1号店如何处理和自己的商品冲突问题？此外，1号店今年将着力发展供应链金融，为商家提供贷款，具体如何做？

于刚：正如我谈到的和当当合作模式一样，1号店平台上，既有1号店自身经营的商品，也有入驻商家经营的商品，我们支持同类商品在一个平台上同时展示，也允许不同的价格呈现，我们希望的是，把购买选择权交给顾客。

比如说，在我们和这些商家合作中，发现存在着贷款需求，也因此，我们决定提供供应链金融服务。至于如何规避金融风险，我们具备基础条件，首先，我们的金融服务对象是和我们合作的商家，这些商家的商品周转、账期情况、营业规模，以及交易的诚信记录，在我们的平台上都有数据可查，可综合分析，现在我们已经在逐步推进这一工作。3 月 13 日，我们和中国邮政储蓄银行正式签署战略合作协议，双方将合作推出供应链金融产品，为我们的商家提供贷款业务，这个业务将在 4 月底上线，后面还会陆续推出更多服务。

对于电商来说盈利是一个绕不过去的词，对于盈利是怎样考虑的?

于刚: 我们是非常重视这点的，因为电商不管是哪个企业它最后都是要盈利的，我们从最初设计我们的商务模式，我和我的搭档刘峻岭花了四个月的时间不断去讨论怎么样让这个商务模式真正可行。我们希望我们是一次成熟的创业，而不是一次拍脑袋，脑袋一热就出来的创业。商业模式里面很多的数据，很多的财务分析我们都做过大量的工作，做了很多的市场调查，我们知道怎么样才能让这个商务模式具有盈利的可能和将来具有可扩性。

比如说，我们认为电商全场免运费它是不可行的，因为它的商务模式是不对的。所以，你可以看到我们从开始到现在，不管有多么大的内部的和外部的压力，我们从来没有过免运费，它并没有减缓我们前进的步伐，这是一个。还有一个是我们精细化管理，刚才讲了我们开发了大量的系统，做了大量的优化，光去年一年我们运营成本就降了 37%，我们还有很多 Business Improvement（业务改进）项目，让我们的运营成本和我们的商务模式可行，运营成本下降。

1 号店已经开始盈利了吗?

于刚: 1 号店还没有盈利，但是这是我们的战略选择。如果要盈利这个不难，因为我们知道有些品类是盈利的，有些品类是不盈利的；有些服务模式是盈利的，有些服务模式是不盈利的。我们知道，我们最早的 Vision（愿景）是我们一定要让顾客可以足不出户享受所有的商品和服务。我觉得在这条道路上我们是不会偏移的，我们不会因为短期要盈利的这种压力或者怎么样来改变我们的商务模式，一定要给顾客提供丰富的商品，所有顾客想要的服务和商品我们都能提供。

大数据贯穿每道细节

从开始创业，1号店就确定要打造“网上超市”，这个概念的本质就是做网上商超。但在整个实际发展中，1号店似乎越来越倾向于食品领域的定位，在最近外部宣传上，也多以食品者形象出现，但当前竞争中，几乎所有电商都在卖百货，那么1号店如何改变自己的定位？

于刚：首先，我不认为需要改变，民以食为天，顾客只要有一个理由来1号店，我就很满意了。其次，我们给顾客呈现的品类目前已达400多万类，年底会达600万～700万类，商品丰富度，能够满足大部分顾客需要。从我们自己的已销售品类统计来看，化妆品、手机及3C产品的销量正在上升，甚至在一些时段上，还远远超出食品。

至于在传播上，我们为什么主打“食品者形象”，因为经过市场研究和分析，食品对于消费者的吸引和黏性最大。比如我们在宣传上，会告诉消费者，1号店的进口牛奶，占全海关进口牛奶的43.4%，每天能销售15个集装箱。这样，通过这一切入点，引导消费者到我们网站上来，进来后，他们会发现1号店的商品不仅仅只有食品，我们的网页设计会引导他们关注更多品类的商品。

1号店已经有6 000万的顾客，通过与当当的合盟、广告推广，以及更多商家的入驻等策略，一定会带动更多的流量，但到底如何才能留住顾客？刚才也说到，通过网页设计留住顾客，具体怎么做？

于刚：顾客体验对于任何电子商务企业来说，是一项长期的使命。我们今年在原有七个物流中心基础上，再花巨资建设第八个物流中心，还有，我们今年要将商品品类从去年的400多万，提升到600万～700万，等等，都是希望给顾客创造优质的体验。但是，这些还是远远不够，因为创造顾客体验，是一项复杂的系统工程。

客户体验的系统性包括很多环节，从网页打开开始，其后是浏览滚动的设计、商品的摆放、促销的信息、购买的结算、优惠制度、配送方式等。其中顾客的购物偏好是第一关，如果这个关能把握住了，就能留住顾客，进而实现购买转化。

比如在了解顾客的购物偏好方面，我们采取的是大数据和科学分析相结合的策略。我们有一个 UED 实验室，定期会邀请一些顾客到我们公司实验室来完成指定的购物流程。我们利用设备跟踪顾客的“眼睛”，记录他们的浏览路径，关注他们的每个页面，以及在相关商品、相关促销页面上停留的时间等购物习惯，然后做数据分析，经过多轮测试，形成整改意见，最终优化我们的页面陈列、购物流程等。

另外，包括我自己在内，要求所有的高管定期做一日客服、一日仓储、一日配送，然后在做的过程中找出问题，并列出问题清单。但我觉得这还不够系统，现在我们有一个专门的团队每天下单，然后在下单的过程中不断优化整个购物流程，这样就能做到每天一点一滴地完善，以提升服务顾客的能力。

所有的电商企业都说顾客体验度是最重要的，1 号店如何在顾客体验度上进行持续改进？

于刚：顾客体验这个事，很容易把它喊成一个口号，很多企业都说顾客是上帝，顾客是衣食父母，我觉得这个东西一喊就变成口号了，我们不希望成为一个口号。所以说我们采取了很多具体的做法。我们找了第三方公司每个星期给我们做顾客体验调查，它要调查数千个顾客，然后得到一个顾客体验指标。同时，我们把这个由第三方公司调查的顾客体验指标，和我们所有员工的薪资、奖金、提升挂钩起来，让每个员工都知道他做的事情是会影响到顾客体验的，让每个人都去关注顾客体验。

比如说，做采购的，采购来的商品是不是顾客要的商品，做仓库的，每个商品的质量能不能保证，进货检验要看有没有破损，出货的时候要看有没有灰尘，配送就更不用讲了。还有很多客服在售后的处置问题，要看其能不能真正实时地解决顾客的问题，要知道，顾客打电话来投诉，并非想听你说一声抱歉，因为这是没有用的，顾客要的是客服能提供解决方案。因此，我们采用了一个考核办法，就是考核客服四个小时之内完整地解决顾客问题的比例，也就是说顾客问题解决率。

同程网总裁吴志祥：1 元经济背后的移动大财富

同程网络科技股份有限公司（简称同程旅游）是中国领先的休闲旅游在线服务商，创立于2004年，总部设在中国苏州，员工4 000余人，注册资本11 429万元。同程旅游的高速成长和创新的商业模式赢得了业界的广泛认可，先后获得了元禾控股、腾讯科技、博裕资本等机构的数亿元投资。2014年4月，同程旅游获得行业老大携程超过2亿美元的战略投资。

2014年9月2日，北京雨天，雷暴。

这一天，总部位于苏州的同程旅游，在京召开公司有史以来最大一次记者招待会。会上，公司创始人、CEO吴志祥用了近40分钟来讲同一个主题：送出1亿张景点门票，给用户带来“1元玩景点”的大红包。

同程旅游的这一动作，是不是噱头？提供这样的免费旅游，近乎公司对自身利润的一次“谋杀”，同程旅游到底要闹咋样？

就同程旅游如何在高度竞争的OTA（Online Travel Agent，在线旅游）行业中占一席之地，他这样表示：“回顾2004年创业至今，有人说同程属于屌丝逆袭。我不否认，由于我自己曾在阿里巴巴工作过，因此我们最初创业学的就是阿里巴巴的

B2B。2008年我们做酒店业务的时候，又学携程。至少在2008年之前，我的战略就是对标行业老大，像我们这样的初创公司，要想存活，最好的办法就是先模仿。当时，我们没有资格谈创新。”

吴志祥所言不虚，其早期的存在方式，就是模仿。实际呢，即使包括携程在内的所有中国OTA公司，谁又不是从模仿开始？只是，在行业竞争中，各家的优势是：做竞争对手还没有注意到，或是还没有在短期内投入重兵的市场。

同程旅游崛起的秘诀，就是在景区门票业务这个领域中孤注一掷，投入全公司的力量和资源。按照吴志祥的解释，2008年之后，同程旅游跟着携程之后布局了大部分OTA业务，却发现行业大佬的注意力都在机票、酒店等商务旅行业务上，而同程旅游要在这两大业务中进行“虎口拔牙”，就必须和携程、艺龙这两个大佬对攻价格战，但对于资金局促的同程旅游来说，如果真干这事，不亚于以卵击石。

一个企业家有没有能力，就看在这样的阶段起什么关键作用。吴志祥认为，公司跟着大佬携程的模式和节奏走，看不到明天，于是开始对整个OTA市场触及的领域进行排查，他的目的就是想知道携程、艺龙这两个大佬还有哪些不曾进入的领域。最后，他发现在景区门票业务板块，大佬们还没有投入重兵，主要原因是，对比休闲旅游而言，商务旅行是当时主流的利润来源。于是，吴志祥决定，与其在商务旅行业务上和巨头竞争，不如在第二战场的休闲旅游业务上，成为细分领域第一。

实际上，吴志祥要做的是类似于制造业的隐形冠军，并做到绝对市场份额。同程旅游最终做到了。到2014年第二季度，同程旅游凭借景区门票业务，从一家创业公司已经一跃成为仅次于携程、艺龙的中国第三大OTA公司。但是，事实上，在同程旅游掘金景区门票业务，并做得风生水起之时，包括携程、艺龙，甚至其他中小对手都已经注意到，而且都实施了市场争抢，可是由于对市场、对用户植入“景区门票”概念最早，因此这一业务的绝大部分市场份额一直被同程旅游控制。

作为OTA行业的老大，携程并不想看到除了艺龙之外，再出现一个市场对抗者，于是在当年大举杀入同程旅游的领地，在景区门票网上销售市场大打价格战，由此爆发了一场“双程大战”，其中最激烈的战争，就是双方都打出“0元门票”。

但是，在商业竞争中，所谓没有永远的敌人，也没有永远的朋友。就在“双程大战”之中、之后，又分别发生两件大事：第一，腾讯联合其他两家VC/PE，以5亿人民币投资同程旅游；第二，原本激烈鏖战的“双程”，居然坐在一起，携程以向同程旅游投入2.2亿美元的诚意，双方握手言和。由此，同程旅游的股权中，除了吴志祥团队仍是第一大股东之外，第二大和第三大股东分别是携程和腾讯，而又由于腾讯、携程在OTA行业中的渗透，同程旅游和携程，以及携程投资的途牛，甚至腾讯系的艺龙等OTA公司，成了竞合关系。

在腰板变硬之后，同程旅游得以继续在自己控制的景区门票业务上深耕精做，并把此前和携程对玩的“0元门票”，变成了“1元门票”。当然，“1元门票”也完全是真的，其背后也一定存在更大的市场动机。

避开巨头，开辟次战场

只知道同程旅游做大景区门票业务，但并不知道如何做大，这里面有没有秘诀？

吴志祥：2008年之后，我们决定避免在机票和酒店的业务上直接和巨头竞争，而选择市场最薄弱的休闲旅游业务，进行深挖掘。我们在内部称之为第二战场，但是究竟采用什么策略？我们研究认为，休闲旅游业务核心点就在景点门票，如果能在这个入口端激发巨大流量，不但能使我们成为该业务的行业第一，而且还能带动我们的酒店、机票等业务，从而完成对第一战场的逆袭。

此时，我们进行了一次创新。我们原创了“点评返现”模式。用户登录我们网站完成订票，并在旅游结束，对该景点进行点评，就能获得现金返点。此举对我们和用户分别带来两大好处：其一，通过这个活动，我们吸引了巨大用户流量；其二，用户实际节省了门票费用。

那么，巨头会不会和我们对攻？一定会，但由于同程体量不大，巨头和我们对打，损失将远远超过我们，比如我们返现20万，按巨头的流量，它就可能要送50万，甚至破亿。因此，我们依靠这样的打法，很快就完成了在整个OTA市场景点门票业务第一的既定目标。

“点评返现”模式没有技术门槛，只要有足够资金，很容易复制。2014年初，携程也曾经用同样的方式，投入2亿人民币推进了与景区的合作，当时的同程旅游是否开始处在最危险的地步？

吴志祥：我们当时想到了一个主意，就是推出“1元玩景点”，这个策略是彻底摧毁“点评返现”模式的必杀技，因为它是基于用户利益上的竞争。但此招会不会杀敌1 000，自损800？

我来算一笔账。按照我们在景点门票业务流量的能力，我们可以让10万人进入同一个景点，而对手或只能做到1万人规模，假如我包下这个景点一天的费用是200万，分摊到每个用户的基本成本是20元，而对手的每个用户基本成本则是200元。我们如果贴一些钱，再加大用户的推广，我们的成本还将摊薄。因此“1元玩景点”很快被我们推向用户，并在行业中掀起了一场残酷的价格战。

此后，携程和我们通过股权合作，双方形成战略竞合关系，支持和同意我们独立发展和未来的IPO。新闻出来后，用户其实比我们的同行更担心，不知道“1元玩景点”是否继续？

“1元玩景点”不会停止，还会继续！因为，“1元玩景点”初期是打价格战，破竞争性的“点评返现”模式，但运行以后，它的属性和社会价值，已经超越了竞争本身。

首先，从旅游业发展的角度，加速推进中国旅游业的行业转型问题，中国的旅游景点长期存在高昂票价的痼疾，严重阻碍了中国旅游业的健康发展，通过

“1 元玩景点”模式，让门票收费模式转向内容服务模式；其次，旅游资源本身属于公共资源，通过“1 元玩景点”模式，让更多的民众获得正当权利。当然，从同程自己的角度，我希望通过“1 元玩景点”模式，让中国至少 2/3 的人成为我们注册用户，同时使我们从目前的景点门票业务第一，在下一个十年迈向休闲旅游市场第一的新目标。特别是，我们把精力更聚焦在用户身上，而不是和对手打消耗战上。

1 元经济，为竞争所生

这次同程搞的“1 元玩景点”已是第二轮，第一轮早在今年（2014 年）3 月就已联合微信平台进行，这样一轮接着一轮，同程不担心盈利问题吗？

吴志祥：不能把“1 元玩景点”简单理解为烧钱行为，背后有我们的战略思维和构架：其一，是竞争的产物；其二，我们能做到基本财务平衡；其三，满足用户基本权利诉求；其四，变革中国景点门票居高不下的怪圈问题；其五，符合我们从 PC 互联网转向移动互联网的战略。

先谈第一点，为什么“1 元玩景点”是竞争产物呢？在携程没有入股我们之前，我们是对手，我们利用巨头们专注于酒店、机票的机会，独辟蹊径，聚焦于景点门票业务，以及利用类似大众点评网的做法，创立了一种你点评我返现的模式，从默默无闻一下子成了行业第三名，引起携程的重视，后来携程通过提高返现的比率，把我们压得很惨。不得已，我们只能另想对策。

我们研究认为，尽管对手规模比我们大过十倍以上，但在景点门票用户规模上，我们至少还是行业第一，这个优势可以转化成一种竞争力量，为了生存，我们推出“1 元玩景点”的营销活动。

“1 元玩景点”怎么做到基本的财务平衡？钱从哪里来？

吴志祥：财务平衡主要是出和入的问题。我们先是在江苏太湖湿地公园进行试点，我们出200万，包下当天的所有门票，然后我们在微信平台上，告知大家通过微信1元支付，就可以享受1元门票，结果当天几万人进入公园，我们把200万分摊出去后，结果发现我们能做到盈亏基本平衡。

我知道，大家都会问我们的钱到底从哪里来？移动互联网上有一句话，羊毛出在狗身上，猪来买单。谁是猪呢？通过在太湖湿地公园试点后，迄今我们已经在全国做了3 000场类似的活动，其间，我们摸索出一套四方共赢的模式，用这个模式解决谁来买单的问题。

四方共赢模式的架构是游客、景点、同程、银行和商家。其中，游客是最大受益者，以更低的价格，得到更多欢乐；而景点可以获得更多二次消费。我非常高兴地看到国务院最近发布的31号文件，其再次提出了“景点要走出门票经济的模式”。很多景点跟我们合作之后，不仅推动了其门票经济向服务经济的转变，而且收入不仅没有减少，综合收入还有很大的提升。除此，同程作为拉动景点和游客的中间人，还可以和传统的银行用户、商家用户等进行跨界的用户交换，并将流量导入到景区，从而形成了一个四方共赢的闭环链。

关于满足用户的基本权利诉求，以及变革中国景点门票居高不下的怪圈问题，“1元玩景点”的价值具体呈现何在？

吴志祥：我要讲一个故事。我们初期“1元玩景点”没有包括动物园，有一次我在公司附近餐厅吃饭，一位女服务看我穿着同程LOGO的衣服，就问我，你们能不能推出动物园1元门票？她说自己收入不高，而动物园的门票太贵，她因此不能带孩子去游玩。我听了这句话，心里很痛。中国动物园的门票普遍都在150元以上，一家三口门票上的花费就要450元以上，再加上内部的消费，逛一次动物园的开销就要高达600元以上。

我一直在思考，旅游资源属于公众，不能成为富有者的垄断资源。当然，从景区角度，他们也有烦恼，他们需要维护、修缮、运营，甚至获得效益等，但是如果全部按照现有的市场标准，将严重堵塞民众的基本权益，也使得景区门票继续水涨船高。

“1元玩景点”的价值，首先是没有让景点、动物园利益受到丝毫损害，同程通过包租形式，把风险实际转移到了自己身上，我们的任务是努力号召更多游客进来。同时，我们的做法也是鼓励景区改变门票经济的单一思维，把注意力聚焦于内部服务内容上，这样一来，避免了和游客之间的心理冲突，也使景区的收益模式发生变革。

在进行“1元玩景点”实际操作中，我们还发现其带动了交叉销售业务的增长。目前约50%的出境游客是来自同程其他产品用户的交叉销售，其中，有大约3 000万的周边游旅客贡献了出境游的相当大一部分生意。其实，选择周边游这样低客单价的用户并不是没有消费能力，而是在周末这样的场景下的自然选择。当有较长假期的时候，他们有足够的消费能力选择出境游。同理，选择出境游的用户在周末的时候也会选择周边游。

移动时代，老二就是输

为什么说“1元玩景点”能够带动同程从PC互联网向移动互联网的战略转变？

吴志祥：2014年初的时候，我对公司高层说，我们能不能关闭PC端，不留尾巴、全身投向移动端。但这个提议，遭大半高层反对，认为PC互联网目前还有一定的市场空间。我说，好吧，等我们移动端用户比PC端用户的比例呈压倒性优势后，我们再来讨论。我想下一次讨论不会超过年底。

我为什么有这样的提议？我认为未来18个月，没有转型移动互联网的公司有一半会死掉，一半会重生。所以，我们不要再对以前的PC留恋，我们应该下最大的决心转到移动上来。另外，移动互联网时代竞争更残酷，这个领域不可能像传统互联网时代，即使挤在行业前列，还可以存活，在移动互联网时代只有第一，第二就等于零。

同程旅游过去对巨头进行商业模式山寨的方式，显然在移动互联网时代已经行不通，因为在移动互联网的背景下，用户对平台是有感知的。如果用户发现你有的，别人都有，或者用户发现你不断在模仿其他人，用户就会觉得你没有价值。在PC时代用户成本是非常低的，在移动互联网时代，每个企业都要思考，我们怎么样做一点跟别人不一样的地方。

在移动互联网的背景之下，流量入口为主的格局正在发生改变，现在每个APP都有自己的用户体验和忠诚度，因此APP之间的跨界合作将更加重要，甚至在未来每个企业的跨界能力将是自己营销能力非常重要的组成部分。

同程在移动互联网上本来没有出路，2014年初的时候，我们的移动端业务在营收中占比是5%，和携程、去哪儿相比，差距很大。后来通过移动端的“1元玩景点”，移动业务量很快上来，最近六个月形成了200%的增长，我相信继续搞“1元玩景点”，这个增长数量还会加大。按照这样的用户抓取速度，我们的目标将是成为行业内移动用户第一规模。

从移动端战略具体执行看，一方面是和手机QQ、微信平台合作，另一方面是自主APP。为什么腾讯这两个优势平台没有向其控股的艺龙开放，而是向你们开放？

吴志祥：首先，腾讯是艺龙的第二大股东，也是我们的第三大股东，当初他们投我们的时候，主要是看中我们的产品能力。选谁的产品放到QQ和微信上，腾讯的态度很坚决，谁的产品对用户的体验更好，就选谁的。

在和腾讯合作过程中，我们的团队终于知道为什么腾讯一直能够优秀，就是对任何一款产品的用户体验重视到了苛刻的地步，这是我们和腾讯合作过程中最大的学习收获。

在移动战略中，同程还把“1元玩景点”的红包，送给了京东、滴滴打车、搜狗、大众点评、蘑菇街，以及维达纸巾、君乐宝、中国平安、招商银行等九家线上、线下公司，这种予人玫瑰的行为，自己有什么益处？

吴志祥：其实线上和线下鸿沟一直很大，线下企业往往不明白线上企业在干嘛，觉得老在烧钱，线上企业觉得你们太老土了，但是这两个行业都有非常独特的价值点。比如说一瓶矿泉水，表面上也就2元左右的价值，但矿泉水一年在中国就有至少5亿瓶的市场需求，而被拿到5亿人手中的时候，大家都会先看一下，然后拧开喝，这个过程中，就存在超强的流量价值。这个价值，以前没人重视，也没有把这个流量资源当回事。这次，我们是做一个尝试，给大家一个思考，怎样把线上企业的流量资源导向线下企业、又怎样把线下企业的流量资源导向线上企业？

比如，我们联合维达纸巾开展买一盒送50元景点门票活动，只要用户扫一下二维码，然后在APP上注册一下，用户就可以获得这份优惠。我们和维达纸巾就可以同时获得该用户，然后各自进行大数据分析用户性别、年龄、消费习惯，这就是跨界合作的魅力。现在，很多传统企业都向我们发出合作邀约。这就是移动互联网时代独有的商业魅力。

好人生创始人汤子欧：解决传统医疗百年痛点

好人生集团（简称好人生）由汤子欧创建于2007年，是中国市场上唯一一家为健康保险业提供第三方健康风险管理支持的服务机构，除此，也为企业提供第三方健康风险管理解决方案。公司服务主要涵盖健康维护、疾病管理、诊疗支持、增值服务等项目。目前，该公司已服务于逾半数的国际再保险集团和国内外保险公司，以及拥有包括阿里巴巴、腾讯、交通银行、宝钢、中化等知名大企业逾百万付费会员。

2014年1月2日深夜，47岁的中国电影公司小马奔腾的董事长李明，因突发心肌梗塞，不幸溘然长逝，这也令小马奔腾IPO之路蒙上阴影。

企业家英年早逝已经日渐增多，对此，作为第三方健康风险管理公司好人生创始人的汤子欧感叹不已。在汤子欧看来，心肌梗塞是冠心病的一种危重表现，特别是在发病后的24小时内，死亡率最高，约有1/3至1/2的心肌梗塞患者在住院前死亡，但若及早发现梗塞前先兆症状，并予以处理，至少可避免梗塞发生或使梗塞范围缩小。

“干预”，现在是汤子欧经常提到的词，他希望用好人生的健康风险管理，来帮助大部分患者避免病情突发或把发病范围缩到最小空间。那么，好人生究竟是什么样的公司？它到底用什么“处方”，能解决大众的健康和医疗问题？

根据好人生官网的介绍，公司2007年成立，两年后开始进入市场，客户定位于各大保险公司及包括阿里巴巴、腾讯、交通银行在内的著名企业，目前拥有逾20项知识产权以及包括V健康、员工身心健康风险管理计划（H－EAP)、体检通（COTS)、健康一点通（HOTS)、好人生优选服务供应商平台（V－PPO）等知名品牌与平台。

就健康产业而言，主要的链环包括医疗服务、健康风险管理与促进、健康保险等，而这一环节继续细分，还有体检、健康咨询、医疗关怀、健康评估、诊断决策等。现在，这些细分环节上的健康公司、机构越来越多，彼此没有信息共享，且多以商业利益为驱动，这就导致所谓的健康风险管理，要么不全，要么就是唯价格论。

举一个例子，假如患者到某体检中心检查，体检中心出于商业角度，考虑的是多卖掉高价的VIP体检卡。然后，这位患者拿着体检报告到医院就诊，医院却并不认可他的体检报告，会继续要求患者再检查一遍。即使，患者再到其他的健康机构就诊，也会遇到同样的问题。

创立好人生前，汤子欧曾是上海医保部门的公务员，因看到中国“看病难、看病贵”问题长期无法解决，决定切入健康保险领域，试图给公众提供一种早期健康关怀，通过各方努力，汤子欧曾手持油墨未干的保监会“昆仑健康保险”牌照无比激动，但又因受到其他保险公司寿险产品的挤压式低价竞争，迫使他从保险业退出。

汤子欧反思自己创业的初衷，所谓“看病难、看病贵”，实际上从人的健康角度来说，是身体出现重大疾病的时候，把需求全部集中在后端——医疗上，而中国的医疗资源（医疗财政投入、医生、医院）与之不能对位，最终形成了如今的医患问题。

何不把战略方向调整到关注健康的中前端呢？汤子欧决定，把好人生战略定为一个整合式健康风险管理的业务模式——囊括整个健康风险管理的事前、事中和事后的干预和解决方案。汤子欧说，从整个健康产业来说，好人生想做的就是行业枢纽，以打通产业中各利益关系者之间的通路。

颠覆中式传统医疗

好人生创立公司时间是2007年，但为什么延迟到两年后才开始进入市场，期间的两年究竟在做什么？

汤子欧： 健康管理行业的公司和其他商业公司存在很大不同，后者只要一个商业点子，就可以奔向市场去赚钱，而我们不可以，我们必须要建立一个可靠的知识和技术平台。创立公司之时，我就告诉股东们，我们不能急，要留出时间和空间做基础工作，否则从一开始就急于做市场，很可能不会给市场带来创新体验。

两年的时间里，我们没有招聘任何一个销售，只做IT和基础研发，以及培训自己的团队。我们和国内、国际健康管理机构合作，从中获取技术，尤其是对本土大数据做校验，最后把中国人的健康风险分成9.3亿种，然后，通过计算机系统进行自动干预，把诊断知识和任务与之无缝对接，就这样建立了自己的大数据诊断平台。

我们的后台是庞大、复杂的系统，包括数据库、人物库、任务引擎、ERP等基础数据，并通过项目试点、人群调研，收集了几百万人群的健康信息，然后建立起基础数据模型。其间，我们又参考了一家美国健康管理公司的数据，发现他们是2 000多万数据对应全美国2亿多人的健康管理，显然我们做得还不够，于是我们耗费时间和人力投入，再把数据往前推，做到9.3亿大数据，这样就可以应对13亿人口总数。

以上的这些工程，足足花费了两年时间，之后，我们认为系统和大数据已经搭配完整，就决定进入市场和开展业务。

好人生一直说自己打造的是下一代健康管理，这个定位又是指向什么？

汤子欧：健康管理在中国，一直被误解至今。目前大多数的健康管理，我认为都属于被动或者事后健康管理。无论是现在的一些健康管理机构，还是患者，往往是在病发之后，前者才提供服务，后者才寻求服务，但有些病到了事后才去做健康管理，实际上已经晚了一步。

相比过去对健康管理的理解，我们提出的下一代健康管理，就是把健康服务提到中前端，做事前干预。但这种前置的健康管理，在中国还需要很长时间的教育，尤其是还要扭转传统意识和传统行为，做起来一定是任重道远。

首先从中国医院的角度，在医生眼里，来医院的人要么是病人，要么就不是病人。中国医生很容易形成这样的职业习惯，而且朝南坐，只看病，基本不问病因。

当然，中国医生会要求查看病人的一些健康基础指标，然后就开始据此做“健康法官”。但却存在两个问题，第一，这些简单的健康指标数据，是否完全能够支撑最终的诊断？第二，医生本人也是人，一天的工作负荷很大，在看完大部分病人之后，自己也会出现生理和心理疲劳，而一个疲劳的医生在对他人的诊断中，是否会有失误、差错？另外，依靠这种人为拍脑袋的诊断，有没有合理的制度、体系做监督？

也许有人会说，中国医生，尤其是中医是依靠丰富的临床经验做出的判断，但我想提出我们多年来一直不敢，或不愿意触碰的反思——和东方讲经验、哲学升华、思想境界、思辨相比，西方医疗讲实验、讲逻辑、讲循证医学，到底哪一种选择才是科学的、才是对病人真正负责的？我想，答案是明确的，只是我们被传统思维和习惯捆绑了太久。

因此，以干预为先，并进行科学的循证医学，就是好人生想主导的一场新健康管理的创新。

定位于事前的干预之后，好人生在健康风险管理中具体的运营构架是什么？

汤子欧：我们的健康干预，是依靠线上和线下，以及内外的资源系统共同完成，准确地说，是一套整合健康风险管理。这套系统分为中前后三个层次。

在前端，则是包括保险公司、企业等业务对象；在中端，是自己的资源，包括基于IT基础、大数据、云管理，并结合医疗决策系统在内的整合健康风险管理技术，以及基于生理和心理结合的健康风险管理的服务项目；在后端，我们把行业中大部分健康机构及医院当作供应商，并从它们中采购服务项目。

这一运营构架反映了我们的战略价值。在行业中，好人生不存在与谁竞争，相反还是大部分从业机构、企业的采购商，并通过自己的整合能力，把健康和医疗服务销售给保险公司和企业。可以说，在整个健康管理行业中，找不到和我们类似模式的公司，因为我们完全是一个新的产业环节。

从好人生业务的干系者角度，其实并不复杂，好人生似乎是在扮演一个健康中介商和顾问，是否如此？

汤子欧：我不愿意用中介商的名称，也不愿意用中介顾问的名称，因为中介就意味着自己什么资源也没有。我们是行业枢纽，是一个新的产业环节，历史上没有，我们有自己的专业和能力，比如说直接的健康干预、电话干预、现场干预，以及IT底层等。在这个基础上，会有局部中介业务，比如采购外部的体检服务和医疗服务。

我们即使做局部的中介，也不是简单的中介，而是在做系统化的精准服务支持。比如，如果有来自我们合约保险公司的保单患者要就医，他会先通过我们的私人医生电话，或者面询之后，才决定要不要去做体检或去哪家医院就医。如果只是体检，我们会给他一个体检的菜单范围，以及体检机构的名单，除了必查范围之外，一切都由患者自己决定。

假如没有我们的服务，患者自己去一家体检机构，很可能体检机构为了利益驱使，会推荐昂贵的项目，但贵的不一定就是患者真正需要的。为什么会出现这种和我们截然相反的现象，因为市场上90%以上的体检机构都属于商业机构，为了赢利目的，当然会这样做。那么，为什么我们能解决这个患者的痛点？

首先，在我们平台中出现的体检机构，我们与之都有签约协议；其次我们的平台很像开放的大众点评网，公众都可以看到用户对这些体检机构的各种意见和点评，而我们则定期对这些点评进行汇总、分析和总评，并进行末位淘汰。因此，对于体检机构的选择，不是我们自己决定，而是客户说了算。

在提供服务上，好人生采取了互联网加电话咨询的模式，这种模式真能做到解决患者具体问题吗？

汤子欧：我们电话坐堂的医生均来自专业医生，有些还是名医院。但是从我们的理念角度，我们要求医生一方面采用的是循证医学程序，而不是传统的坐堂开药方；另一方面要求医生横跨生理学和心理学两个学科，如果缺失心理学的，就进行恶补。根据我们的经验，很多患者实际上在患有生理性疾病的同时，也同时伴随着心理问题，这就需要我们的医生能做一个全面的健康关怀。

除此，我们的医生还必须学会运用计算机系统，进行人机对话。因为我们的服务是大规模化的，不可能只针对少数人，而计算机解决的就是批量标准化问题。我们强调所有的诊断中，80%靠系统决定。但是，新的问题来了，很多老医生不懂计算机系统，甚至还排斥，但是在好人生，这是不可商量的，是一种制度。

有所为，有所不为

尽管根据中国科学技术战略研究院的研究预测，健康管理市场至2020年，有至少8万亿的市场蛋糕，但如今有多达3 000多家健康管理公司竞争这个产业。那么，好人生到底如何布局自己的阵地？

汤子欧：除了医疗和药品之外，中国健康管理市场实际还处在原始碎片化状态。但是，人的健康只有一个，而市场上有很多的产品、服务来提供，更要命的是，各产业链之间相互没有关系，使得患者很迷惑，不知道到底听谁的，也不知道应该去哪里整合这些健康信息，最后的结果是，患者自己来整合。

想象一下，如果消费者买车，没有一个厂家供应整车，那么消费者就只能拿着发动机、变速箱，回家自己搞组装。所以，从产业角度，消费者是没有义务自己去做资源整合的事情，这应该是产业的责任。由此，我们提出了整合健康管理的概念。这也是好人生在整个市场中的一个切入口。

2007年公司开业后，我们对健康管理产业链做了梳理，结果发现很多模式都有了，比如零临检、体检、门诊、风险管理等，但唯一缺少的就是一个大的整合式健康管理，然而这却是民众真正需要的。

艾·里斯（AlRies）就定位给出的理论是，在顾客头脑中开发一块空地，扎扎实实地占据下来，并作为“根据地”不被别人抢占。好人生如何体现自己的专注能力？

汤子欧： 首先，好人生有所为，也有所不为。公司从建立第一天起，就决定三不做：不做体检、不做导医、不做保健品。不做体检，是因为这一市场已经过热，而且门槛不高，商业利益驱使下，一定会扭曲体检的本质；不做导医和不做保健品，是因为我们完全基于患者角度，保持客观中立。

其次，取得竞争性战略资源。好人生提出的整合式健康风险管理战略，不是假大空，背后实际有一个在中国乃至全球最顶尖的健康和医疗的知识系统做后盾。我们2007年创业时，知识和大数据来源主要是国际疾病管理协会（IDMA），但真正让我们在行业内骄傲的是，引入了全球最大也是最顶级的医疗机构——美国梅奥（Mayo Clinic）医疗健康集团的知识以及投资。

也许对于大部分中国人来说，梅奥是陌生的，但它实际在全球医学界具有崇高的价值。它距今历史已有140多年，拿它和著名的美国霍普金斯医院、斯坦福大学医疗等全球一流医疗机构相比，梅奥则是全球医疗机构金字塔排名顶上的明珠。

我们从梅奥的经验和知识中，汲取的最大价值就是如何科学地做诊断决策。诊断决策是一个系统科学，它必须“有章可循”和“有法可依”，规避人为决策。

我们引入这个系统后，成就了自己重要的战略资源。由此，好人生的健康服务成为中国最具竞争力、最有价值的知识科学。

梅奥认同你们到底是基于什么原因？为什么和你们合作？

汤子欧：实际上，在和我们合作之前，梅奥和很多中国公司都在进行谈判，有些公司无论是体量还是知名度都远高于我们，甚至还有超大型的医院，他们都在追求和梅奥的合作。但是，梅奥却唯独选择了我们，我也很好奇，我问了他们高管，他们没有给我正面答复，我想也许是我们价值观趋同的原因吧。

在价值观方面，我们和梅奥的确很像。梅奥虽然富可敌国，账上光是现金就有900亿美元，还不包括其他资产，但梅奥家族却已把公司转变为一家世界上最大的非营利性健康集团，管理该集团的是公共慈善基金，因此他们做事完全不需要考虑金钱利益。

在决定和我们合作之前，梅奥对我们做了跟踪调查。其实呢，我们一进入市场就收获了10万客户，作为公司执行官，我当然要承担业绩压力，当时有银行找我说，看中我们手里的客户资源，说让我们为其代发银行信用卡，然后给提成，我算过，当时从每张卡上我们可以赚50元，这对我们是巨大诱惑，但我思前想后，最后还是拒绝了，因为我不愿意看到好人生走偏道路，最后变得面目全非。

没有想到，这件事情居然被梅奥了解到。美国人骨子里喜欢说价值观，他们就凭此认为，好人生在中国有和他们一样的价值观，于是就决定和我们合作。更重要的是，他们发现中国缺失健康管理，更缺这方面的知识、经验和技术，而我们有志在这个领域做出事业，于是双方一拍即合。

健康管理“云服务”

好人生所获得的百万客户，来自哪里？客户资源是怎么积累起来的？

汤子欧：我们的客户主要来自B端，当然，B端在我们这里最后表现的还是个人，此前我们已经有逾百万客户，而且还在持续增加中。

至于客户资源来源，我们从2009年进入市场后，主要开设了四个渠道。

第一个渠道是来自保险公司。我们通过服务打包，向各大保险公司提供BPO模式（Business Process Outsourcing，业务流程外包）服务，由此形成庞大的客户资源。

第二个渠道是企业。包括阿里巴巴、腾讯、交通银行等众多拥有超量员工的企业，我们都是他们唯一的健康管理合作机构，同时也提供危机干预服务，因为心理问题也是整合健康管理的一部分。

第三个渠道是移动APP。我们推出了一项“云血压”服务。我们考虑到社会老龄化越来越严重，而这些老人的健康，需要子女随时知道和了解，以便及时采取措施。于是，我们创新了一种新型的移动血压仪设备（OEM代工，后台是系统和梅奥的数据库），在老人量完血压以后，设备会把数据自动上传到云端，我们的后台做预警分析，然后把原始信息和我们的诊断信息同时推送到他们子女的手机中，实现家庭关怀。

第四个渠道是私人医生。这项服务是我们和梅奥共同推出的，是为了适应中国一部分人的高端需求。我们和全球40多家顶级医院合作，在全球进行二次会诊。

下一阶段，我们会在全国重要城市和市场设立线下网点。

通过这种“4+1模式”，以及未来考虑向个人端扩展的B2C模式，我相信足以支撑我们的扩张速度。

一直在谈事前健康干预，以及整合健康管理，但好人生具体怎么做？

汤子欧：我们扮演的是健康顾问的角色，一头连接顾客，一头连接身心健康资源和医疗机构。顾客可以通过好人生的互联网平台了解自己属于哪种类型，获得干预方案，获得健康和医疗方面的意见。还可以通过好人生联系最合适的医院和体检中心。

以我们服务于阿里巴巴公司为例。比如，阿里巴巴一位员工晨跑，当他打开手机上好人生 APP 时，可以看到周边还有哪些同事在跑步，他们什么时候跑步，以及什么时候结束，这样，他就可以找到搭伴一起约定晨跑。除此，他还可以随时查阅自己跑步前、中、后时期的身体状况指数，而这些指数，是好人生在后台通过云端计算和分析推送的结果。

服务还不仅限于此。假如该员工跑步时发现身体不适，他可以通过好人生的呼叫中心问询我们的客服，好人生的客服都是资深医生或护士，他们会根据该员工的健康电子档案，给他电话解答，如果发现他体检资料不完备，会提醒他登录我们的健康一点通（HOTS）网上频道，去挑选体检菜单和机构，然后给予安排。如果该员工需要就医，也可以通过我们的优选服务供应商平台（V－PPO）或 V 健康，选择国内或国际优秀的医院就诊。在整个过程中，我们不仅提供身体健康检查的服务，而且还有员工身心健康风险管理计划（H－EAP）。

健康问题一半和心理有关，我们所提供的整合式健康风险管理，是横跨生理和心理两个学科领域的整合干预，这在中国独一无二。

从对阿里巴巴公司员工的健康服务上，大家可以看到，我们的健康风险管理实际是 360 度的关怀，并形成一个环环相扣的管理系统。

第三编　卡位 2013

尽管，大量风险投资催动中国企业的创新和新业态的诞生，但来自在华德国企业的中国职业企业家却认为，发展不仅要和环境友好，而且伟大创新都来自每天的一小步。这种有关创新的“快”与“慢”的观念对比，使得中国企业开始思考速度、成长、可持续之间的平衡。

今日资本总裁徐新：企业家要有“杀手直觉”

今日资本，由有“投资女王”之称的徐新于2005年创办。徐新本人，以及其领导的今日资本投资的主要特点是，横跨传统和互联网的零售和消费品领域。其先后主投或参投过的企业包括网易、中华英才网、娃哈哈、长城汽车、永和大王、德青源鸡蛋、诺亚舟、京信通讯、元征科技、京东商城等公司。目前，今日资本管理着来自海外投资基金的12亿美元。

徐新和刘强东，到底谁救了谁？

如果京东不是在2014年5月22日成功登陆纳斯达克，也许徐新还会继续被舆论诟病。而就在前一年，徐新已经绝少参加论坛演讲。只要她出场，提问者就一定会直接询问，有关京东的资金链问题。

由于徐新自曾经成功扶植网易创始人丁磊登顶中国首富之后，就再没有出现一笔成功个案，而且此后所投资的真功夫、土豆网、赶集网等，均先后因创始人离婚导致股权争斗，使得今日资本在投资界成了“婚变投资”的代名词。那一年的夏天，受徐新邀请，我在其上海寓所对徐新进行了访谈，谈到自己所投企业接连产生婚变问题时，她表示很冤：“这样的巧合几乎百年不遇，是在中国投资的一大特色。”

当然，自此之后，徐新开始对今日资本的投资规定增加了一条，就是一定要考察创始人的婚姻状态，如果发现有离婚倾向，再好的投资机会，也将放弃。当然，这一次对京东的刘强东也需要防范，“好在，已经了解过，刘强东目前独身”。

从2007年到2013年前，今日资本实际已向京东投出了约3 000万美元，而京东另外还向雄牛资本、梁伯韬私人公司、俄罗斯投资者数字天空技术（DST）、老虎基金、加拿大安大略教师退休基金和王国控股公司（Kingdom Holdings Company）等海外投资机构融资了约73亿美元。问题是，这么多投资者、人都捆绑在不盈利，而且要继续烧钱的京东身上，舆论的质疑在2013年达到了顶峰，而且京东的死敌也在煽风点火指责京东是为了抢B2C地盘，意图在日后占据零售价格控制权。至少在2013年的前六个月，作为当初第一个投资京东的PE/VC公司今日资本，和京东一样，被舆论推到了风口浪尖。

但是，徐新却向我重提到网易的丁磊。她说：“当初我找到他的时候，他只有28岁，领着一群年轻人捣鼓着网易，我问他，网易有没有机会做大？丁磊的回答是，网易现在就是行业第一。实际上，我知道网易只在行业排名第三，但丁磊发现了互联网游戏的机会，这个机会让他找到了金矿。之后，我给了他500万美元。再之后，网易实现上市，我们以八倍的投资回报实现套现。”徐新认为，评估一个企业成长性，先看创始人身上有没有一种“杀手直觉”。徐新表示，她的这个观点是从成功投资网易过程中逐渐建立起来的，后来用这个标准同样衡量了真功夫、土豆网、赶集网的创始人，如果抛开这三家公司创始人的婚姻问题，在“猎杀”商业机会中，他们都算得上顶尖高手，当然，现在徐新把赌注已经完全压在京东刘强东的身上，徐新表示，她看见了下一个丁磊。

投资给有“杀手”感的人

中小企业现在抱怨更多的是，融资渠道不畅，于是被迫进行民间借贷，但每

每又与现行法律冲突。中小企业到底应该怎么办?

徐新: 表面上看，资金短缺问题是这些公司的瓶颈，但我并不认为如此，打个比方说，即使银行无抵押给企业钱，如果企业业绩不涨，没有盈利，又拿什么钱还银行？银行出于风险考虑是这样，那么作为投资机构就更不会顶着风险进行投资。

在当前局势下，我认为我们不可能再奢望有“4万亿”的时代，各产业转型升级会越来越加剧，为今之计，企业首先要考虑的是三个问题：第一，选择进入的行业是否属于大周期调整的范围？第二，管理系统是否有助于你企业的发展？第三，手下是否有人才在帮助老板解决问题？

你为什么对于企业创始人的“杀手直觉”尤为看重?

徐新: 在今日资本一系列投资中，我发现一个具有市场敏锐感的企业家，在选择自己进入的行业、猎取到的商业机会时，一定会超越常人，而这样的企业家，往往是吸引投资的关键。这样的企业家，会让资本有信心。

网易的丁磊就是这样的人物，我现在更看好京东的刘强东。我认为刘强东也是一位具有“杀手直觉”的企业家。

我是2006年开始投资刘强东的，当时京东也就5 000万的销售额，员工只有50多名，当年的10月份，我和他在北京香格里拉酒店见面谈投资，我们从晚上10点谈到次日凌晨2点。刘打动我的有两条：第一，京东每个月的销售收入都比上个月增加了10%以上，这是在没有出一分钱的广告基础上实现的，这说明刘强东选择的行业对了，且抓到了机会；第二，他不仅把公司的优势告诉我，而且还和盘托出自己的不足。最后，我问刘，你要融资多少，他说要200万美元，结果我说，给你1 000万美元。

接下来，刘强东的“杀手直觉”开始发挥了，拿到钱后，他开始扩大品类，一改原先只卖IT周边设备的做法，此后掀起了一波接一波的市场巨浪，结果呢？刘强东打败了新蛋。此前，刘强东拿到我的第一笔融资后说，要做中国的新蛋，现在，新蛋对他已望尘莫及。

因此，从资本角度，我们对一个企业决定投还是不投，并非一定要看其固定资产和规模如何，更看中的是，企业家天性中有没有对市场、机会的“杀手直觉”。

人才和内部活力大过融资

很多企业要发展，就需要资本，但资本总是有限的，不可能进入到所有企业，这些企业如何被发现，或者自己如何找到出路？

徐新：根据我多年的投资经验，很多企业其实缺的并非资金，而是人才和管理系统。作为资本方，在我们对一个企业的投资前期，也许我们扮演了导师，给钱、给资源、输入管理，但一旦企业长大之后，我们就是啦啦队队长，给企业家喝彩。

记得当初真功夫找我们做投资的时候，它已初具规模，蔡达标（真功夫前董事长）想走出广东，但我发现他当时很难发展，因为要走出广东就意味着要开更多的店，但每个区域市场谁来负责？蔡达标诉苦说，他派不出封疆大吏。

蔡达标当初遇到的问题，和当下很多企业是一样的。创业的时候，依靠老板的眼光、判断和勤奋，一头狮子带着一群绵羊打天下，但企业做到1亿销售之后，怎么冲10亿？10亿之后，又怎么冲100亿？结果发现，力不能及，如果还是保持“狮子带着绵羊”的管理模式，根本成就不了一个伟大企业。

我所投的企业，最初都是和当初的真功夫一样，属于中小型企业，但却具备发展潜力，我们投资之后，要做的就是把它们的潜力找出来、激发出来。引进人才和建立系统性管理，是我们对这些被投企业最先做的两件事情。

不过，企业家要明白，重建人才和管理系统需要一定的时间和耐心来培育，千万不能心急火燎。以我们投资的“都市丽人”来说，这家女性内衣公司的老板郑耀南用SPA（自有品牌服装，专业零售商经营）模式建立了独立品牌，但他在发展中遇到了人才短缺和连锁管理系统不够强大的瓶颈。我们给他引进了市场总监、财务总监、CTO和COO等高管。刚开始的时候，这些新来的专业人才利用自己的知识、经验，为公司搭建了各模块的管理系统，并没有马上出成绩，有些股东很焦虑，对我们抱怨说，新的高管来了之后，费用增加了很多，收入却没有明显增加。我说，不要着急，作为股东要给他们时间，他们需要了解、适应企业，因为做管理顶层设计是一个复杂的系统。根据我的经验，一般18个月之后，你们会看到成效。好在郑总志存高远、心胸宽阔，坚持了下来，后来公司也果然尝到了甜头，现在正在推动“万店计划”，如果没有人才和系统，其“万店计划”又怎能实施？

我还是重复一句话，资本是有限的，不是所有企业都能和资本对接。因此，建议我们的中国企业，无论是否取得外部资本，都要在引进人才、吸收外部基因、变革内部管理系统上，给出试错空间和耐心。

只投不受周期性羁绊的行业

根据今日资本公开的投资企业名单，目前共计16家，其中有9家属于传统企业。而在当今的环境下，传统型企业都处在转型与升级的两难中，那么，被今日资本所投资的这类企业到底具有什么样的优势？另外，从资本的角度，中国传统型企业如何反周期运营？

徐新：今日资本投资的产业主要集中在零售、消费和互联网行业。除互联网之外，在选择传统行业中，我们为什么要定位在零售和消费行业呢？

我们主要考虑到，在经济周期中，对比钢铁、机械等行业来说，零售和消费行业相对比较稳定，受环境影响比较小，即使经济再如何不好，人们的生活消费需求总是硬性存在。因此，在我们投资的企业中，就有益丰大药房、都市丽人、相宜本草这样的企业。也许他们不能像互联网企业那样一飞冲天，但每年30%以上规模性增长，符合我们的投资要求。

当然，零售、消费企业遇到了成长瓶颈，一方面是房租到期时都有30%～40%的疯长，一方面是人工成本与销售收入的占比每年以0.5%～1%持续增长，两方面的增长直接吞噬了利润。作为利益关系者的资本方，我们和这些企业必须同谋划策。我们并不认为这些企业应该完全通过提价将成本转移给消费者，因为我们之所以投资他们的初衷，就是看中他们有做大的潜力，而提价就会让他们从大众变成小众，对自己不利，做大的机会也会减少。

解决方案是什么？第一，加品类，延长产品线，让客流次数和消费选择增多；第二，做会员服务，增加老客户回流，在服务和促销模式上，最到极致。

请举一个案例，解释一下传统型企业如何适应当下环境的变化，以及如何做出具体的改变？

徐新：以真功夫为例，尽管由于公司创始人家族纠纷，我们最终在年初选择了退出，但要肯定的是，这家公司的商业与管理模式正进入一种更加可复制可做大的机制中。

此前，真功夫同样遇到房租和人工的成本困境。经分析，我们认为，除了房租不可回避之外，能否先从人工成本中想办法？

关于破解人工成本问题，其实真功夫只要移植麦当劳模式就可以。麦当劳模式很简单，就是使用小时工。但对于真功夫来说，使用小时工却是对原有管理模式的革命。一开始，很多店长提出反对，理由就是，“平常忙得腿都断了，你还给我们减少固定人手？”

于是，公司就对岗位和时间流程做分析，结果发现，真正忙的时段，也就中晚餐时间，其他时间都是空余的。空余时间，正是节约人工成本的关键点。

我们选择了一家门店来试点小时工制度，这个店的经理是我们从麦当劳挖来的，他对于使用小时工本来就得心应手，结果发现，该店的人工占比销售收入节约了2%，这也就意味着该店的月利润多出2%。推演一下，如果真功夫遍布全国的门店都执行小时工制度，公司的总利润也就增加2%。之后，我们从广东市场开始，然后推到全国门店。

对于真功夫来说，使用小时工就是管理创新，而这种创新来自麦当劳的经验。其实，其他的中国企业也可像真功夫那样，借鉴海外优秀企业的做法，国外企业在商业社会上的经验比我们更丰富，他们经历的大周期比我们更多，逼迫他们不断创出新的管理模式。因此，我们不必浪费时间和精力，先拿别人的经验来用就行。

投资退出，先“养好”企业

风投，一直给人的印象是暴利，只要是原始投资，上市之后，套利往往是五倍、十倍，甚至更多，去年年底，居然有800多家公司准备IPO，不过在严肃审核机制下，很多公司最后不得不放弃上市，这是不是意味着风投暴利时代已经不再？

徐新：经济过热的时候，就是水涨船高，对投资人来说，主要是选对好的项目，将企业做大上市后，一定会有数倍收益，另外，市场上也有充沛的流动性，一个企业上市，很容易获得投资者的兴趣。因此，作为原始投资者，一方面很容易获得原始私募，另一方面又容易在被投资企业上市后，获得高收益的回报。但经济下行之后，风投原有的优势反而变成劣势，私募变得困难，而投资的企业，要顺利通过IPO会遇到更严的审查，即使上市，跌破发行价也有可能。

不过，从欧美历史经验看，市场总存在一个“二八定律”，就是20％的机构会获得80％的利益，80％的机构只能赚取20％的利益，且充满竞争。

在追踪PE/VC行业今年截至4月份之前的投资案例和金额后发现，除前两个月下降之外，3～4月呈现了项目和投资双增的趋势。那么，一边是获利减少，一边是项目和投资增加，这是否说明，PE/VC行业开始进入理性时代？

徐新：尽管赚钱不像以前那么容易，但PE/VC机构还是会继续投资，只是投资风险比以前更大，因为钱太多，价格更贵了。3～4 月呈现的这波投资小高潮，主要集中在那些具有高成长潜力的 TMT（Technology，Media，Telecom：科技、媒体和通信）领域。

至于是否进入投资理性时代，我想先不用这样定义，拿欧美经验来看，欧美的投资机构能“抓到”一个有 10%以上增长速度的企业，就已把它当宝贝了，而在中国呢？这样的企业，投资机构根本不看，因为在中国即使一个企业增长是 20%，也未必中意。但在新的形势下，投资机构可猎取的对象机会越来越少，因此下一轮的趋势，很可能对那些 20%左右增长的企业有所青睐了。

在前四个月中，披露的 PE/VC 退出事件仅发生在 1 月，有三笔，且都是并购性退出，但一般来说，并购性退出不如上市后退出获得的回报更大，这是否说明 PE/VC 的回报渠道空间在缩小？

徐新：一方面是新股未开，有些投资机构等不及了，就趁并购机会获利退出，至于回报多少，各有各的利益点，但我想，和一般上市后退出，总有所区别。

另一方面，从今日资本的角度，我们认为，不是所有被我们投资的企业都要遵循上市这一路径；根据我们以往的经验，大部分会上市，小部分则通过其他方法退出。如果一味鼓动企业上市，情况会怎样？企业就会短视，冲业绩，即使上市，业绩一旦下滑，股票下跌，对员工的士气、管理层的心态都有负面影响。因此，我们更在乎投资一家伟大的企业，帮助企业家打造行业第一品牌，把企业的管理“养好”，业绩实现稳定后，再考虑自己以什么样的方式退出。我们今日资本并不希望企业过早上市，我们愿意长期持有我们所投的企业，真正享受复利增长带来的回报。

用协议压缩企业家婚变空间

作为巴菲特的信徒，您一直认同巴菲特的“大家贪婪的时候你要恐惧，大家恐惧的时候你要贪婪”这句话，按照这个理念，现在应该就是大家恐惧的时候，那么，今日资本除了已有的16家企业投资之外，有没有最新的“贪婪计划”？

徐新：的确，我信奉这句话。今日资本也曾有过18个月没有任何一笔对外投资的事，不过我们去年下手就很快，投了六家企业，其中两笔是对已有的蚂蜂窝旅游网、良品铺子进行的投资追加，另四笔是新的，包括翠华餐厅、大众点评网，以及目前暂不能透露的两家餐饮企业。

被今日资本投资过的企业都很吸引大众眼球。比如出现创始人婚变的土豆网、赶集网、真功夫，以及在B2C领域经常采取“雷霆行动”的京东等，而这些企业的命运又和今日资本休戚相关，问题是，作为资本方，如何身在其中，同时又能维系资本利益？

徐新：婚变是这些中国企业的一个特色，不幸的是，有三家发生在我的投资中。尽管我们投资企业的时候，也考察企业创始人，但主要集中在创始人的敬业、品格、勇气、智慧等环节上，很少去考虑他的婚姻状况，而私人生活上，我们又无法用协议进行限制。

得到教训之后，我们对被投资者就会有婚姻状态的考察，比如要约谈创始人的太太、子女、下属及周边的社会关系人，以掌握他的婚姻状况，避免未来有损企业发展和股权利益的行为。另外，我们要求创始人获得我们资金后，要求企业业务集中、成长速度和管理变革，促使这些企业主只能把精力集中在企业。

至于京东，很多人会问，它什么时候上市？我对刘强东说过，我们不会催你，只要求继续压制竞争对手，保持行业第一（垂直型B2C排名）的速度。我当时投资他的时候，就是看中他具有一个优秀企业家具备的“杀手直觉”，他能看到别人看不到的市场，还敢做敢斗。在每次注资的时候，我都会问，“你将如何保持行业30%以上的市场份额，如何保证领先于两倍行业第二名的成长速度？”只要他继续做到，我们的投资就是正确的，且未来的收益也有保证。总之，京东现在需要的是时间。

IDG 资本合伙人章苏阳：要赌就赌“黑天鹅”

IDG 技术创业投资基金（简称 IDGVC Partners，原太平洋技术创业投资公司）于 1989 年 11 月在北京进行了第一个试验项目的风险投资。在此基础上，1993 年开始大规模进入中国市场，并在各地设立了自己的风险投资管理公司。IDG 资本重点关注消费品、连锁服务、互联网及无线应用、新媒体、教育、医疗健康、新能源、先进制造等领域的拥有一流品牌的领先企业，覆盖初创期、成长期、成熟期、Pre-IPO 各个阶段，投资规模从上百万美元到上千万美元不等。作为第一批 IDG 合伙人和 PE/VC 界知名人物的章苏阳，曾主投过携程、如家、好耶、易趣、物美电子等公司。

章苏阳说过，尽管他领导 IDG 曾经成功投资了携程、如家、好耶等公司，并使他戴上 PE/VC 界明星的光环，但实际上还有更多失败的投资案例是鲜为人知的。

章苏阳 1994 年加入 IDG 的时候，彼时的中国还很少人听说过风险投资。直到 1998 年，被誉为“中国风险投资之父”的成思危在全国政协九届一次会议上，提交了一份《关于尽快发展我国风险投资事业的提案》后，中国人才知道，原来风险投资可以帮助中国经济建设。相比之下，章苏阳已提前四年积累了实战经验。

2006年，中国进入了第一波风险投资高峰期。该年创业投资机构累计投资项目4 592个，其中属于高技术企业的投资项目达到了2 601项，占项目总数的57%，累计的投资额达到了410亿元，其中向高新企业投资的占215.9亿元，约占总投资的53%。最早介入风险投资的IDG，更在当年摘得“年度中国最佳创业投资机构”的桂冠，而章苏阳带领IDG主投过携程、如家、好耶、易趣、物美电子等明星公司的成功个案，为IDG赢得了掌声，同时使无数的创业公司，把和IDG资本的结盟视为一种荣誉。

但是，随着这波风险投资热潮的翻滚，让更多的中外投资机构，甚至以个人为单位的天使投资，加入到风险投资领域，这使得风险投资的追猎对象——创业公司，变得弥足珍贵。

2013年，熟谙风险投资和创业企业两界的唯众传媒创始人杨晖，为制造财经娱乐效果，推出一档《爱拼才会赢》创业真人秀电视节目，旨在搭桥投资人和创业者的融资关系。作为杨晖的朋友，章苏阳以个人名义参加节目，他试图要为IDG寻找到一个“黑天鹅”那样的投资对象。

新疆香都酒业会成为中国的波尔多酒庄吗？这是章苏阳在《爱拼才会赢》中，给这家公司62岁的创始人李瑞琴8 000万投资意向之后，问自己的问题。事后，章苏阳在接受我的拜访中，这样表示：“新疆香都酒业位于中国乃至全球最好的葡萄园种植地带，并且有4万亩无负债经营的葡萄种植园，谁知道这家企业在今后5～10年内会爆发出怎样的潜力？”

但是，假如除去《爱拼才会赢》里做秀的场面，还有很多中小企业的老板没有获得资本的青睐。这反映了企业界与投资界之间的两难：一方面是企业寻找融资的艰难，另一方面是拽着大把现钞的资本方，却也苦于好项目难找。为此，作为中国第一批投资人的章苏阳，又将如何分析？

快死的企业，不必救

大家普遍都想谈一谈有关产业升级的问题。在和中小企业当面沟通的时候，很多企业家会问我：究竟自己怎么转型和升级，才能吸引到投资公司的注意？

章苏阳： 我们现在谈产业结构调整，或升级换代，都无非落实到三个问题：一是偏技术创新的，二是业务模式型的，三是产品升级的。

什么是技术性问题？就是技术的创新，来牵引产业发展，比如英特尔公司，老是要你每年换新电脑。从最高端的科技领域来说，航天、潜艇、航空母舰上，我们都有自己的研发科技能力，并且能够引导一些产业发展，但以商业领域来说，依靠一个纯粹的技术引发产业发展，我们一直做得不太好，我们扮演的角色基本都是跟随者，而且这种趋势，仍将持续很长一段时期。

业务模式创新型，它主要以一种创新的商业模式来使用户有一种更好更新的体会，现在大部分的互联网公司属于这一类，比如大家在电商买东西更方便了，在携程上订酒店更方便了，在百度上找信息更方便了，腾讯的微信使大家联系更方便了，当然这里面也需要一些技术性强的，总的来说还是属于业务模式创新型。

尽管，我们在多个领域中，原创的技术和产品比以前增多，但从颠覆性角度来说，至今在各行业中并没有出现耳目一新的变革，因此，目前阶段，我认为既然是做跟随者，就把跟随者的角色做好，争取不掉队，并且将借鉴和模仿做到极致，就是成绩。

至于产品升级，我认为，这是传统型企业在产业调整，或升级换代中最容易做到的事情。很多人会认为，说得轻松，做起来很难，其实你只要细想一下，你会同意我的观点。

以一家靠业务模式创新的互联网企业和一家传统型制造企业相比，你会认为谁的产业升级困难最大？互联网企业假如没有与时俱进的新技术变革，它的日子一定比传统型制造企业更难过，而后者在产业调整或升级换代上，只是思维突破的问题。

举一个做针的例子。日本企业可以将针的毛刺做到最低程度，我们中国企业要竞争，就很简单，学习日本企业，也把毛刺降到最低，甚至超过日本人，这个时候，中国的企业就完成了升级换代。从这个意思上，我认为，传统型企业转型与升级的目标，远比纯靠技术驱动的技术型企业更明确，就是找行业里最优秀的企业，学习并超越。这样的企业，不用找风投，风投也会盯上你，因为做到行业质量第一的企业，就有机会做到品牌第一、市场第一。

产业调整以及升级换代中，我们每次都会纠结于这样的两难：既然有变革，就会有行业洗牌，就会有企业死亡，但为什么我们总是担忧企业死亡，甚至要求不让企业死亡？

章苏阳：企业发展就如人类物种进程一样，也有优胜劣汰，适者生存是大自然的规律，我就奇怪，为什么不适应环境、不适应变革的企业就不能死？

我们总会悲天悯人，认为企业死亡会影响经济环境，对业界造成不良情绪，这样的观点是错误的，因为经济活动本身就有一定残酷性，试问，产能化要不要去除？粗放型生产模式要不要调整？我们现在很多领域的生产能力大大超过需求，比如水泥、玻璃、钢铁行业等，除医疗、公共事业之外，很多领域中的粗放型企业都需要面临关停并转，无法有效实施调整和升级的，就应该让它自然淘汰，死一个，可能救活五家，如果救它，最后的结局就是，大家都面临死亡。事实上，很少有快死的企业，救了它，还能挺下来，并最终成为伟大企业的，这样的例子，我没有见过。

我认为，一旦需求被刺激起来，企业优胜劣汰反而会加速。为什么？假定，我们学香港、澳门把钱贴给消费者，就会刺激消费者进行购买行为，他们知道谁家的产品好，谁家的产品不好，这样，在买方市场上，就会自动剔除缺乏竞争力的企业，而生产优质产品的企业就不会死。因此，无论从大环境角度，还是消费者的选择角度，企业生老病死是正常的事情，是符合市场规律的行为，只有优胜劣汰，才给整个行业提供生存空间，使得一个粗放型经济，最后走向精细化经济。

民间借贷，可不干涉

许多中小型企业，因为在银行融不到资，或贷不到钱，于是转向民间借贷，而民间借贷又存在大量的灰色操作。对此，这些企业又将怎么办？

章苏阳：相比向PE/VC融资，中小企业，尤其是民营中小企业要获得银行贷款，可能更难，因为在现阶段，信用担保仍然是很难的事情，但这些企业要生存和发展，怎么办？就只能采取非银行借款，其中包括民间借贷。

我个人觉得，除了具有欺骗性质的公众集资不被允许之外，企业间的互相借贷是正常的行为，为什么？

银行为什么不贷款给他们，因为无法证明接受贷款的企业，是否有能力还钱。而企业之间的贷款就不同，老板们彼此认识，知道对方企业的底细，以及还款能力，彼此是一种你情我愿的行为，即使他们之间出现了贷款纠纷，可以通过民事诉讼，去法院协调和解决。因此，对于民间借贷，不用强行干预，只要彼此的借钱是双方真实意志的表达，就可以不管。

最近三年，PE/VC行业平均投资回报呈现逐年递减的趋势。这是否说明，PE/VC的暴利时代已经过去？而且猎取好项目将越来越困难？

章苏阳：PE/VC行业的相对回报倍率这几年下降，有四个原因：

第一，PE/VC行业成立的基金太多，也就是钱太多，但好项目却少，因此所投资的项目就一定会涨价，供需关系决定，由此，PE/VC的投资成本就高，回报率就会下降；第二，投资基金有一定时间要求，有些基金的管理期限是五年以下，甚至更少，这就很麻烦，基金管理人必须在五年内投进和退出，但投资过程的每个环节都需要时间，从投资谈判、投钱、上市辅导期等都需要耗费时间，即使实现上市，股本大一点的都有锁定期，所以就要快速介入项目，而开出高价通常是一个能快速介入项目的有效做法，这样的话投入成本就高，相应的回报就会下来；第三，按照五年基金管理期，很多 PE/VC 投资 Pre-IPO（企业上市之前）项目，是最多的选择，但到了这阶段，投资成本就很高，影响到资本收益；第四，受整个世界经济前景的预期。

2013 年第一季度披露的 PE/VC 退出事件仅发生在 1 月（三笔），且都是并购性退出，为什么不再耐心等待 IPO 新的开闸？

章苏阳：一方面和 PE/VC 管理的基金期限有关；另一方面，并购性退出赚的钱，不见得比上市退出少。另外，以当前经济形势看，上市之后也有“破发”（股价跌破发行价）的风险，这对于投资人来说，是最不想看到的结果。

当然，假如所投资的企业，发生多起“破发”，投资人就应该检讨，是大势没有认清，是对市场没有认清，还是对这个企业没有看清？

不赌蓝海，只赌黑天鹅

只投“黑天鹅”企业，不投“蓝海”企业，这是你的投资原则，难道相比黑天鹅，蓝海型企业没有投资价值吗？而你早期成功投资过的携程，是黑天鹅还是蓝海型企业？

章苏阳：携程不是黑天鹅。携程通过互联网实现的订房订票模式，之前已有 500 家企业在做，携程的成功，是第一次把订房订票做成标准的产业，并因此设定了进入壁垒，另外，由梁建章、季琦、范敏、沈南鹏等精英架构成的斯巴达方阵式管理，很难有人打破它。

投资携程，的确是我值得骄傲的一次记录，很多人，说我当时的判断如何准确。其实，我在当年根本没有想那么复杂，我只是认为，这个模式在美国有了，中国没有，如果携程在中国能做成一个标准产业，就一定能成功。

至于找什么样的企业投资，我的确说过关于“黑天鹅”的概念，原话是这样的——不去赌蓝海，要赌就赌黑天鹅！这话怎么理解？

在我看来，没有什么蓝海，所谓现在讲的蓝海，是指不被大家发现的领域，这个是不存在的。如果说有什么蓝海，其实就是大家都认为不好，因为成功概率低，所以大家都不去，而黑天鹅呢？至少大家没有认为它不好，只不过，你无法预期它生出来的是黑的、白的。因此，我要找，一定会找大家都认为不容易遇见的黑天鹅，如果成功了，就是大成。所以要赌就要赌黑天鹅，而不是赌蓝海。

在我投资的案例上看，如家算有一点黑天鹅的性质，当时，它的经济型连锁酒店模式在中国没有，大部分投资公司没有投他，我们第一波参加了，后来事实证明我们的投资是正确的。

当然，我们不能对黑天鹅的要求太过苛刻，我的理解就是，任何一种技术或者模式，在海外被证明成功，但中国没有落地，就可以把它当做黑天鹅来培育。当然，如果是能找到阿里巴巴那样的纯黑天鹅项目更好。

在选择被投资对象时，你认为一个值得你注意的人和企业，到底应该具备什么样的条件？

章苏阳：必须整天想着做大。比如说江南春、马云这样的企业家，他们整天都想着做大，且到了如今地步，他们还在努力让自己做到绝对的领军。

细化到选择标准时，看四个要素，第一，看他是否是一个坚守商业底线的人？在国内的商业诚信，还没有达到国际发达国家的水平下，他是不是一个能够做到遵守商业基本规则的人，如果对签下来的规则、合约，都能不折不扣地履行，他至少就是一个守信用的人，就有机会把企业做得更完善。第二，必须是一个负责任的人。表现在哪里？首先对自己客户负责任；其次必须始终不忘对股东的承诺和责任；最后，必须对员工负责。只有为员工负责的老板，才能让员工为他的企业做出更大的贡献。

一个老板做到以上三点，也就意味着做到了第四点：为社会尽责。所以，这样的企业家会让投资人放心把钱交到他的手上。

IDG共投了200多家公司。从行业来看，主要集中在科技与互联网、消费产品及服务、技术服务与资源、环保与新能源等领域。这些企业最初在业界名声不大，是否因为IDG资本的投资才一举成名？投资之后，IDG资本对他的最大帮助是什么？

章苏阳：投资人不是神，他改变不了一个企业的最终结果，投资人扮演的是给资金、输送人才和管理的辅导性作用。大部分的情况是，在投资人投资的那一点开始，这个企业最后成功与否的75%已经定了，能改变的只有25%。在这个25%里面，再花力气也于事无补。

当然，获得一个知名PE/VC的投资，有助于企业声誉，更有助于企业下一轮融资，或上市与兼并，因为别人相对会信任你。

在《爱拼才会赢》创业真人秀电视节目上，你公开宣布对新疆香都酒业有限公司8 000万融资意向，你为何选择这家企业？这家企业有何成长动力？

章苏阳：参加这档节目，也是希望能找到合适的投资对象。我之所以选择新疆香都酒业有限公司作为投资意向的对象，有这样两个原因：首先，这家企业创始人李瑞琴曾经创过业，并致富过，因此她知道创业的艰辛，并且有商业上的智慧；其次，她现在拥有的4万亩葡萄种植园土地，没有任何负债，有资源上的优势。

在选择李瑞琴期间，我特意评估了她的企业价值。第一，世界葡萄酒的产区主要分布于北纬的30°～52°和南纬的15°～42°，这些地区也被称为葡萄酒带(Wine Belt)，而香都酒业所在的位置恰恰处于这个地带，有得天独厚的地理优势；第二，近年来，中国小型葡萄酒厂市场增速都在50%，以邻近香都酒业的莫高窟葡萄酒厂为例，去年就做了3亿多销售额，PE估值（市盈率）就在49倍，高过多数上市的葡萄酒大企业，因此，香都酒业具有很高的投资回报可能。

沪江网首席执行官伏彩瑞：在线学习的革命

沪江网属典型的大学生创业企业，由伏彩瑞创建于2001年8月，最初是致力于提供在线英语学习交流、相关资讯和服务的外语网络学习平台，后逐渐扩展为包括日语、韩语、法语、西班牙语等的多语种学习平台。经过十多年互联网语言学习技术的挖掘、创新，以及商业服务模式的深度探索，如今已成为中国最大外语网站，并拥有8 000万用户，下辖包括开心词场、沪江网校、听力酷和CCTalk等多元服务产品。

新东方的俞敏洪还是晚了一步。

时间倒退到12年前的2001年，就在俞敏洪领导新东方在线下如火如荼的时候，一支并非出身于传统教育的互联网力量正悄然问世，其中包括沪江网和YY教育等。如今，俞敏洪将线下教育上升到云端的时候，他突然发现以沪江网等为代表的在线教育公司，已在商业模式和盈利模式上完成了多轮转型，而自己却需要在这个领域重新寻找竞争力。

再有3～5年，新东方还会是教育市场的老大吗？沪江网的创始人、首席执行官伏彩瑞并不想臆测，但其领导的公司已用数据说出了自己的地位：以独立IP为基准，沪江网现有浏览人群是2亿，年收入超2亿，市值达50亿，成为中国最大的外语网站。低调的沪江网现在只缺上市，给自己扬名。

顾名思义，在线教育必须同时具备互联网和教育两大基因，这首先要体现在公司创始人和管理者的身上。从这个视点上看，沪江网面对很大“争议”，该公司三位联合创始人和两位高层职业经理人，尽管不乏互联网基因，但都没有像新东方的俞敏洪团队那样，出身教育系统。这就引发了一个思考：在线教育的玩家，究竟是传统教育的人来做，还是让互联网的“野蛮人”来做？

如果仅看到沪江网五位高层的非教育出身，容易形成一个悖论，就是互联网的“野蛮人”能够做成在线教育事业，而传统教育体系里的人不行。但真实情况并非如此，原因有三：一、教育应该属于公众，不应被传统教育垄断；二、互联网时代，学习方式到了颠覆时刻；三、从事在线教育的玩家，有企业家精神，并能整合资源。

以上是沪江网成长的三个奥秘。前两条中，一个是破垄断，一个是学习者的行为变化趋势，而最后一条是沪江网五位高层做事业的态度。伏彩瑞等人创办沪江网的时候只有8万元的借款，并经历过财务危机，再到每人拿最低工资，并通过一次次试错，终于成为一家如今年收入超2亿、市值达50亿的在线教育公司，其创业并非一蹴而就。

虽然可以用“从互联网入口杀入教育市场”来总结沪江网过去的运行轨迹，但沪江网究竟如何“杀入”才是关键。沪江网究竟如何做大，伏彩瑞曾经这样告诉我——沪江网就是一个崇尚快乐学习的乐园，学习就是玩，在玩中学习。如果从商业模式角度，可以用“C2C+B2C+B2B2C”这样的混合模式，来总结沪江网的运营逻辑，这听起来像阿里巴巴及其淘宝，不同的是，沪江网将之运用于外语学习。但伏彩瑞表示，他没有参照马云，只是和阿里巴巴殊途同归。

很难想象，2001年，伏彩瑞以上海理工大学英语专业大三学生的身份，为了和同学们获得一个低成本的英语学习环境，在网上创办的一个外语学习BBS论坛，会在日后孵化出一家实体公司，而且还能攀上中国第一外语网站的宝座。也许，这就是互联网思维及其制造的传奇。

商业模式混搭

和其他类别的互联网公司一样，在线教育的进入者很多都是出自非传统教育系统的“草根”，沪江网的团队也是如此。这就引发一个思考：在线教育的玩家，究竟是传统教育的人来做，还是让互联网的“野蛮人”来做？

伏彩瑞：很多互联网公司都是基于一个传统产业，然后用一种互联网创新模式进行重置，相对来说，产业本身不可能产生变化，只是用了一种互联网手段，对产业进行了升级和再造。比如电商，产业就是零售，只是互联网把传统零售中不能解决的价格透明度、价格地区差异和快速送达的痛点给解决了。从在线教育来说，解决的就是传统教育资源不平衡这个痛点。

沪江网的初期创始人中，包括我、于杰和唐小浙，我们分别毕业于上海理工大学、复旦大学和中山大学，尽管我是英语语言学硕士，但其他两人既不是外语专业，也没有在传统教育机构有过履历，后来我们又来了两位空降的副总裁徐华和常智韬，前者是自媒体“歪叔的教育铁匠铺”创立者，后者是来自东方出版中心的媒体人，也均非出自教育体系。

我们五个人“杀入”教育市场，的确让很多传统教育系统的人感到沮丧，但从创新角度，一个行业的颠覆行动，经常是被外部先打破，然后才慢慢演变成自身的变革。如果仅看我们的非教育出身，很容易形成一个悖论，就是互联网的“野蛮人”能够做成在线教育事业，而传统教育体系里的人不行。但真实情况并非如此，原因有以下三项：

一、教育应该属于公众，不应被传统教育垄断；二、互联网时代，学习方式到了颠覆时刻；三、从事在线教育的玩家，只要有企业家精神，就能整合资源。

可以说，上述是沪江网成长的三个奥秘。前两条中，一个是破垄断，一个是学习者的行为变化趋势，而最后一条是我们做事业的态度。我们创业的资金曾经只有 8 万元，而且是来自借款，其后又经历过财务危机，再到每人拿过最低工资，最后，通过一次次试错，才终于有了今天稳定的事业。

沪江网的今天，和当初 BBS 社区时代有莫大关联。但从 BBS 社区上升为公司实体，甚至做大，除了沪江网之外，BBS 社区没有一家能做到，那么沪江网成功的路径是什么？

伏彩瑞：这是对我过去一段甜蜜而有些苦中作乐的生活的回忆。2001 年，我还在上海理工大学英语系读大三，虽然学的是英语，但真要把英语学得很好，需要一个英语环境和更好的学习资源，但我们是没有收入的学生，不可能像外部职业白领一样，去消费英语，于是我和几个同学想到了办一个校内 BBS 论坛，希望通过分享大家的英语学习心得，交换各自的经验。这个网上论坛就建立在我的宿舍里，名称就以母校上海理工大学原校名“沪江”为名。

设立网站最初，没有想过什么商业模式，它只是一个供学生交流外语的社区。但是，为维系网站运营，我一方面自学网页设计，另一方面采取了打工贴补的方式，当时上海宝钢和上海大众汽车公司历史上的第一版网页，其实就是我做的。

2005 年，我研究生毕业后，没有和多数同学那样去找工作，而是选择自行创业。这个创业项目，就是做大“沪江网”，把这个网站进行正式的公司化运营。

当时，我的手上只有 8 万借款。这笔钱，被我全部用到了公司在小区办公的租金、电脑配置和基本开销上。由于仍沿用免费模式，沪江网随时面临资金链断裂的威胁。

幸运的是，我们惊险地跳过了初次危机。由于沪江网实际延续了五年，累积的用户当时已有 20 万之多，因此引来了一笔客户的广告。至于这笔广告费是多少、广告主是谁，我现在已想不起来。不过，我知道客户是冲着沪江网内容而投的广告，因此从这一次开始，我懂得内容为王是我们生存的根基。

2007 年，沪江网引来第三次发展。苏州工业园向我们给出 100 万美元的风投。这笔钱给我们这样的学生型公司，打了一针鸡血。由此，我们进入了转型，就是梳理了企业自身资源，哪些是免费的、哪些是赢利的，进行了系统划分。此后，在潜心实施基础工作三年后，沪江网进入了滚雪球的增长通道。

互联网企业的优势和特点就在商业模式，从沪江网运营角度，出现了“C2C+B2C+B2B2C”这样的混合模式，相比其他互联网企业，为什么沪江网的商业模式出现这样的复杂局面？

伏彩瑞：其实把“C2C+B2C+B2B2C”商业模式链分拆开来，一点都不复杂，它形成于沪江网的各个阶段，是自然发展的结果，不是我们有意为之。

先看C2C模式。这是由早期的BBS演化成今天的SNS（social networking service，专指帮助人们建立社会性网络的互联网应用服务。）部落频道，实际上，我们不仅保留了过去BBS的社区功能，而且增加了一种商业孵化的功能。比如，在汇集了无数的用户和注册会员的社区里，有很多人不仅交流外语学习心得，也会自发上传课件，供社区讨论。我们发现的商机是：第一，挖掘优质的课件，签约作者，然后注入沪江网外语内容频道；第二，发现优秀的外语讲师，和其签约，使其成为沪江网指定作者。因此，SNS部落频道不单纯是一个免费社区，而且补充了沪江网的课件和师资。

并不赚钱的C2C模式，以签约方式，通过网站平台的内容转化后，成为我们在B2C+B2B2C模式上的盈利卖点。

再看B2C和B2B2C模式，在沪江网门户上，有多达九种语种的频道，这些语种的学习产品，分别由网店、团购和网校三种形式分列。其中的网店产品，由语言学习包、语言学习卡、语言学习书本等软硬件产品组成，这些产品均来自我们团队的研发或者外部采购，形式是B2C；团购，主要针对企业购买。伏彩瑞表示，在设置产品方面，我们用“打包”的方式，将语言学习内容根据企业需求进行设置、定价。但是，在产品供给上，我们采取的是自行研发，采购或与外部第三方合作的形式，即B2C+B2B2C。

上述三种商业模式彼此交叉，形成了沪江网的阿里巴巴系。SNS部落频道之于淘宝，网店和网校之于淘宝商城，而团购之于阿里巴巴。

盈利是硬道理

很多互联网公司一谈到盈利模式，几乎都采取回避的态度，只愿意谈做客户体验或者流量，但作为一个企业来讲，天职就是要盈利，沪江网是否实现盈利？另外，从收入结构角度看，沪江网的盈利来源主要通过网站和网校两种形式创造的。这两种收费模式具体如何通过整条“C2C＋B2C＋B2B2C”混合模式链实现？

伏彩瑞：盈利问题，在沪江网早已经不是什么问题。可以说，从我决定做公司运营沪江网开始，就一直在思考一切盈利的方式。除了做网站吸收广告资源之外，我们还曾经探索做外语社，给人做翻译，后来利用网站流量，通过B2C方式，在网上销售有形的外语书籍、影像资料，甚至还卖过化妆品。这一切都是为了赚钱养活网站正常运营。一直到苏州工业园向我们给出100万美元的风投后，我们不再做这些“不务正业”的业务，而将注意力继续调回到外语服务，现在我们的收入90％以上都来源于外语服务主业。

的确，从主要盈利模式上说，我们通过网站和网校两种形式创造收益，但里面却有我们的商业创新。先谈网站收益结构，就存在四条循环线。

第一条收益循环是，内置交易平台，收取“C2C＋B2C＋B2B2C”费用。C2C收入，主要通过内置的“内容合作平台”，让个人与个人的教学产品形成交易，然后从中提成；B2C收入，主要通过买断个人的学习课件，以及自创课件，形成学习产品并实现销售；B2B2C收入，主要通过第三方课件在沪江网上形成销售后，进行提成。

第二条收益循环是，将社区交流转移到移动端，收取流量费用。BBS起家的沪江网，目前已拥有2亿用户，其最活跃的频道就是内置的社区频道，现在为适应移动互联网时代需求，沪江网将 PC 社区同步平移到移动端，这样一来，沪江网就为自己创造了与移动运营商就流量收取的费用进行的利益分成。

第三条收益循环是，平台开放，向第三方收取提成。通过网站链接引发的销售，向第三方收取佣金是沪江网的一个盈利点，也是目前准备加大力度的战略倾斜。目前阶段，和 300 多家第三方处于单一的利益关系，还没有完全整合化，但沪江网为有效管控，推出了类似大众点评网的点评模式，鼓励用户发表意见，然后通过意见数据分析，为自己下一步的产品内容合作、扩大利益点做好准备。

第四条收益循环是，网站的广告收益。沪江网发轫于早期的 BBS，经过 13 年的沉淀，积累了 2 亿学习用户，由于其目标人群精准，使得大量教育机构、教育产品公司在沪江网持续投入广告。

网校模式又是如何？为什么会成为当下在线教育行业的主要盈利模式？

伏彩瑞：现在回头来看，如果没有当初 100 万美元的风投，我们可能早就倒在沙滩上，而如果没有可持续的盈利，烧光 100 万美元后，也可以失败。我始终认为不论自己是否是做一家互联网企业，还是其他类型的企业，持续盈利是生存的基础。

网校模式就是我们找到的一种盈利生存方式。说实话，至少在外语在线教育行业，我们是第一家搞网校模式的公司。这是一个很有意思的学习方式，我们一直认为，学习应该是轻松的，同时还必须有一个环境，这样的体验，线下是很容易实现的，但线上能否也有这种感受？于是，我们设计了一个网校模式，里面有一起学习的在线学员，我们把他们分成虚拟的班级，他们也可以互动和交流，这样一来，学习者就有了一个学习的氛围。我们创建的这种模式，后来在行业中也得到了普及，成为一种固化的学习方式。他们发现，这种模式可以提高学习者的体验感，同时也可以挖掘到各种商业赢利点。

而沪江网的网校模式怎么用来盈利呢？从我们的经验角度，主要有两种方法。

首先是“沪江学币”。它是一种有价虚拟货币，和实际货币是1∶1关系，主要用来兑换网络课程，同时还可以在沪江网电商频道中购买书籍、学习用品、在线测试等。

其次是“VIP”课程。尽管沪江网坚持用户用最低的成本学习这个理念不变，但为适应另外一部分学子更高的需求，我们也推出一些收费相对高一些的个性化VIP课程。不过，这些VIP课程采取适当高于普通网络课程，但是低于同类面授课程的定价策略。

经营走向众筹

前面提及沪江网网站盈利模式中，还存在向第三方收取提成的收益循环链，这是否意味着沪江网的外语服务平台，实际上还是一个开放平台？

伏彩瑞：我们的战略目标经历过两个阶段，先是要做成中国最大的英语学习网站，但很快就实现了，后来发现很多人有学习第二外语的需求，于是我们陆续开通了法语、俄语、意大利语、日语、韩语以及其他小语种的学习课程，接着我们提出要做成一个集多语种的中国最大外语学习网站，这个目标现在也实现了，那么我们就需要寻找下一个目标。

在具体运营中，我们发现尽管我们不断投入、再生产，总是永远无法满足所有学子的需求，而且有些基础课件、课程，部分在细分领域中的竞争对手已经做得足够好，我们没有必要重复再生产，去消耗社会资源，于是我们想到了开放平台，让有一技之长的在线学习网站都入驻我们的平台。这样做的好处是，彼此共享流量、学习资源，同时在商业利益点上，只要在我们网站上产生的盈利，彼此按照协议提成，我们通过贡献流量和业务流水单，形成赢利点，而这些第三方合作者，可以通过外部流量，同时收获学习订单。

我可以预见，今后所有在线学习网站，都不会只做独立平台，一定会走向开放平台。既然是这样，沪江网就更应该早点开放，率先做成一个集综合教育资源的开放教育平台。

但是，目前和第三方合作只是刚刚开始，同行之间还存在一定试探性合作，因此我们第一步是在自己的网站上进行了上下两个区域的分设，上面是沪江网自有的学习内容和频道，底部是包括新东方、学大教育、作文网等的第三方资源链接，我们把这些第三方统称为“友情链接”。但是，随着今后大家对合作的理解和创新合作，我希望大家把社会资源完全众筹化。我们正在思考对目前300多家第三方进行内容整合，未来不再区别自产内容和外部内容，但现在需要时间准备。

通过开放平台和第三方合作方式，整合社会资源，有一个动听的商业词汇叫作竞合，但实际上没有几家能真正做到竞合。现在，沪江网把平台拿出来和第三方合作，真能解决彼此的利益冲突吗？

伏彩瑞：尽管我们提出，也做了开放平台和第三方合作的行动，但并非高枕无忧。所谓竞合一定是有竞争，也有合作。那么在我们平台上，是否竞争呢？当然有的，如果其中有一家在我们平台上生意特别好，那就说明他很成功，但我们既不会利用自己平台放下身份去拆他的台，也不会刻意提高提成比率，我们只会向他学习，这就带来了竞争，就看我们能不能在自己的平台上找来竞争对手，看看自己是否有能力超越他。

现在是市场最好的时候，也是最坏的时候。在线教育市场集中爆发的时间点是2012年之后，从两年前不足50家企业，现在已猛增至2 000多家。为了夺取用户，各在线教育公司都在宣称自己的优势，但盈利能力始终是检验公司乃至行业价值的硬道理。作为在线教育行业第一批创业的沪江网，我们认为，在线教育现在还处于起步阶段，远没有达到成熟阶段，其中会涌现各种商业创业和学习服务模式，而沪江网要想做大做强，最需要向对手学习，因此，我们通过开放自有平台，本身的目的是学习他人的经验，至于利益冲突，只要有商业存在，就会无处不在，但不能因为这个原因而因噎废食。

拍拍贷首席执行官张俊：天下没有难借的钱

拍拍贷网贷，由张俊及其团队成立于2007年8月，是中国第一家P2P（peer to peer lending，个人对个人的借贷）纯信用无担保网络借贷平台。2012年10月，拍拍贷成为业内首家获得融资的网贷平台。该平台成立之初，就定位于用先进的理念和创新的技术建立一个安全、高效、诚信、透明的互联网金融平台，并规范个人借贷行为，让借入者改善生产生活，让借出者增加投资渠道。拍拍贷影响了当下中国互联网金融，尤其是P2P行业的迅猛发展。

作为穆罕默德·尤努斯（Muhammad Yunus，2006年度诺贝尔和平奖得主，其在1983年创建了格莱珉［Grameen Bank］银行，通过无抵押的小额信贷业务和一系列的金融创新机制，不仅创造利润，还使扶贫者与被扶贫者达到双赢）的中国门徒，张俊在2007年8月带领原交通大学的同学和校友，创办了中国第一家P2P网贷平台。也正是从这一年开始，中国的互联网金融有了一个全新的创新模式。

P2P网贷之所以能在中国崛起，有其重要的背景。首先，表面上是个人对个人的借贷，但实际上，这些借贷的个人中，有很大一部分属于微企业主，而他们如果向银行借贷，因为缺乏抵押资产，很难筹到借款；其次，由于中国的金融市场还没有完全开放和成熟，导致民间融资盛行，而正由于缺乏监管、有效秩序和风险管控，使得民间借贷长期处于阴暗地带，并且触及法律边界。P2P出现之后，解决了民间借贷的两大痛点：第一，用个人信用取代传统金融机构规定的资产抵押，并获得贷款；第二，民间借贷逐步阳光化。

由张俊等人发起的P2P互联网金融，其本意是做一场普惠金融，但正如《资本论》中所指出的那样："如果有10%的利润，资本就保证到处被使用；有20%的利润，资本就活跃起来；有50%的利润，资本就铤而走险；为了100%的利润，资本就敢践踏一切人间法律；有300%的利润，资本就敢犯任何罪行，甚至冒绞首的危险。"当P2P网贷本身成为各路商业资本逐利对象之后，整个P2P网贷行业就变得良莠不齐，该行业出现之后，就接连不断爆出老板跑路、控制人被抓、群体事件、高利贷、吸储、变相理财等恶性事件，使得P2P网贷行业成为社会焦点。作为中国P2P网贷的开启者，由张俊领衔的拍拍贷又将何去何从？

2013年底，在一次和张俊喝咖啡聊天中，张俊告诉我，拍拍贷和其后兴起的众多P2P网贷公司的区别在于：尽管在采用纯信用网络借贷上，各家大致相同，但从诞生第一天开始，拍拍贷就不做任何担保，而只是利用互联网技术来解决借贷中出现的种种问题，而正是由于自己不做担保，拍拍贷需要做平台、人才、品牌等大量的基础建设，尽管耗时长且见效慢，但却是一条稳健和可以走得更远的路。

很显然，张俊及其团队并非冲着发财梦做P2P网贷，而是想做一家穆罕默德·尤努斯式的普惠金融。

张俊有写商业反思文章的习惯，在一篇文章中，他反思了拍拍贷创业后几年走过的路："拍拍贷仍然是，未来也将是简单的平台，我们不给社会添乱。我们相信，这种自我限制会让我们在更长的时间内有更好的发展。"实际上，自拍拍贷成立P2P网贷公司之后，竞争者就蜂拥而至，其中不乏平安系这样的传统金融大佬，而有些入行者则动机不明。无论是后台的资本比较，还是有些对手游击式的竞争，张俊及其团队都始终会面临一个选择：是快速追求流量规模，还是继续保持自己的小步节奏？

做纯净的P2P网贷

针对如今P2P网贷乱象问题，人为因素比市场竞争导致的问题更集中，而人为因素主要出在经营者身上，他们大多不具备互联网或金融背景，而缺失这两个基因的P2P网贷平台，不仅经营风险的控制能力低下，而且最容易出现财务黑洞或违规操作。那么，拍拍贷团队背景又是如何？

张俊：在第三方评估机构网贷之家，列出的行业权重60家P2P网贷平台中，我们是其中一家，而且排名靠前，这60家中不乏陆金所、红岭创投、温州贷等实力型公司，这些平台都或多或少有着互联网和金融的基因。

拍拍贷的团队包括我在内有四人，另三位分别是顾少丰、胡宏辉和李铁铮。我们不但都毕业于交通大学，而且每个人都有互联网和金融背景。相比竞争对手，拍拍贷团队的知识能力、驾驭运营的能力都具备更好条件。正是基于对我们团队背景的审核和认可，红杉资本早在2012年就向拍拍贷投出2 500万美元的风险资本，而拍拍贷也因此成为中国首家获得风投的P2P网贷平台。

在拍拍贷之前，民间金融一直处于暗处，并游走在道德和法律边缘，为什么你会想到要建立中国第一家P2P网贷平台，并使民间借贷合规化？

张俊：实际上，在2006年的时候，当时互联网领域掀起了一股视频网站的创业潮，我和团队也卷入这股潮流中，但下半年的时候，我和团队开始迷茫，我们陷入了反思，在我看来，任何商业要成功，首先必须给社会创造价值，其后才是收益，而我们就算把视频网站做得再好，但能给社会带来多大的价值呢？

我认为一个视频网站和社会价值无法产生关联。尽管视频在当时是有“钱途”的行业，但却非我们之所愿。我们这个团队的人，在别人看来，总有一些疯狂甚至愚蠢的公益想法。我们爱钱，却不以个人财富为第一目标。我们希望我们不是商人，虽然不得不先要做个成功的商人。

彷徨中，我看到了一篇有关孟加拉国的穆罕默德·尤努斯获得诺贝尔和平奖的报道。穆罕默德·尤努斯所做的普惠金融，专门给穷人贷款，但是在这个地球上最穷的国家的最穷的一群人，他们的偿还率竟然高达98.7%。中国的现实和孟加拉也有一些相似之处：有大量小微企业融资无门，而上亿的中产阶级手中有些闲钱却缺乏投资渠道。所有的点点滴滴，瞬间在我脑中连成了一条线——通过互联网做小额贷款。这样既可以帮助需要资金的人改善生活、改善经营、实现梦想，又可以帮助投资的人获得报酬，还可以让不诚信的人得到惩罚。受此启发，我决定转型，在中国也复制出一个"尤努斯模式"。它对我们团队的重要价值就是，一方面满足了我们做公益的想法，另一方面又能融合商业。

成立拍拍贷之始，就说自己矢志要做一个单纯而简单的网贷平台，这种淡薄的商业思维，是否过于乌托邦？

张俊：我有一个同学，大学期间我们曾一起创立过摇滚乐队。毕业后，大多数人选择进入大型企业，而他去德国做了程序员。多年后，他放弃移民回国。他不再写程序，他开始画画。

看到他的画时，我被震惊了。他的画很奇特，远看是水墨山水；但近看，每块石头、每棵小树、每朵浪花，都是用手工点绘的奇怪而精致的图案"组装"而成。不讲创意如何，单就创作这种画的过程，要耗费多少精力？我问他为什么用这样的作画方式？他说，我不是科班出身，无法几天就出一幅画。我的画，需要几个月甚至一年以上时间。

这和我们创立拍拍贷时的想法何其相似！拍拍贷的想法起于2006年底，运作于2007年。当时我就知道，拍拍贷的想法太早，可能不合时宜。但用长远的眼光看则不同。我们坚信互联网金融是一个大趋势。忍受寂寞，可以让我们更早更快地犯更多的错误，测试更多的可行性和不可行性。所以从一开始，我们就想把拍拍贷打造成一家与众不同的公司。我们不以短时间来规划，我们更专注于能够带来长期价值的事情。

事实上，2007 年到现在，在我们之后也诞生了很多 P2P 网贷平台，他们产生了很多热点动作，却大多已经消失了，但拍拍贷还在。很多人往往高估三年内的发展，却低估十年后的发展。我们希望拍拍贷成为一家伟大的公司，我们也希望拍拍贷传承尤努斯的理念，用创造长远价值的方式看待世界，规划我们的发展。

你说过，未来 95％的 P2P 网贷公司都会死，为什么？

张俊：原因无外乎两个：一个是监管的原因，另一个是自身经营的原因。

监管的四条红线包括：第一条，所有的 P2P 网贷必须回归信息中介的本质，你必须是一个提供信息撮合的这样一个角色，回到 P2P 网贷本身应该具有的样子；第二条，不得提供担保，平台不能负责提供担保，这一下又打了很多人；第三条，不能自己搞资金池，所谓资金池，就是先以固定的回报把投资者的钱收进来，然后我再放出去，这又打倒很多人；第四条，不能涉嫌非法集资，这个相对更宽泛了，那些介入到交易过程中的，都会有这样不合规的嫌疑。

基于上述原因，从我的角度理解，未来 70％的 P2P 网贷平台会因为监管被吃掉，可能剩下 20％会因为市场本身的机制淘汰掉。至于谁将是市场竞争的胜出者，一切尚待时间检验。

拍拍贷说自己不做担保，但你们却提供本金保障，这和担保有什么区别？

张俊：是的。但是，我们的本金保障跟担保有本质的区别，担保是对单个借款人的金额进行本金甚至本息的担保。也就是说，借款人 A 借钱，我作为投资人把钱借给他以后，假设这个人不还借款，所在的 P2P 平台必须要赔偿我。

拍拍贷的本金保障不是对单个用户进行担保，我们是对于投资者整个投资金额进行保障。比如说你出了 1 万块钱，或者 10 万块钱，在这里投资，我对你这 10 万块钱本金进行一个保障。而且我们的保障是有条件的，一定要满足条件，你的总投资数量一定要在50笔以上，单笔金额不能超过5 000块钱，借给某一个借款人不要超过他单笔借款金额的1/3，所有的都是要求要足够的分散。因为分散投资本来就是投资界的铁律，一旦投资足够分散之后，其实出现亏损的概率非常非常小，你个人面对的风险跟我平台的整体的风险管控水平是差不多的，我就能够确保我的投资者能获取收益，所以这更多是一个投资者教育的规则，与担保是本质区别。

孤独的商业模式

作为中国第一家P2P网贷平台的公司，拍拍贷理应在抢占先机中实现规模化，然而从第三方研究机构网贷之家，截至2013年11月公布的营业规模排名来看，拍拍贷仅列第十位。为什么出现这一囧势？

张俊：这还是和我们商业模式有关，大部分P2P网贷平台为短时间做大影响和规模，都采取担保模式，大概只有拍拍贷除外。而担保模式与不担保模式，正是代表了如今P2P网贷平台的两大商业模式。从我的理解角度，P2P网贷平台永远应该坚守第三方立场，网上的借贷，平台不应介入，而担保就是对借贷的介入，背离了第三方属性。为什么我们做到现在一直要坚持不担保模式呢？

从P2P网贷平台名称上，实际上已明确了它就是一个平台，不是借贷参与人。P2P网贷平台很像淘宝，淘宝只能服务或监管店主与买家的交易行为，但不能对他们交易结果负责。举个例子，淘宝上的店主发现自己卖亏了，而亏损的钱要马云来担保垫付，马云能做这样的事吗？但这样的事情，却在部分P2P网贷平台中发生，而且是大面积。

很多P2P网贷平台采用担保模式，对于借出人（投资者）的吸引力很大，从投资者角度，通过采用担保模式的P2P网贷平台贷出钱后，不怕债务违约，因为平台会承诺本金保障。

从短期看，采取担保模式的P2P网贷平台，发展速度很快，规模会放大，但同时潜藏两大危机：第一，如果贷款人逾期不还，加上平台缺失风控，那么平台赔偿的垫付压力就会加大，一旦平台自有资金不足赔付，就只有破产倒闭；第二，采用担保模式的平台，往往同时要求借出人的钱先打入其账户，这就等于建立资金池，最后演变成吸储，踩踏法律红线。因此，拍拍贷从开业以来，一直不做垫付，而且今后也不会做。与其冒着这两大风险，不如先慢慢累积客户资源和信誉，最终总会众望所归。

尽管从营业规模上，我们排名不高，但在网贷之家的“借款人气榜”和“放款人气榜”上，我们分属行业第一和第二，这就说明我们的粉丝基础庞大。我们的注册用户（包括借款人和投资人）每年都呈现几何倍数增长，2009 年首次突破 10 万人，去年底（2012 年）已超过 200 万人。

服务于 200 万人的拍拍贷究竟是否盈利？靠什么盈利？

张俊：我们已实现盈利，但我还不便透露盈利数额。我可以介绍我们的盈利模式。我们的收入来源主要是收取借贷成交的服务费，而且执行单向收费，即只向借款人收取，不向借出人收取。假如双向收费，借出者一定会把成本转嫁到借款人，届时就会增加借款人贷款成本，久之，借款人就会抱怨，并对平台方收取服务费不满，最终会离开我们的平台。相比借出人，我们更在乎的是借款人，他们是借贷交易的需求方，只有他们不断释放需求，才能引发借贷关系的实际发生。

我们单向收费的规则是，当借款人借入成功后，并且借款期限在六个月以下，一次性收取借款本金的 2%，借款期限在六个月以上，则一次性收取 4%的网站服务费用。如果借款人逾期超过 15 天，拍拍贷将收取人民币 50 元及逾期金额的每天千分之六，作为网站电话提醒和催收服务的费用；如果逾期超过 60 天，拍拍贷就把对该借款收取的服务费，按比例补偿给借出人，一旦借款人还款后，网站将从借出人收回这笔费用。

我们是把服务当商品，并据此收取服务费，平台不做理财，也不吸储，保持自己第三方本分。不过，我们的收取违约服务费很关键，但重要的焦点不在收取多少费用，而是通过这一方式，去尽可能地管理借款人违约行为。

自建全征信系统

哪些人通过拍拍贷平台借钱？这些人当中，出现借款违约后，拍拍贷如何协助借出者，履行自己的服务义务？

张俊：创立拍拍贷时，我们就将客户定位于网商，网商多为个人创业，他们在创业中有资金需求，因此，拍拍贷通过搭桥慧聪、敦煌、淘宝等电商平台，并从这些 B2B、B2C、C2C 等平台导入客户。

然而，更重要的是，从这些平台上导入的用户，背后都能链接到他们的商业信用。比如一个淘宝店主，要到我们平台上找人借款，我们除了核查他的申请资料之外，还能通过淘宝平台，看他有几颗星，因为淘宝的店铺星级，也是诚信记录的累积和真实反映。目标锁定这部分人群的好处是，借助商业平台获得借款人的诚信记录，可降低拍拍贷征信成本，同时也帮助借出人规避贷款风险。

但，借助别人的征信系统，永远成就不了自己的核心竞争力，我们决定自己探索。

由于我们一开始没有自己的征信数据库，只能按年龄、性别和学历等，给借款人做标签，比如年龄越大、女性超过 30 岁，以及学历越高的人，给出借款信用认证相对比较高，而低于该标准的人，则要求提供更详尽的资料。这种征信方式，被专业的银行看来，可能很搞笑，但从这些年的总结看，我们这个征信方式具有实效。我们后来又增加了微博和微信的征信方式，比如，微博粉丝量超过 800 以上，且每天微博发送频次高的人，对其诚信认定就高，同样对于微信也是如此，关注其每天在微信上所发的内容，以及朋友圈等。这种取自社会化和社交化的征信，完全比银行仅局限于是否准时还贷的征信，可能更靠谱。

在我们内部，还将采集来的信息经过整合分析，给每个借款人设定六个不同等级的信用级别，信用级别越高，平台对其审核相对宽松，低级别的，则要求提供更翔实的资料。

但百密难免有一疏，一旦借款人逾期不还，除了出借人自己追债之外，我们第一步是启动合约规定的追讨程序，以及收取违约服务费；第二步是催讨无果后，启动黑名单公示，不仅在自己平台，还在第三方平台以及相关公开渠道上公示，对此，有争议说拍拍贷涉嫌侵犯个人隐私，但我们认为，这完全是从社会诚信建设角度考虑，也同时为了知会其他平台、银行等金融机构谨防二次上当。

通过在自有平台上，把违约者作为黑名单公示，从效果角度，对借款人的约束到底如何？

张俊：执行黑名单制度后，我们的借贷违约率为行业最低，只有1.5%以下。也许，我们不能说这一征信方式，对还是错，但低借贷违约率，说明我们在征信方面所做的努力是有效的。

黑名单制度就相当于央行的征信系统。比如你在招商银行办了一个信用卡，然后欠债不还，招商银行很快会把你的信息汇报给央行征信局，那么你想在工商银行再办一张信用卡那是不可能的，所以很多人就会因为这样的压力不敢违约。

对我们来讲，其实原理是一样的，一旦一个借款人借款不还超过30天，我们会曝光到黑名单上，欠债不还的信息就在互联网上了。对很多人来讲，一开始他不知道这有什么压力，但有些人发现信息被曝光后会回来还钱。

最经典的一个案例就是，重庆有一个大学生，大概是2008年借了5 000多元开淘宝店，后来就再没还钱了，电话也换了，找不到人。去年的时候，借款逾期了近四年后回来把钱还了。我就问他，为什么拖延这么长时间不还钱？他说，当年开淘宝店失败了，后来想想在网上借钱不还无所谓，反正也找不到人，就决定把手机号一换就不还了。但是，最近他要结婚买房子，到重庆当地的一家银行贷款，后来贷款没批下来，银行说他在网上有欠钱不还的不良信息，他才意识到这个信息的重要性。银行居然在网上看到我们发出的这个信息，这也让我们感到很惊讶。从这个案例上说，我们自发的这种征信做法，对银行也提供了信息帮助，当然，我希望有一天，银行也能把相关征信源向我们开放，这样就能彼此共享征信资源，降低各自的经营风险。

现在有两种监管的声音，一种是对P2P实行牌照准入这种管理制度，另一种是负面清单的制度，你倾向哪一种，或者你认为哪一种会最终靴子落地？

张俊：我认为每一种监管方式对行业来讲，都是从长远来看，都是积极的，从我的角度来讲，哪一种方式我都欢迎。从政府未来的监管方向和改革方向上看，我觉得可能会借鉴自贸区负面清单的方式，来鼓励市场化。从未来政府鼓励中国整个市场进一步开放，进一步市场化，向高效率方向发展上看，我觉得更有可能采取的方式是负面清单。

巴斯夫大中华区董事长关志华：化工企业不应做全民公敌

巴斯夫股份公司（BASF SE，以下简称巴斯夫），是一家总部位于德国莱茵河畔的路德维希港的化学公司，也是世界最大的化工康采恩（德语 Konzern，意为多种企业集团）。巴斯夫集团在欧洲、亚洲、南北美洲的 41 个国家拥有超过 160 家全资子公司或合资公司。该公司与大中华市场的渊源可以追溯到 1885 年，从那时起巴斯夫就是中国的忠实合作伙伴。过去十年，在巴斯夫全球高级副总裁、大中华区管理董事会董事长关志华的领导下，巴斯夫大中华区不仅成为中国化工行业的领导企业，而且成为集团在全球中仅次于德国和美国的第三大市场。

一个化工企业要谈可持续发展、社会责任，相信吗？

世界最大的化工公司巴斯夫，尽管在欧洲、亚洲、南北美洲等 41 个国家，拥有超过 160 家全资子公司或合资公司，但现在，它在中国投资的每一个项目，都遇到了新的挑战，这种挑战不是来自政策性影响，而是来自如何消除舆论和公众的疑虑。在安全、健康和环保意识日益增强的中国公众面前，巴斯夫需要扮演好一个正能量形象。

也许，巴斯夫会说这样的“放心案例”：在

自己的母国——德国，政府花了30多年的时间和精力，让欧洲的“父亲河”——莱茵河，成为污水变清、鱼儿重现的环境下，允许它在莱茵河畔的路德维希港，继续运行着一座占地10平方公里的生产基地。但作为中国人，我们更关注的是，巴斯夫是否也能在中国同样复制“莱茵河畔”的故事？

“不断推进化学品管理，履行自己的责任。”在巴斯夫工作近20年，巴斯夫全球高级副总裁、大中华区管理董事会董事长关志华表示，“巴斯夫不仅在德国总部，而且还在所有的投资国，奉行的都是可持续发展的原则。”

可持续发展的一头涉及企业自身利益，一头涉及经济、环境和社会的外部关系。深知这种“道可道，非常道”的巴斯夫，在中国这个被其视为其中一个最大的投资市场上，又是如何做出战略选择和行动的呢？

关志华告诉我，很长一段时间以来，化工企业都扮演了一个全民公敌的形象。其中，虽然有公众的误解，但也有部分原因和自己不良行为有关。化工企业谈变革与转型，目光不能局限在短暂的业绩，或者仅仅只做某些表面的变革，一定要把眼光聚焦在“可持续性”的三大基础——经济、环境、社会。不断问自己：每年定的战略、目标、行为，是否做到了绿色经济、安全环境、友善社会？“我想，化工企业如果能在这三个维度上始终变革与转型，就一定能做到可持续发展。”关志华表示。

尽管巴斯夫一直在努力扮演一个良好的企业公民，但是要想消除公众对于“化工企业＝环境杀手”这个固有的忧虑，做起来却还是非常艰难。此前的2008年，巴斯夫在重庆投资高达80亿人民币、年产40万吨的MDI（二苯基甲烷二异氰酸酯）配套项目，就遭到了民间环保组织和当地居民的联合抗议。由于该项目地点位于三峡库区，加之MDI的制造过程中将产生或用到大量硝基苯、光气等剧毒物质，民众担心这一大规模、高风险的化工项目会对三峡库区的生态环境带来污染，以及影响整个长江中下游水质，将之比喻为“三峡天灵盖上的定时炸弹”。

作为巴斯夫在华最高执行领导，同时又是一个中国人，关志华不得不一方面重新审视巴斯夫本身的环保系统和程序，另一方面还必须向公众、地方政府一再保证在污水治理、碳排放、化学品管理中，一定会和公司在德国一样，严格复制“莱茵河畔”的故事。

可以说，从社会责任角度，没有一个行业会像化工那样如履薄冰，按照关志华的话说，他在巴斯夫的每一天都度日如年，生怕突发事件随时叩门。

化工新“三驾马车”

中国的同行特别关注巴斯夫如何变革与转型。因为化工行业是一个大投资，同时也是一个高危行业。那么，现在的巴斯夫在商业思维上出现什么变化？

关志华：在中国企业界，关于变革与转型，早在2008年前就已提出，但事实上，有些企业还是收效甚微。不是我们中国企业不努力，而是对于变革与转型的理解，需要把思维再放大一些。

从化工行业角度，我看到有些企业的确是在变革与转型，但他们的动机是以解决当下困境为目的，一段时间后，他们发现越变越有问题。问题症结在哪里？

首先，需要关注行业环境。我注意到，目前大部分基础化工上市公司的业绩表现上，尽管营业收入出现增长，但利润却普遍下滑。从财务角度，如果扣除必要成本，主要问题是产能过剩，导致的价格普降，最终“吃掉”了利润。怎么会产能过剩？我们知道，金融危机之后，很多产能落后的企业在4万亿的刺激下，没有及时变革与转型，反而追加了投资，加大了扩张力度，到了现在，投资驱动因素减少后，这些企业的产能问题才集中爆发出来，包括低端产品的集中度过高、污染严重等。而现在，国家为了治理环境，提高化工行业准入门槛、限制产能扩张、淘汰落后产能，这些企业陷入了发展难题。

其次，化工行业需要正能量。一个化工企业的可持续发展究竟靠什么？这是我一直问自己的问题，也是问同行的问题。现在，只要化工企业在某个地方建厂投资，就会遭到公众抵制，即使你手上有环保准入证明，但只要公众抗议，你的投资行为也可能会胎死腹中。尽管问题根源很复杂，但从化工企业自身角度，必须检点自己过去有没有在环保上出过问题、有没有合法合规经营、有没有和社区做好沟通、有没有对公众普及科学知识？

上述问题中，表面上，化工企业的问题是利润增长乏力，但本质上，是因为经济发展模式，以及环境和社会关系上，都出现了严重失衡。

化工企业的变革与转型的特殊性是，不能像其他行业那样，只做好产品或管理创新就可以，而是要把思维聚焦在经济、环境、社会上，进行可持续思考和行动。巴斯夫在这三个层面上主要做了什么？

关志华：巴斯夫重新审视了自己的“可持续性”。我们提出了“创造化学新作用——追求可持续发展的未来”的战略愿景。就是说，我们不单单是在卖产品，而且还要在经济、环境、社会等三个方面创造“化学新作用”。

巴斯夫要在中国可持续发展，不能独善其身，仅仅靠自己环保、安全或者创新如何优秀是不够的，更为重要的是，要把供应链上所有的合作伙伴连接起来，共同创造一种负责任的环境。为此，在我们的积极倡导下，连续推出了两个项目，一个是“1＋3”企业社会责任项目，另一个是“金蜜蜂企业社会责任·中国榜”评选项目。前者是巴斯夫携手其供应链上的客户、供应商和物流服务供应商，通过分享CSR（企业社会责任）和“责任关怀”理念和实践，推动合作伙伴在社区意识和紧急响应、物流安全、污染防治、工艺安全、职业健康和安全等方面进行改善；后者是，以蜜蜂精神寓意企业与环境、与社会的生态和谐，通过表彰对可持续发展做出卓越贡献的中国中小企业，倡导企业发挥蜜蜂效应，承担社会责任。

我始终认为，化工企业谈变革与转型，目光不能局限在短暂的业绩，或者仅仅只做某些表面的变革，一定要把眼光聚焦在“可持续发展”的三大基础——经济、环境、社会。不断问自己：每年定的战略、目标、行为，是否做到了绿色经济、安全环境、友善社会？我想，化工企业如果能在这三个维度上始终变革与转型，就一定能做到可持续发展。

需求为重，竞争为次

包括巴斯夫在内的部分世界级化工企业，预期了2012年度在销售额和EBIT（息税前收益）的增长，但从中国市场来看，却出现了反差。根据中国石油和化学工业联合会最新数据，去年的固定资产投资总额同比增长26.0%、总产值同比增长12.2%，但利润总额却同比下降6%。如何分析这一不同的中外产业形势？

关志华：产能过剩矛盾突出、效益下滑、创新能力弱和环保压力大，依然是摆在中国化工企业面前的四大难题。

从中外对比上，我认为，金融危机后，大部分跨国企业都进行战略和业务调整，及时进行产业升级，相比之下，中国大部分化工企业在4万亿的国家投资下，没有及时做出自我变革，即使是今天，我们看到固定资产的投入、产能的投入，实际上大多数在红海竞争。红海的最大特点是比拼价格，最终导致中国化工企业利润普降。

巴斯夫要寻求自己的蓝海。我们的做法是，一方面研究直接客户的需求，另一方面还研究客户和他相关利益者的需求，从而让我们的生产对象、研发目标、市场诉求，回到企业生产本质上来，而不是盲目参与恶性竞争。

从巴斯夫的经验角度，中国化工行业的发展模式需要做出怎么样的改变？

关志华：我遇到中国化工行业同行，为什么交流最多的是产业模式、技术研发的话题？

首先，中国化工企业需要对自己过去的发展模式有清晰的认知。过去，中国化工行业的发展，是受惠于早期基础物资匮乏的市场需求，以及后来的国家高速发展机遇，从而支撑了扩产和投资。

其次，前期的发展中，大多数企业的产业模式是粗放型的，我很少看到他们在研发上有很多投入，或者和大学院校、科研机构进行合作。这样的现状下，转型和变革是很难的。

一个优秀的化工企业，最重要的是它生产的产品具有竞争力，它的技术具有很高的门槛，同时，它绝少参与低端竞争。

新一轮市场整合中，巴斯夫在中国是否进行并购？

关志华：我们会密切注意中国产业结构的调整，但从目前来说，不容易看清，另外有些公司限于在产业中的低端性，不是被关停并转，就是会遭到市场淘汰。最新的市场动向是，很多化工企业要搬到集中性的园区中，但是技术、产品也亟待调整。

根据需求变化，巴斯夫现在涉及的领域会越来越多，但是，我们的主业不会改变，现在是，将来也还是一家化学公司。但是，我们定位会发生改变。以巴斯夫来说，我们和别人不一样，我们要“创造化学新作用——追求可持续发展的未来”，这怎么解释？我们不是简单的要多卖一些产品，或者说是和别人直接竞争，我们是要帮助客户，并服务客户的客户，大家协同起来，共同追求良性发展，尤其是在节能、绿色、环保方面会花费更大的资源和力量。

复制“莱茵河畔”模式

作为一个化工企业，本身在民众中就有“环境破坏者”的心理标签。以巴斯夫80亿人民币在重庆三峡附近投入的MDI生产基地为例，受到了当地民众的抗诉。巴斯夫如何证明自己是一家绿色的化工企业？

关志华：在中国，过去很少看到公众对化工厂投资有异议，现在多了起来，说明公众对健康、环境、安全等问题已经重视起来。

其实不仅是巴斯夫，主要是任何化工企业做项目投资，现在都一定会遭到公众反对，有些地方只是发生小规模抗议，但有些地方可能会发生大规模的群体事件，然后造成人员冲突。可以说，化工企业所做的任何实体性投资，一定都会事先获得政府同意，并拿到了环保部门的许可证，法理上是获得通过的，但是这里面还存在两大问题：第一，公众对化工的认识严重不足，需要企业和相关部门一起做工作，不能过急，以免引发冲突；第二，化工企业本身要自律，要能够有能力处置和解决生产过程中的污染，同时要向公众、媒体告示自己的排放指标，以及整改、提升环保计划，这项工作一定要透明。

至于我们在重庆的项目争议，需要解释三点：

首先，我们的投资是配合西部的发展需求，巴斯夫可以带动当地相关产业链、就业、财政等一系列工程；其次，我们有合法的环保证明和合规的经营；再次，我们投资的项目，距离三峡有 2 公里，而且在工艺、污水处理上，都符合国家标准环评标准。

尽管如此，公众还是不放心。为了让公众放心，我们在当地组织了社区委员会，成员都是当地民众社区的代表，我们和他们做定期沟通，邀请代表参观工厂，并向他们作透明解释。

作为巴斯夫在华的最高领导人，我也亲自参加社区面对面的沟通，我在沟通中也一再表示，在环境保护管理最为森严的德国，巴斯夫在污水治理、碳排放、化学品管理中做到什么样的标准，在中国也一定会做到。尤其是，巴斯夫在重庆的投资项目，完全借鉴了在德国莱茵河的生产、安全和环保模式。我想，不论外部舆论如何，当地社区以及其他的公众，会有自己的独立判断。

巴斯夫从 2008 年起，每年在中国公布一份年度报告。报告中除了相关财务指标数据之外，更多涉及企业社会责任。“企业社会责任”现在是很时髦的词，很多国内企业也在派发自己有关这方面的介绍。但事实上，“企业社会责任”在西方被纳入到商学院课程，以及企业管理常态中。那么，“企业社会责任”到底应如何认识和科学管理？

关志华： 首先，考虑到企业的生产和服务内容是否符合社会责任。比如一家做食品的企业，虽然做了很多公益、建了很多希望学校，但是连自己生产的食品都出现重大安全问题，这何谈社会责任？

其次，做企业必须时刻考虑到股东和员工的利益，这也是社会责任的一部分。2008年四川地震后，很多企业都进行了捐赠，但是新问题也来了，企业捐赠的钱从哪里来？谁有权做出决定？从法律上说，除了个人老板之外，绝大多数企业的钱属于股东，董事会或者决策层所捐出的钱，一旦超出自己权利范围之外，有没有事先和股东商量或者召开股东会议？据我知道，很少有企业合规地走这样的程序。

我也注意到有些企业发出一些“企业社会责任”报告，但是如果大家仔细研究一下，这份报告里面写了什么，比如工厂生产什么，有多少排放，具体指标是什么等，然后再检验一下，是否兑现承诺，就把握了衡量一个企业到底是否尽职“企业社会责任”的关键。很多企业做“企业社会责任”报告的动机，可能是把它当做宣传工具，存在商业噱头的嫌疑。

大家可以看到，巴斯夫的“企业社会责任”报告，没有很多文字，我们完全按照全球标准，没有太多宣传的修饰性内容，也去掉了一些公益、捐助等项目。我们只对公司各项环保数据进行披露，并且像财务指标做法那样，对各项指标列出变动比率。可以说，我们所列的标准项，不仅多于国家规定的内容，而且在对大多数指标的规定上，和欧盟标准是一样的。可以说，这样的“企业社会责任”报告在国内并不多见。我们做报告的动机，是为了接受公众、媒体、政府的监督。

已经在中国成为行业领导的巴斯夫，如何用自己在欧美可持续发展中获得的经验，帮助中国化工行业的发展？

关志华：我认为，作为在全球化工行业，乃至全球企业中有重要影响力的巴斯夫，不仅有责任保持自己的业绩增长，还要为自己所处的每个市场承担责任。这种责任在我看来，有两方面：第一，如何让全球优势化工企业共同履行责任？第二，作为大企业，如何带动业务伙伴，甚至更多的中小企业？

先谈第一个。我本人在2007年担任在中国的“国际化学品制造商协会”主席，这个协会有50多家会员，成员不仅都是全球在华的外资化工企业，而且还是国际化工协会联合会“责任关怀”宪章的签署企业。这份宪章有重要的一条是，“签署公司，不但在公司所在的母国推动责任关怀，也要在投资国，尤其是发展中国家，推动责任关怀”。

于是，我们联合这些外资企业，于2008年在北京公布了一个“北京宣言”，旨在自律我们这些跨国公司，用欧美在化学品管理、安全、清洁生产、运输、污染防治等方面同样的标准，规范自己在中国的行为。后来，“国际化学品制造商协会”又和中国石油和化学工业联合会合作，向中国同行推广责任关怀理念，2010年底中国石油和化学工业联合会以观察员的身份，正式加入了国际化工协会联合会，为继续推进中国化工行业责任关怀和可持续发展奠定了基础。

除了影响中国化工行业可持续发展之外，在对中国的关系企业，其他中小企业影响中，巴斯夫具体怎么做？自己的利益点何在？

关志华：首先，化工行业的产业链很长，涉及一系列相关利益企业。无论是从私利还是公利上，巴斯夫都需要保持这条链在环保、健康和安全绩效上有良好的表现和发展。为此，经我本人提议，在中国可持续发展工商理事会的平台上设立了一个“1+3”企业社会责任项目，就是让一个大型的理事会成员企业，和供应链上下游的供应商、物流服务商和客户三种业务伙伴，结成一个共同团队，通过最佳示范案例和专业知识的分享，以及定制解决方案指导合作企业，提高管理绩效，参与企业之后再把这个模式复制到它的供应链上，从而形成滚雪球效应。

在“1+3”项目上，巴斯夫的作用是，让自己在中国的关系企业，分享到巴斯夫成熟和先进的管理体系，从而共同控制供应链风险。该项目目前已进展到了第三轮，前后总共有27家巴斯夫的供应链合作伙伴参与。至今，在中国已有130多家企业参与到“1+3”项目中。

另外，我们也考虑到，可持续发展的标杆企业，不能仅局限在化工行业，还应更开放性地寻找到新兴的企业，于是“金蜜蜂”的概念应运而生。继“1＋3”项目成功实施后，我们又提出了“金蜜蜂”的创意，并在2008年开始发布“金蜜蜂企业社会责任·中国榜”。这个概念，是缘于我们发现蜜蜂是一个有1.2亿年历史的古老生物，与我们倡导的可持续发展理念不谋而合，另外，巴斯夫希望企业在采蜜的同时，也能像蜜蜂一样，承担传播花粉的责任。

和“1＋3”项目不同的是，“金蜜蜂企业社会责任·中国榜”主要针对中小企业，不论其行业类别和企业背景，只要根据相关履责标准进行填写和申报，然后经过专家团的审核，就可能获得评奖。现在，我们又将这个项目推进了一步，称之为“金蜜蜂2020”。我们关注创新、低碳、能效管理、包容性增长、供应链、员工、金融、农业、社区、信息化、水资源、知识产权保护共12项企业社会责任议题。巴斯夫用上述12项指标看别人的同时，其实也在看自己。我们认为，在冲击2020年业绩目标中，不能以牺牲环境以及社会生态效益为代价。

博世（中国）总裁陈玉东：创新来自积小步

博世（BOSCH），是德国最大的工业企业之一，由德国企业家、工业时代的先驱者罗伯特·博世（Robert Bosch，1861年9月23日～1942年3月12日）在1886年创始于德国斯图加特。公司创立之初，就定位于“精密机械及电气工程的工厂”，历经120多年不变。博世与中国的关系，始于博世集团1909年在中国开设第一家贸易办事处。时至今日，博世所有业务部门均已落户中国，其中包括汽车技术、工业技术、消费品和建筑智能化技术等。目前在中国市场，博世经营着37家公司，成为继德国和美国之后博世在全球的第三大市场。

创新就是“革命”——这个概念也许被误读了，正是由于误读，很多企业急于进行所谓的创新，但是短期利益驱动的创新，往往很短命。德国博世公司为何历经120年不倒？就是因为注重长远利益，对每一种创新，经过长期一点一滴的研究，在历史沉淀中悄然实现一个又一个里程碑。

每次踏进德国博世公司中国总部大楼，陈玉东总是习惯朝公司创始人罗伯特·博世的塑像行一个注目礼。作为现任博世（中国）投资有限公司的总裁，陈玉东对这位被誉为德国工业时代的先驱者，始终充满着敬畏。

在一本博世的企业宣传刊物上，载有罗伯特·博世的一句告诫：宁失利，不失信，因为诚实守信所带来的长远利益，远比眼前的利润更有价值。

“宁失利，不失信”，听起来和中国的孔子所言“人而无信，不知其可也”意思相近，不同的是，孔子是说做人的道理，而罗伯特·博世是给自己的公司制定一个基业长青的精神定位。120多年了，博世能继续秉持工业精神，并依然让宝马、奔驰等汽车公司以及公众继续用他的产品，说明博世在120多年前选定的道路是对的。

不过，尽管博世依靠创始人的祖训持续至今，但在市场每日骤变的当下，博世是否还能保持波澜不惊？据德国汉堡当地一家名为“Bürgel”的咨询公司公布的数据显示，2013年上半年德国共有15 349家企业破产，同比增长1.8%，为三年来首次出现上升，并预计德国至年底会有3万多家企业破产。

陈玉东表示，博世注重长远利益的原则不会改变，但会在策略上做出适应性变化。在他看来，今天大部分企业希望用“创新”改变命运，还需要从自己的企业实际出发，尤其是对于究竟什么是“创新”，以及如何保持企业基业长青，需要有真正的认识。

如果从公司诞生的1886年算起，博世在一个多世纪中经历过所有的世界性危机，和博世同期创业的公司基本所剩无几，而博世能够持续存在，其中必有道理。

从现在时髦而普遍的标准角度，也许我们会说，因为百年创新，使得博世一直永续经营，但这只是博世百年经营过程中的结果，博世公司真正的价值，却是创新从哪里来？

国内在谈及德国制造时，喜欢冠之“德国模式”的称呼，但到底什么才是真正的“德国模式”？“德国模式”实际是德国企业一种特殊的基金会管理模式。在过去的一个多世纪，这种模式在德国非常普遍，基金会不把资本回报率作为他们的主要目标，而是追求社会贡献。

博世就是这类“德国模式”的代表之一。由于罗伯特·博世家族的后人无意管理公司，后来就成立了一个具有公益性质，以创始人罗伯特·博世名字命名的基金会，控制博世92%的股份，但不介入具体运营。和博世一样的，还有贝塔斯曼基金会、卡尔蔡司基金会等。那么这种基金会模式的公司主要作用是什么？

第一，只关注公司长期增长，而不是短期利益；第二，关注员工福利。基于这两大原因，使得博世这样的公司，在具体经营中，摆脱了强大的外部股东需求，而把注意力集中在企业长期、可持续的发展投入上。所以，以博世为代表的德国制造，其每一次在做创新和技术研发时，都可能呈现一种低调，甚至慢悠悠的状态，但通过时间的逐步积累后，却形成一个别国的竞争企业很难打破的技术壁垒。

2007年加入博世的陈玉东，先后在这家德国百年老字号中，历任博世中国汽油机系统部高级副总裁、博世中国执行副总裁，以及如今的总裁职位，应更深谙“德国模式”的真谛。

基金会控股模式

中国企业已经崛起，但大而不强的问题，亟待找到解决方案。以德国制造的经验为参考，对中国企业有什么借鉴？

陈玉东：我以为，关键要看中国企业自己的战略定位，到底是把短期作为目标，还是耐心的“一天一小步”着眼于长远呢？

长期以来，中国企业的模仿对象一直在变。先是日本模式，后是美国和德国的模式，我不否认，学习有利于企业的成长，但究竟有多少中国企业真正建立了自己的模式？学习固然重要，但探索自己的路更重要。纵观全球优秀企业，成功都有自己独特的基因。

就以博世重点业务所在的汽车零部件领域来说，首先，从技术角度看，以博世为代表的零部件外资企业都有长时间积累，中国企业赶超起来要付出非常大的努力；其次，从整体方面讲，看看最新的研发排行榜，中国企业的研发投入普遍不足；再次，中国企业太注重近期利益，以至于不能沉下心来做长期研发。这三点造成了中国企业在研发上，可能在相当长的一段时间内，只能扮演一个跟随者，而很难成为一个领导者。

对中国企业而言，我个人的建议是，必须从自己的现实角度，先以低成本、低技术含量的零部件作为突破口，而对于高技术含量和高成本的项目，因为投入大，积累时间长，如果没有技术保障和长期战略，先不要去碰，当然，如果既有资金，又有技术，更有长期的计划，坚持做下去，总有一天会成功。

这几年，我接触了很多国内零部件企业，有些企业一开始信誓旦旦，提出要做规模，甚至赶超欧美，结果没几年就歇业停产了。

相比之下，博世每进入一个领域，都会把问题考虑得很复杂，很怕在市场上出问题，所以在内部会做很多工程验证。相比之下，国内的一些零部件企业，只要做得差不多、有市场利益，很快就放到市面上，拿市场去做认证机制，这些做法既不负责任，也很危险，一旦在市场上因为质量问题受挫，很可能将毁灭自己的产品，甚至整个生产线。从对比的角度来看，博世120多年来始终坚持的慢创新，符合一个企业持续发展的自然逻辑。

关于模式问题，德国模式的真正精髓是什么？中国企业能否复制？

陈玉东：我是2007年进入全球汽车零部件巨头公司之一的德国博世公司，四年后担任了这家公司的中国区总裁，此前，我曾在美国德尔福公司工作过，因此，我对美国和德国的企业模式都有一定的了解。

我问过自己，为什么博世在120多年中一直保持稳健经营，是什么原因让博世成功抵御历史上的多次经济危机和产业危机？后来，我对博世代表的德国模式，总结了两个经验：一是独特的股权结构；二是“一天一小步”的创新思维。

先谈独特的股权结构。该模式是一种典型的德国式公司治理模式之一，就是公司将股权托管给公益性质的慈善基金会。

慈善性质的罗伯特·博世基金会拥有罗伯特·博世有限公司92%的股权，多数投票权由罗伯特·博世工业信托公司负责。该信托公司也行使企业所有权职能。其余股份则分属博世家族和罗伯特·博世有限公司。这种慈善基金会控股模式和现在的上市公司模式有什么区别？对于博世价值又是什么？

表面上看，都属公众性质，但慈善基金会控股模式下，公司的宗旨是社会责任和信誉，而上市公司模式，必须每天给股东创造回报。正是由于控股人的差异，使得博世和很多公司相比，在价值观上出现截然不同的诉求。另外，“罗伯特·博世基金会”尽管拥有博世绝对股权，但不参与公司任何决策与经营，这样一来，公司的职业经理人获得了“自由”，有时间、有空间、有耐心地服务于长远战略。

慈善基金会控股模式，本质上是一种公司治理模式，使得公司决策者和经营者避免了业绩压力困扰，更注重于长期目标，去赢得未来。当然，中国企业要复制这一模式，企业创始人要有无私气度，有勇气把企业托管给社会。

120多年，从人的生命角度，几乎到了极限，但对博世，必须通过创新来不断重铸活力基因。博世怎么思考创新、怎么做到创新？

陈玉东：也许很难看到博世像当今互联网公司那样，有跌宕起伏的创新变革，但每隔三五年后，你就会发现博世总在悄然诞生某些伟大的发明，而且这样经过岁月磨砺的发明成果，往往经久不衰。对此，我给博世的创新标签就是：“一天一小步”式的创新。博世“一天一小步”式的创新，贯穿在产品技术、经营模式和管理模式等方面。

产品技术上，我以电子稳定程序ESP（Electronic Stability Program）为例，这个产品现在已在多数汽车中得到广泛使用，但博世在1997年发明，并将其推向市场后，无数的竞争者也开始加入，我们怎么办？唯有通过“一天一小步”式的创新，不断地优化产品成本结构和提升技术含量，至今，我们已经将ESP升级到了第九代，并由此继续保持住竞争力。

在经营模式和管理模式上，我们也同样奉行“一天一小步”的创新思维。博世是一个有历史沉淀的企业，经营模式和管理模式已经很成熟，你不可能让博世搞得像轻资产公司那样天翻地覆。但世易时移，随着竞争环境和习惯的变化，我们也会做出小步式的改变。比如，我们在中国市场上推出了互联网 B2C 业务，在京东和淘宝上开店，另外，也拓展了新的经营模式，在拥有不断强化的博世专业汽车维修网络的基础上开出汽车专业维修直营店。同时，我们还成立了一支有别于我们过去的客户体验团队，成员上，我们甚至专门聘请了设计师、心理学专家。

慈善基金会控股模式和“一天一小步”式的创新，使得博世这条百年巨轮，永远看到的是明天，而不是眼前。

创新不是“革命”

在博世目前四大业务领域中，汽车技术和消费品面对的竞争压力尤其激烈。面对如此激烈的竞争环境，为什么博世仅仅提出“一天一小步”改变战略，而不是更大胆的创新变革？

陈玉东：一谈到创新，很多人会以为就是“革命”，就是颠覆性改变。根据博世 127 年来的经验，工业制造领域里的创新，总是循序渐进，并在悄然中完成的，从来都不可能一蹴而就。

企业的创新，我认为需要三个保障：首先，创新的战略与决策必须有远见；其次，对创新要舍得投入；最后，在企业内部要有创新基因和文化基础。如果有此三点，再加上耐心的“一天一小步”创新原则，最终诞生的创新一定是伟大的，成果也会长期稳定，不会被跟随者一夜淘汰。

在博世，我们内部有一个“中央研究院”，这个组织专门为公司分析未来数十年的世界格局及热点话题，并由此来辅助董事会制定企业战略，一旦制定，我们不会随意改变。我们现在定的企业战略是节能环保，那我们所有的产品都会围绕这个方向进行创新。在投入上，我们每年会拿出相当于销售额的约 9%用来研发，这就保障了科研的质量和持续。我们在内部还设有创新日，每年对创新项目、创新者进行褒奖，鼓励全员创新。

根据“一天一小步”的创新原则，博世在全球以及中国的公司有哪些作为？

陈玉东：博世在研发和创新方面的投入一直处于行业和全球领先。我们在全球拥有约3.5万名研发人员，每年诞生的专利数以千计，累计已经达到近10万项。在汽车技术的专利方面，博世一直处于领先地位。

在我们看来，创新分为不同的层面，既有新产品方面的创新，也有新市场的创新。博世的口号是“科技成就生活之美”。创新不是跟时髦。不计成本的创新可能很容易，但如果能够通过创新将现有产品的成本降低一半，也是一种创新，而且对企业发展相当重要。在中国，我们鼓励研发工程师拥有创新的思路。

在中国，我们大约有2 000名研发工程师，他们所做的事情基本都与创新有关。比如，他们每天都在研究如何降低成本，如何缩短研发周期。又比如，我们的产品原先拥有5 000个变量，工程师对这些变量一个个地研究，看看如何将其整合为1 000个，从而大大缩短研发周期。中国市场是一个快速变化的市场，如果能将研发周期缩短，我们的客户就不需要等2～3年才能见到某种产品投产。

在新产品创新方面，我们正在研究如何将汽车中的零部件产品迁移到摩托车、电动车上，让这些不同类型的交通工具既有很强的功能性，又能有很好的性价比。

已是2013年末，为什么博世在华的业绩公布，还停留在2012年，没有前三个季度的数据？另外，从你2011年接任博世中国总裁至今，如果回顾前三年在中国的业绩表现，总体满意度如何？

陈玉东：需要说明的是，博世不是上市公司，我们没有一定要向外界公布业绩的法律义务。我们只会一年公布一次，并且是上一年度的总业绩。但我可以透露的是，博世在过去十年的销售业绩实现了25％的年复合增长率。

但是，博世对于经营指标的KPI有一个原则，就是在利好的形势中，上升速度要做到比别人快，在颓势的时候，下降速度要比别人慢！从这个角度，我认为博世中国公司还是较好地完成了总部的业绩指标。回顾前三年在中国的业绩，2011 年实现了目标，2012 年受固定资产投资下降以及整个工程机械行业下挫的拖累，没有达标，但当年下降速度好于同行业。截至 2013 年第三季度，博世在中国的销售额较同期实现了两位数的增长。

积小步，至千里

尽管博世在创新方面从不像互联网公司那样大张旗鼓，但在"一天一小步"战略思维主导下，还是在产品优化、经营模式、渠道模式、销售模式等方面发生了重大变化。先谈产品结构，以博世发明的电子稳定程序 ESP 为例，在这个高度竞争的产品上，如何体现产品优化？

陈玉东：任何一种工业技术的发明，投放市场后，都会有这样的市场规律——开始的时候，由于你领先，占有很大的议价空间，之后，因为跟随者的模仿和再创新，你的议价空间就会减弱。ESP 就是遇到这样的问题。

解决办法只有两条路，降价或者优化自己的成本结构。选择前者，就是牺牲利润，最后退出市场，成为失败者；选择后者，却又不能偷工减料来降低成本，只能依靠技术来提升成本空间。

博世的 ESP 现在进入了第九代优化，和前一代相比，成功的将质量和体积减少 30%，使其成为该产品市场上最小和最轻的系统，同时，拥有模块化设计，为所有车型提供理想的解决方案，因此这个产品无论是对博世自己，还是对汽车商，都带来最佳的益处。

博世新近成立了一支"新业务团队"，该团队和博世传统业务有什么关联？其组织结构和体现的价值如何？

陈玉东：这个团队，在我们内部称为 NBT（New Business Team），该团队的建立，是通过全球董事会决议成立的，但只设立在中国、印度和巴西等三个新兴市场。

我们要求，NBT 是一个创新孵化器，不能和现有事业部业务有冲突，希望他们寻找或发现的项目，是现有事业部不能做或做不到的。

在决策机制上，NBT 绕开繁琐的审批制度，采取直线管理。在中国，NBT 直接向我汇报，一旦被评估立项，就能直接向总部申请资金。对于 NBT 成员，我们不推荐博世现有员工，当然员工有意愿去，我们不阻拦，这样做的目的，是希望 NBT 成员不受固有思维束缚，能够更开放，并给博世带来新鲜的创新基因，成员主要是从外部招聘，其中也包括一部分大学生。

当然，给 NBT 开放，不意味着没有目标，我们给 NBT 提出可量化的目标是，3～5 年能开发出销售额达到 5 000 万美元的业务；8～10 年能开发出销售额达到数 10 亿美元的业务。目前已经有多个项目在酝酿和实施，我很期待 NBT 能早日诞生奇迹。

博世的白电早在互联网 B2C 中铺天盖地，现在博世的电动工具、汽车零配件也走上了网销，那么，是否意味着今后博世的销售渠道会完全导向 B2C？另外，我们从博世汽车售后市场业务部在天猫官方店的数据分析中发现，月收入大约在 20 万～30 万元之间，这个收入对于博世体量来说，太微不足道。接下来，会对 B2C 策略上有何改变？

陈玉东：我们不会取消传统渠道，我们将实行“B2B＋B2C”的双重渠道模式。对于经销商和消费者，我们会让他们感到价格的公平和透明，不会有太大的差价。同类产品，根据不同渠道需求的不同，我们提供的产品线和产品规格也会有所差异。传统渠道面向专业人士，我们提供专业、复杂的产品，线上渠道面向终端用户，通常是他们青睐的简单、入门级的产品。

关于如何扩大我们在 B2C 的销量，实话说，我们还在探索，因为电动工具、汽车零配件和家电不同，你不可能要求所有家庭都去消费电动工具，另外，很多消费者在网上购买我们的汽车零部件后，自己并不能安装。我们希望博世的专业维修站和直营店可以提供一些增值服务，比如，你只要花费 10 元、20 元不等的费用，就可以到我们经销商或者维修站那里，帮你安装。

说到博世的维修站，让我联想到最近博世在中国开设的两家“博世汽车专业维修直营店”。这一做法是博世在中国的首创吗？

陈玉东：的确是首创，但也和业务有直接关联。博世的很大一块业务在汽车零配件，我们的产品不仅供应给各大汽车商，同时也供给 4S 店。

如果从消费者角度，汽车出现了问题，会去哪里维修？要么去 4S 店，要么去街头小店，但 4S 店虽然有质量保证，维修报价却贵，而街头小店则是质量不靠谱，维修报价却低，于是，消费者就处在两难境地。后来，我们研究认为，既然我们自己做的就是汽车零配件，为什么不能从后台走向前台，从供应商转变到直接面向客户的维修服务的解决者呢？

于是，我们在 4S 店和街头小店之间，找到了市场空白，2001 年开始在中国建立了自己的博世汽车专业维修网络。我们博世汽车专业维修网络，一方面对准了消费者的需求，另一方面其实也是我们 B2C 业务的延伸和坚实后盾，为什么这样说？因为客户在网上购买我们的零配件后，就可到我们线下的专业维修站享受优惠安装。

通过强化市场认知，博世将以适合的产品和服务更好地支持我们的维修站客户，从而服务于当地汽车用户。我们希望博世汽车专业维修直营店的建立将为中国独立售后市场专业汽车服务树立新标杆。

目前，博世直营店首期是在北京和成都试点，同时博世在中国已经有 1 400 多家博世汽车专业维修站，共同服务中国的汽车市场。

第四编　嬗变 2012

怎样让石头在水面上浮起？海尔的张瑞敏曾问下属。得到回复是：把石头挖空、把石头放在木板上。但张瑞敏的答案却是，用最快的速度掷出，让石头打多个水漂，使得自己不沉。2012 年，很多企业意识到，为了让自身生存和可持续发展，唯有用最快的速度在市场上飞奔。

雅戈尔董事长李如成：赢在“不务正业”

雅戈尔，由现任公司董事长李如成在1979年利用2万元知青安置费所创建，经过30多年的开拓，蜕变成如今以品牌服装、地产开发、股权投资三大产业为主体，多元并进、专业化发展的经营格局，并成为拥有5万余员工的大型跨国集团公司。其主打产品衬衫为全国衬衫行业第一个国家出口免检产品，并连续17年获得市场综合占有率第一位，西服连续12年保持市场综合占有率第一位。

浙江宁波鄞县大道西段尽头，一座高耸的大理石塑像，远远望去像一个巨型的“扇贝”，走到近前，才发现上面刻着“YOUNGOR雅戈尔”。

2012年5月31日早晨7点30分，李如成和往常一样早早来到集团总部，然后下楼，绕着这座巨型“扇贝”散步，他穿着一件雅戈尔的免熨白色衬衫和一条黑色西裤，缓缓而行。这个习惯，他坚持了十多年。下午，李如成要做一次为期多日的出差，目的是视察雅戈尔服装业务的各地情况。利用早晨半小时时间，李如成想为自己绷紧的神经松弛一下。不过，现在他很难完整地享受这段宁静的时间，关于雅戈尔回归主业的战略事件，并不招致投资圈的理解，各种质疑纷至沓来，这让他感到烦心。

就在当月，有谣言传说雅戈尔服装业务裁员1.72万人，这对于李如成刚刚在

2012年一季度内部经济工作会议上提出“深度调整三大产业结构（房地产、金融投资和服装），集中资源向品牌服装投入”的部署，可谓重度干扰。

根据去年（2011年）财报，以“实体经济+资本经济”为双重产业结构的雅戈尔，除了基础产业服装板块实现微弱增长之外，被其赋予业绩重任的房地产营业收入比同期降低46.94%、金融投资板块净利润比同期下降60.90%。而李如成在一季度集团经济工作上所表示的“今年（2012年）经济形势严峻，各公司负责人做好攻克时艰的准备”，被外界理解为雅戈尔将从过去转战资本市场的“不务正业”，重新回归实体经营。

实际上，在雅戈尔发展最高峰时期，不论李如成是否承认其复制巴菲特之路，但从行动上说，雅戈尔的确和巴菲特旗下的“伯克希尔·哈撒韦”神似：原先，都是纺织服装企业，现在都以金融投资为主。但是，就在雅戈尔几乎要创造出一个真正中国版的“伯克希尔·哈撒韦”的时候，2011年的惨淡业绩，却让它重新回归过去。

李如成要面对的是，企业正从高峰向低谷的垂直降落。他要做的是，尽可能、尽最大努力改变“自由落体”的下滑速度，抓紧有效时间和空间，重新梳理各产业机构。他提出的解决方法是：“严格控制房产投入，适时调整投资规模，集中资源向品牌服装投入。”换句话说，曾经主导雅戈尔的房地产、金融投资和服装业务三驾马车，现在需要做出重大结构调整，并再次把注意力调回到服装业务。

主业从未曾动摇

现在房地产和资本市场都受到了经济环境和政策的影响，雅戈尔在这两个业务板块的缓步后，接下来，是否应该重新思考这两大产业的出路？

李如成：经济周期性增长减速是很正常的，好比人有时候会感冒一样。但我认为，中国经济的总体发展趋势，肯定是看好的。

国家对当前的经济最近做了一系列调整，为什么？因为现在发展速度过快，需要适度调整和休息一下，但这不意味着我们的经济处于生病状态。相比，美国经济是有病的，尤其是他们的金融，其实是一种带病的经济，最后造成了全球的经济危机。这也影响到我们，但我们不能全归罪于美国，我们自身的问题，是太追求速度，忽视了对一般经济规律的重视。比如我们的房地产，从原来一平方米一两千元，用了最短的时间、最快的速度涨到了一平方米两三万元，甚至更多。试问，哪有一个行业可以连续十年暴涨？因此需要一个停顿、一个调整。

不过，我依然看好房地产的未来，因为从需求角度来说，房地产业其实是需大于供，中国老百姓居住水平还有很大的发展空间和需求。至于金融市场更不用说了，才刚起步，真正经历也就十多年，只要中国经济不犯大的错误、企业投资不犯大的错误，我相信未来还是可期的。

对雅戈尔此前以服装企业的身份搞房地产、金融投资，外界都冠以“不务正业”，那么雅戈尔搞这两项虚拟经济，是否为了赚快钱，还是为了最终将雅戈尔变成一个类似巴菲特的伯克希尔·哈撒韦这样的公司？

李如成：雅戈尔以服装生产制造起家，是重资产企业，一度认为随着服装质量的提高，可以用十年左右的时间在2006年前后赶上日本等国家的领先品牌，因此将重心放在生产上，但后来我们发现仅仅只知道埋头生产，企业永远做不大。

了解雅戈尔的人会清楚一个事实，就是我们在没有放弃主业情况下，对其他产业进行探索。我们的主业是什么？如果我们主业是做一个农民，那我们就不能做衬衫了？过去我们的强项是做衬衫，后来拓展到西服，那么能否说这是脱离主业？我认为，一个企业发展当中，肯定是不间断进行探索，不过外界说我们“不务正业”，可能从正面来看，也是提醒我们不要放弃自己的主业。

另外，中国的企业大多都很年轻，为了企业生存和发展，寻找一些可赢利项目，很难讲哪个是主业，因为主业也是随时间、企业自身发展产生变化的。我们看看日本企业，以丰田和伊藤忠社为例，前者原来是做纺织布机的，现在做了汽车、金融等，而伊藤忠社也是从纺织起家的，150多年后的今天，他几乎在所有的行业都有投入。

发达国家的服装企业背后，实际上都有一个财团支撑，如果没有规模性金融支撑，这个企业很难有几十年、几百年的生存。相比之下，中国企业有自己的苦衷，企业本身要发展，资金从哪里来？很多企业都在从事一些其他的产业。如果这两年雅戈尔没有参与房地产和金融投资，我们的品牌可能会做得更好，但也不可能拥有600多亿总资产和200多亿净资产，这些资产可以反哺服装产业，从而为品牌提供更大的发展空间。

激活内涵型增长

对服装、地产、金融三大产业的结构调整，是临时性决策，还是长期战略调整？

李如成：关于服装在雅戈尔的地位，我在不同场合讲过多次，现在我再次重申，服装产业是雅戈尔创国际品牌，铸百年企业的核心产业。

有外界问我们的多元化要不要参考其他企业。全球多元化成功的典范有不少，比如GE（通用电气）、丰田。但每个企业有各自优势和特点，我们学不了丰田，也学不了GE，雅戈尔就是雅戈尔。但这并不意味着我们不调整、不改变。总体上，未来五年要有“三个转变”，就是运作和管控模式的转型、生产布局结构的转移、团队与文化的转承。这是实现战略目标的基础。在未来相当长一段时间，雅戈尔改革的主线是，实现经济发展方式的转变。而创新将是实现战略目标的重要保证。产业创新、品牌创新、科技创新、激励制度创新、管控模式创新等，是雅戈尔未来五年以及更长时间的主旋律。

突出服装产业的重要性和地位后，接下来，雅戈尔在该业务的战略和策略是什么？

李如成：今年（2012年），我在公司提出了一个总体战略，就是雅戈尔要抓住国内服装市场快速发展的历史机遇，以“内涵型增长”为品牌提升的主旨，巩固和强化核心竞争力，不断提升市场份额和品牌价值。那么，怎么样才能让这个战略有效实施？

我提出五项要求：第一，通过技术创新、工艺研发、功能优化以及多品牌运作，不断延伸品牌系列、丰富品牌内涵，进一步提升产品毛利率，拓展目标客户的覆盖范围；第二，利用我们设在意大利米兰工作室的信息、人脉资源，加速优秀人才的引进培养，提升品牌工作室的设计能力，实现品牌形象和价值的提升；第三，充分整合小型垂直产业链，强化功能性产品的研发创新，积极尝试针对大型旗舰店的产品开发，巩固并挖掘核心竞争力；第四，集中资源继续推进传统营销渠道的开拓和卖场形象的调整，探索新型品牌实体店与网络营销的联动效应，持续提高市场销售份额和品牌美誉度；第五，加强制度创新和信息化建设，以培育和完善供应链，实现内外部资源的整合与共享，巩固企业发展的根基。

根据雅戈尔董事会年度（2011年）报告，计划是今年（2012年）国内服装销售同比增长20%以上，这一指标完成的基础是什么？

李如成：多年来，我们始终坚持一个品牌策略，2008年金融危机后，我们重新调整了思路，成立了六个工作室，在主品牌“YOUNGOR”以外，推出了面向年轻白领的GY，汉麻世家，并购香港新马后吸纳的品牌CEO，以及从美国引进的Hart Schaffner Marx品牌。今年我们还推出了面向公务员的高端品牌——MAYOR。

从整体运作思路上，我们一方面加大投入和加强了渠道建设，仅去年（2011年）就有超过8亿元的投入，为各品牌形象提升做好硬件储备；另一方面加强了服务提升、软件更新，以提升软实力。这两个条件，加上品牌工作室在创新和设计方面的努力，我们相信能促进雅戈尔在内销市场实现20%以上的增长。随着外贸业务的主动缩减，今年（2012年）市场重心向更高附加值的品牌服装领域转移，服装综合毛利率上升至45.41%。

在未来发展中，雅戈尔面临着一个新的难点，或是困惑，就是雅戈尔既不是国有企业也不是私有企业，实际上我们是一个社会化的企业，如何传承，是我们正在进行的探索工作，如果能过好这一关的话，对中国的民营企业也会有很大的帮助。据我了解，现在一些大企业都碰到了类似问题，我们正在探索的是如何把我们这样非公非私的社会型企业一代代成功传承下去，这是我们正在思考的。

为了应对劳动力成本高企，中国很多纺织企业现在正在谋求将产业往东南亚转移，雅戈尔有什么打算？

李如成：雅戈尔在越南、菲律宾、斯里兰卡等地已经有十个企业，我们不直接管理员工，只管理干部，现在看来这个做法值得商讨。这些国家的劳动力相对比较便宜，但生产效率不是很高，虽然人力成本低了，但管理成本和物流成本高了。中国13亿人口，劳动力绝对不会紧缺的，如果真正到了劳动力紧缺的地步，那中国经济就相当发达了。

为什么雅戈尔的电商业务迟迟不前？

李如成：现在电商发展很快，在带来便利的同时，负面效应也很多。另外，虽然看似销售量很大，但盈利却小。雅戈尔现在也有个别品牌在做，但量不是很大，还处于探索阶段，成功就往前走，不成功就往后退。像西服这些产品，网上销售是不可能的，以后的趋势就是量身定制。大家有没有思考过，为什么那些世界时装大牌至今没有实施电商？因为，真正优秀的时装，只有通过专卖店的装修、陈列、布置，才能有效传达品牌的艺术和文化内涵，而这恰恰是电商无法达成的。

三一总裁唐修国：让被并购者反向整合自己

三一重工的前身，是由梁稳根、唐修国、毛中吾和袁金华等四人于1989年6月筹资创立的湖南省涟源市焊接材料厂，后在1994年11月更名。经过20多年的潜心进取，公司不仅于2003年成功登陆上海证券交易所，并且成长为全球工程机械制造商50强、全球最大的混凝土机械制造商。2012年，通过并购混凝土机械全球第一品牌——德国普茨迈斯特公司，从此改变了全球重工机械行业的竞争格局。

从1989年创业到2012年，经过20多年的奋斗，由梁稳根、唐修国、毛中吾和袁金华等四位创始人领导的民营工程机械企业三一，终于和中联重科、徐工，并列成为中国工程机械行业的三巨头，而且在2012年前，逐渐通过海外渠道的拓展，将“中国制造”渗透进欧美市场。

但是，三巨头在向发达国家市场拓展的时候，都非常吃力，因为发达国家对“中国品牌”充满歧视，总以为“中国制造”缺乏技术含金量。三巨头一直在争取和等待证明自己的机会。

终于，金融危机给三巨头创造了机会。因欧美经济下滑，多家原先并未重视中国市场的工程机械跨国巨头，出现集体衰退，这些公司的控制人为剥离资产，正在寻找潜在买家。海外并购——这一中国企业过去从不敢奢望的战略，首次遇到了最好的时机。

先把视线调回到2008年。这一年在中国工程机械行业发生了一宗重大事件。当年，全球混凝土机械行业排名第三的意大利CIFA公司决定向中国企业出售100%股权，而竞标者只有两家同处湖南长沙的公司——三一和中联重科。结果，三一败给了中联重科，后者联手弘毅投资、高盛和曼达林基金，以总额5.11亿欧元对CIFA完成了并购。

四年之后，也就是2012年，三一和中联重科再次竞争新的并购对象——混凝土机械全球第一品牌，德国普茨迈斯特公司。经过又一次明争暗斗之后，三一联合中信产业投资基金，以3.6亿欧元共同完成对普茨迈斯特公司100%股权的收购。

2012年中国企业掀起了一股海外收购潮，这是中国经济30多年改革开放的第一次“扬眉吐气”，从过去对发达国家优秀企业的仰视，变成了对这些公司的控制人。但是，当年有一个问题一直在追问这些实施海外并购的中国企业：海外收购，到底值不值？

据公开信息显示，在三一并购普茨迈斯特前，这家德国公司在2007年的销售收入约为10.9亿欧元，而2011年收入已跌到5.6亿欧元。而按三一2011年的56.15亿人民币净利润计算，普茨迈斯特的利润贡献不过为8%不到。但是，根据唐修国当时对我的解释是：“普茨迈斯特过去战略偏重欧洲，它的命运和欧洲经济波动相关，2003～2007年全球经济增长期间，它一度达到历史高点的10亿欧元，2008年之后，欧洲经济大幅下滑，普茨迈斯特才出现衰退。普茨迈斯特不是产品出现问题，而是战略出现问题。”

作为首次实施海外并购的三一，现在要对一家德国百年公司实施主导性管理，“后并购”时期的整合，远比此前的并购战略更为惊险。

用并购抢夺国际化跑道

去年10月（2011年），你公开表态，“娶一个富家小姐过门，可能日后不好应付，三一倾向于自己建厂”，但这一次，因并购德国普茨迈斯特公司，三一结束了此前奉行的单一扩张模式。今后的扩张是否变更为——自主投资＋并购的双重组合？

唐修国：什么叫“娶富家小姐”？就是我们穷，对方强。我们和普茨迈斯特比，各有优劣势。它的优势是品牌、技术和海外网络，这是我们最看重的，也是我们的软肋，但三一的优势是，在中国市场上的高份额以及低成本的生产控制，这却是普茨迈斯特的软肋。有评论说我们是“蛇吞象”，如果从双方现有规模、产值来看，我们的这次并购，反而是一种以强并弱。我们管理层认为，这次并购不是要消灭对手，是要通过并购来彼此整合，从这个意义上说，除却并购本身的股权之外，三一和普茨迈斯特是兄弟。

至于扩张方式的改变，系因势而动。金融危机前，跨国公司自己的盈利很可观，不可能向中国企业抛出并购橄榄枝，因此我们一直主张自己投资，我们去了美国、德国、巴西、印度等地，我们在这些国家建工厂、搞研发基地，吸收国际技术，但这很艰苦。金融危机后，我们有了并购机会，显然，这是中国企业抢国际化跑道的机会，我们的打法当然要调整。

三一领导人在并购德国普茨迈斯特公司中，一、不看对方工厂；二、不审对方财务，另外，在并购前，普茨迈斯特不仅在中国市场占有率低于10%，而整体运营上，实际已陷入财务危机，这样的企业，收购的价值何在？

唐修国：我再次重申向总（三一重工总裁向文波）的一个观点，这次并购，不是一场简单的财务收购，而是重大的战略性国际并购。

我们为什么“不看”、“不审”？虽然普茨迈斯特是家族企业，但创始人实际上已经把它99%股权交给社会基金，换句话说，它受到欧洲公众的监督。另外，我们创业伊始，在技术和产品上，就以普茨迈斯特为标杆，我们对它进行模仿、研究了18年。其中的10年，我们在中国与海外市场上和它进行了竞争，我们知道，即使在中国市场击败它，但要赶上它50年的品牌价值和核心技术，仍然很难确定。这次有收购的机会，我们当然要采取主动。

我们认为，这次收购至少保证了三一技术超前五年。我们算过一笔账，现在三一每年研发费用占集团总收入的5%，按混凝土工程机械去年350亿元营收计算，在这个业务上的每年研发投入大约就是17.5亿元，我们这次收购费用约26亿元，就是说，我们用两年不到的研发费用，收购一家全球公司，节约研发时间同时，加速技术、品牌和市场的三项国际化。

另外，普茨迈斯特2008年亏损后，逐渐在恢复体力，目前是在赢利，我们无须在财务上输血，它可以自己独立生长。

让被并购者来整合自己

由于中德企业之间在人才、管理、技术、供应链等方面差异巨大，在“后并购”时期，三一对普茨迈斯特如何做出有效整合？

唐修国：我们不会以并购者自居，我们实际上是花钱把老师请进门，我们仍然是学生。更多的整合，是请普茨迈斯特来整合三一。

过去，一谈并购，我们就会说要整合对方，把对方的品牌、技术拿来，但效果如何？三一走技术化创新、国际化发展已经多年，但我感到，相比我们的扩张规模来说，内部的财务管控很落后，我们现在有20多个海外子公司，怎么控制财务预算、运转资金等问题，都面临重大挑战。现在被收购方的普茨迈斯特，就是一家集50年历史的全球化公司，财务管控方面比我们强、比我们更专业，因此让普茨迈斯特反向输出经验和管理，才是我们的整合方向。当然，财务管控的反向整合只是一个方面。

其他运营内容的管理上，还包括哪些反向整合?

唐修国：比如，在供应链管理上，普茨迈斯特对零配件有全球最高的标准，并购后，我们会要求普茨迈斯特优先采购三一的零配件，但有一个前提，凡是不符合标准的，普茨迈斯特不接受。不符合标准的，怎么办?我们就按普茨迈斯特的标准，去提高质量门槛，达到供应要求。

在品牌和市场上，执行双品牌制。一、主分市场。三一依旧主攻中国，普茨迈斯特依然在海外市场承担主力。凡是原三一在海外关于混凝土泵车的业务，全部停下，今后把这块海外业务全权给普茨迈斯特，同时，三一要拉长普茨迈斯特混凝土泵车链，增加搅拌站、搅拌车等与泵车配套的产品，以强化这个隐形冠军的实力。二、你中有我。在中国市场上，普茨迈斯特依旧保留现有业务不变，我们会要求三一下属的营销部门，凡客户提出要普茨迈斯特的产品，三一要让步。我们算过，普茨迈斯特目前在中国的销量是几百台机械，我们扶持以后，普茨迈斯特的产能和销售将呈现翻倍。

在人才资源上，“不裁员、保留团队”是并购协议规定的，我们不会失信。三一要国际化，本来也在广招跨国人才，这次并购，我们获得了一支真正的国际化团队，我们正在考虑，请普茨迈斯特 CEO 加入集团董事会或执行层，强化我们的国际化管理和战略竞争。

大娘水饺董事长吴国强：破中餐低端宿命

由吴国强1996年始创于江苏常州的“大娘水饺”，是中式快餐行业的领军企业。这家餐饮企业，凭借水饺的单一产品定位，不仅在国内19个省份拥有440余家自有及加盟连锁店，而且通过在印尼雅加达与澳大利亚悉尼相继开设分店，将中国餐饮文化成功输出海外。2013年12月，由有“李嘉诚御用银行家”之称的梁伯韬，所领衔的欧洲最大私募股权投资机构CVC（大中华区），完成了对大娘水饺的收购，公司也由此走上通往香港资本市场IPO的快速通道。

2012年3月，在常州青洋北路与富阳路交界处，一幢粉红色大楼在淅沥的春雨中，如诗意栖居。这里是吴国强创办大娘水饺16年之后的新总部所在地。吴国强本人的专驾现在是一款海神三叉戟LOGO的玛莎拉蒂跑车。一个卖了16年水饺的人和豪车之间的强烈视觉对冲，这是吴国强当时给我的第一印象。

很多人误以为如同大娘水饺名字一样，其老板会是女人，但，大娘水饺的老板却是一个严肃男人。

吴国强创业初衷很淳朴，只是为了改善生活。1985年，从大学毕业后一直留在青海西宁15年的吴国强，回到故乡寻找商业机会。六年后，他用3万元开出一家“西北餐馆”，试图把青海菜肴引入常州，但八个月后失败。次年，吴国强第二次创业，又开办了“美食园”，再遭亏损。吴国强开始反思，为什么接连失败，餐饮市场的商机到底在哪里？

吴国强脑海中突然浮现出大学毕业后到青海生活时的一段经历，那时作为青海省作协会员的他，每当回到家，邻居大娘总会端上自己家的水饺让他饱餐一顿，使远离家乡的游子倍感亲切。“就做水饺吧。”吴国强给了自己一个艰难的决定，当时，他并不能判断这一决定究竟是否还会失败？

经过一番精心准备后，吴国强1996年开始转营水饺。他请来了一位退休的东北大娘当起了包饺工，自己则亲自动手拌制饺馅。第一天包的水饺一卖而光，第二天、第三天同样如此。问问顾客，反响不错，于是他又请来第二位、第三位包饺工，生意日趋火爆。后来，吴国强干脆把饺子店起名为“大娘水饺”。就这样，大娘水饺在此后16年中，居然横扫19个省份，开出440余家自有及加盟连锁店，而且还把生意开进了印尼和澳大利亚。

2012年的吴国强，在思考大娘水饺的下一个问题：如何使大娘水饺符合上市门槛标准？吴国强并不想躺在昔日成绩上，他有志让大娘水饺成为一家百年公司。就在前一年，尽管有265家公司获得中国证监会发审委审核并通过上市许可，但是餐饮企业却全军覆没，也就是说，自湘鄂情2009年上市之后，A股市场再无一家餐饮公司成功上市。

吴国强很清楚，餐饮公司未上市的原因，不是业绩不达上市门槛，而是管理问题：首先，餐饮业的现金流大，但难沉淀形成优质资产，财务硬指标不符合上市的法定条件和要求；其次，财务规范管理不到位，尤其是收入与支出缺乏有效的发票作为审计凭据。

吴国强决定对大娘水饺进行彻底的标准化管理革命。吴国强告诉我，他做梦都想把大娘水饺做成中国的麦当劳。只是，16年来只卖水饺的公司，再怎么搞“革命”，还能折腾出什么模样？我很好奇！

从大娘变少妇

为什么你的名片上，大娘水饺的LOGO不用16年以来惯有的图案，而是改用现在的美丽少妇图案？难道大娘水饺要改成“大嫂水饺”或者其他的名称？

吴国强：大娘水饺已经营了16年，不仅拥有庞大的消费群体，而且获得了在中国餐饮行业中的地位，因此名字不能换。但是，现在的竞争市场，餐饮业已进入比拼高端形象的阶段，原有的形象制约了我们的发展，很多大型豪华商厦都向我们提出，你们的产品信得过，消费者也能吸引过来，但形象太土，怎么办？大娘水饺的“大娘”两个字不能换掉，一换掉，原有的消费群马上流失，而且我们要承担二次创业的巨大成本。

于是，我们聘请策划公司给我们设计出这个符合高端形象的新商标。但是不是有了新的商标，就去掉老的商标？

换标，对于大娘水饺来说不是简单的事情，因为我们有440多家门店，如果一下子更换，涉及门店装修、员工制服、餐具等，大约要花费5 000多万。因此，我们的办法是，凡是新店才实施新商标，而老的门店则逐步改换，我估计这需要3～5年的时间。

作为卖水饺的餐饮企业，为什么要花费巨大的人力物力上ERP这样一个精准管理系统？

吴国强：我只想谈谈关于用了ERP对我们究竟带来了什么好处。

首先，由原来模糊化的管理，变成数字化的管理。为什么这么讲？比方说，甲店成本是50，乙店成本是48，丙店成本是46。甲店说我这个地方是低毛利的东西卖得多，所以这个地方成本高，丙店说高毛利的东西卖得多，所以成本就低。如果凭他们嘴上讲，我们凭什么来考核呢？

我们原来的办法是，对一家家门店计算，但我们现在发展到440多家门店，人工是无论如何也算不过来。有了 ERP 系统以后，我们可以精准计算和统计出各产品的动态成本与毛利。以低毛利的牛杂汤为例，因为牛杂汤要好吃，需要两个指标，一是配料，二是销量。这两个指标休戚相关。虽然我们规定牛杂汤的产品标准，但是每个门店如何控制成本和销量，我以前是不知道的，现在有了 ERP 之后，就能加强财务核算和管理作用。

其次，在仓储方面，我们能够精准了解到每家门店的销售和库存。

再有，人事方面通过 ERP，使我们能做到精细管理。比如，以前在考核门店经理或者员工的时候，只能依赖于是他的上级评估来观察，有很大的人为因素，现在就很简单。比如一位门店经理，他从哪年哪月到现在任职的表现、业绩、奖惩情况的整个数据全部在系统中，而且还能将他的数据和其过去比较、和其他人相比，由此判断出他在公司的总体表现。

在花费巨资引进 ERP 系统的同时，为什么还要搞远程监控，这对你要的“标准化管理”有什么关联？

吴国强：首先，我们已经是一家有 440 多家门店的大型餐饮企业，作为管理者，即使个人精力再如何充沛，也不可能监控到每个门店的运行是否符合公司的规范标准；其次，民以食为天，这个“天”还有一个明确的含义就是食品安全，我们对每家门店的食品操作的经营过程负责。因此，我们上半年（2012 年）花费了近 600 万在全国门店安装了远程监控设备。现在每个店里都有探头，从厨房到大堂，然后，我们在总部进行适时观察。主要看员工是不是按标准在操作、是不是做与工作无关的事情、是不是服务态度出现违规、客户投诉是不是合理。

企业《法典》

听说大娘水饺内部有一部《管理手册》，这部手册主要内容是什么？

吴国强：我一直希望能把大娘水饺的管理水平比肩麦当劳。麦当劳用一个汉堡包征服全球，绝不是表面看上去那么简单，实际是在内部有一套极度苛刻的管理制度。

这部厚达300多页的《管理手册》是集大娘水饺16年的经验，和学习麦当劳的经验所汇集起来的，属于大娘水饺的《法典》。它从采购到仓储、生产、烹制，以及到销售、终端服务等每一个细节，都做出了行为标准和规范指导。

比如，生产过程中，规定了如每10公斤馅使用1袋调料、每6只饺子重120克、每6个饺子皮重55克；在服务阶段，规定了从顾客点餐到食品上桌不得超过十分钟，擦一张桌子应该遵守的清洁工序，等等。

除了利用管理技术工具对公司进行标准化管理革命之外，还有哪些行动？

吴国强：中式快餐在中国市场上已经走了有20多年的路，通过盲目加盟以扩大自己地盘的餐饮公司，牺牲的例子很多。大娘水饺近十年一直稳居在前三甲之列，这和我们稳扎稳打的作风有很大关系。比方说，我们在开店上首先考虑的是，我们管理能力能不能跟上，如果管理能力能跟上就多开店，如果管理能力跟不上就少开店，这是原则，不能说是没等到地基打好，就拼命往上盖，盖到最后轰然倒塌，这是得不偿失的事情。

这两年为了加强基础管理，我们也在做很多的事情。我们每年要花300多万请美国尼尔森公司对大娘水饺每一家门店进行神秘顾客调查，每个月有神秘顾客到我们的店走访三次，每一旬给我们写一封报告，每个月都有一个综合分析，这对提高大娘水饺的管理很有好处。我们从前年5月份开始，经过这一年多下来，分数值是上升了大概五六分，一开始是82点几分，现在是89点几分。神秘顾客调查的方式，对提升大娘水饺品牌形象有很多好处。

大娘水饺还做了一件事情，投资3亿做了一个现代化农业园，其实现在我们看到食品安全是大家非常非常关注的。大娘水饺是不是从第一步就开始控制整个生产安全周期？

吴国强：这是一个新的领域，我们叫大娘兴农公司。我们刚刚涉足，目的就是从产业链上考虑。

目前食品安全方面出的事情比较多，我们考虑是从源头上抓起，我们面粉和粮油是通过中国粮油的张家港福临粮油出来的，肉是通过国内几家大的屠宰厂，包括雨润、双汇、金锣，目前素菜也有定点供应，比如说扬州、南通，但是蔬菜种植比肉类屠宰和粮油加工更复杂，目前中国农村的生产集约化做的还不够，一家一户分散比较多，或者小规模农场比较多，所以我们考虑从食品安全角度来讲，我们要做到心中有数，只有做到心中有数才能保证我们的食品安全。

再比方说我们餐桌上的醋、辣油、蒜，下一步都要实行包装，实际上是为了食品安全。现在蒜泥、辣油、醋都是放在桌上，顾客随意可以用的，下一步很可能给你一袋醋，给你一袋蒜泥，给你一袋辣油，采取这个办法来解决食品安全的问题。

上市要伺机

关于上市，大娘水饺早在2007年已经提出，但此后一直不见动静，为什么？

吴国强：说到上市，虽然前两年证监会对食品和餐饮企业没有发文禁止，但基本上就是不让上了。不让上的原因是考虑到餐饮企业不规范，都是现金交易，还有就是主要考虑到食品安全。今年（2012年）马上要解禁了。

当然，我们也可以选择谋求去香港上市，但是会有一个什么问题，就是倍数太低，上次是上海的小南国要到香港上市，最后没有上，12倍，它觉得没意思。现在风投投我们企业，目前都要15倍、16倍，它上市才12倍，还有什么上头？

现在整个公司的性质是家族制企业，还是股权是家族，管理是经营的？

吴国强：现在我自己的股份是85%，我太太股份是10%，另外5%是高层管理团队。

谈到高层管理团队，很多餐饮企业的管理团队素质不高，而大娘水饺又是如何？

吴国强：对人才引进，我也有一个观念改变的问题，原来都是通过自己或者是亲戚、朋友介绍，或者是市场上招，从今年（2012年）开始，我们基本上委托给猎头公司。

我认为，普通员工可以从市场上招，而重点人才都是从猎头公司找，因为有才能的人不需要到市场去，都在猎头公司资料库中。我们现在招年薪30万元以上的店长，都是通过猎头公司。企业竞争到最后就是人才竞争，没有人才其他都是空的，而且没有人才就是资源浪费。

春秋董事长王正华：在夹缝中生存

1981年，原为上海长宁区遵义街道党委副书记的王正华，怀揣1 000多元下海经商，创办上海春秋旅行社，后在2004年进入航空业，成立首家中国民营资本独资经营的低成本航空公司。在其拓展中国廉价航空业务中，曾经相继抛出1元、0元的超低票价，一度引发业内外争议。经过30多年的进取，春秋航空证明了自己“低成本”运营的价值，其2014年净利润增长率远超中航、东航和南航等三大航空公司。

全球航空业和中国航空业，2012年初出现了巨大的比对。当年年初，国际航协（IATA）对2012年做出的悲观预判是，全球航空运输业亏损将达83亿美元，净利率为－1.4％。但是，在全球风声鹤唳下，来自中国民航资源网的预估却是，中国各大航空公司的总净利将在这一年达到近260亿元人民币。就是说，中国包揽了全球航空业去年总利润的60％。难道中国航空业的增长模式、产业结构优于全球？

事实是，2012财年结束后，国内的航空公司却没有兑现预期。当年的累计盈利为211亿元，同比下降22.7％。其中，核心的三大航——国航、东航、南航，尽管实现盈利，但全部出现严重下滑，它们的净利润分别是49.5亿元、26.3亿元和34.3亿元，同比下滑为34％、48％和30％，东航业绩下滑最严重。但是，出乎意料的是，一家廉价航空公司却出现了“逆袭”，这家航空公司正是王正华领导的春秋集团下属的春秋航空。这一年，春秋航空客运量达到 910 万人次，同比上升 27%，净利润超过4.7 亿。

作为中国航空业的一朵“奇葩”，春秋航空并不在主流之列，很长一段时期，人们都将其和东星、奥凯和鹰联等另外三家民营航空公司划为一列。但遗憾的是，和春秋航空共同起航的这三家民营航空公司，不是破产，就是被国有航空公司收购。因此，春秋航空成了当时硕果仅存的一家民营航空公司，欣慰的是，这家廉价航空公司不仅活下来了，而且还保持了自己小步速度的增长。

作为春秋航空的创始人，王正华一向在管理企业中以“死扣成本”著称。我曾经在 2012 年拜访王正华期间，到他上海虹桥空港的办公驻地。发现贵为中国第一大线下旅游和中国第一大低成本航空公司的集团，全然没有大公司的豪华装饰，整栋楼层的装饰非常普通，即使在王正华董事长的办公室，也没有豪华老板桌和老板椅，其办公室里的一张沙发据说用了 20 多年。我问王正华为什么不换，他说能用就行。

“春秋创业只有 1 000 元，后来依靠员工集资后才发展起来，因此我们的股份属于员工持股性质，我虽然是董事长，但我不对公司控股，我需要对所花的每一分钱负责。”王正华的话，告诉了我春秋集团的性质：它表面上是民营公司，但实际上是一个集体所有制性质的公司。因此，春秋从创立第一天开始，所做的每一件事，都首先考虑全员的利益，而进入的旅游业、航空业，都首先考虑如何低成本和高效率的运营。这种将成本为先视为公司生命的思想，根植到王正华及其春秋集团中每一个持股员工的血液中。

避争“三大航”

从 2005 年中国民航业向民营资本开放以来，当初和春秋共同起飞的还有东星、奥凯和鹰联，但现在另三家不是破产，就是被国有航空公司收购。由此引发

关于民航业“国进民退”的争议，这会是一个大趋势吗？

王正华：问题要看三个方面。第一，民营航空的数量本来就不多，在行业竞争中优胜劣汰在所难免；第二，国有企业与民营企业的公平待遇问题，有待改善。我去年给吴邦国写信，汇报春秋经营状况以及对发展民营航空的看法，他写了回信，信中，重点观点是，“政府对国有企业支持毫不动摇、对民营企业支持也是毫不动摇，当然各个行业执行如何，会有千秋”。因此，政府在大的思路上，并没有对包括航空业在内的民营企业有所限制，短期出现的“国进民退”现象，不代表未来；最后，我认为部分民营航空公司在进入行业之前就准备不足，对竞争形势的预判过于主观。

以东星为例，怎么看部分民营航空公司，在选择生存和竞争方式上，存在的问题？

王正华：部分民营航空公司进入航空业，没有采取创新的战略和战术，而直接比拼“三大航”，这根本不可能有生路。作为同行，我关注了东星破产的前后过程，甚至他们也请求我们出手相救，但我们没有伸出援手。如果只是资本性救援，根本无助东星自身问题的解决。

我们和东星在各方面差异巨大。

在战略上，春秋是从旅游延伸到航空，业务领域专一，而东星从航空领域衍生至包括旅游等多个行业，我们认为，企业精力有限，应该做自己最擅长的事情，东星的多元化战略和我们的战略有分歧；在定位上，春秋在旅游打中高端牌，在航空打廉价牌，而东星正好相反，我们认为，双方客户诉求有严重差异；在核心市场上，相比东星所在的武汉，春秋处在上海这个全国最大的市场。

东星这种盲目竞争的方式，在部分民营航空身上也存在。我一直认为，没有对一个行业的商业规则、竞争方式想清楚前，就不要贸然踏入。我们运营航空业务，是经过了 17 年的调研和准备。

国有航空公司亏损，可由政府注资来解决危机，而民营航空公司的生死只能交给市场。在这种不公平的竞争环境中，民营航空公司出路何在？

王正华：这样的竞争环境会有所变化，什么时候改，我无法做出判断，但有一点可以肯定，中国民航业最终还是会走向“民进国退”。

欧洲的民航业在最近30年中，已接近100％的私有化，这是一个世界性趋势，民航业只有充分竞争，才能降低国民的出行成本、节约社会资源，才能让行业得到健康发展。

而就民营航空公司自己来说，我们一度和东星、奥凯、鹰联和其他几家设想搞联盟，达成战略协议，但最后没有实现。有民营航空公司提出资本性合作，将彼此捆绑在一起，但我认为这不符合实际，原因是中国市场不成熟，各公司的利益和战略有分歧，大家即使资本上合股，仍然会有矛盾冲突。

因此，在现阶段，各民营航空公司仍然需要独立探索自己的商业方式，看看哪种方式被证明是可靠的、能站得住市场。我对春秋的廉价航空模式，抱有信心。

死扣成本

在廉价航空模式下，由于无法在机票上实现较高的利润，必然会对成本深度挖掘，但对于航空公司来说，有些成本是刚性的，很难压缩，春秋的办法是什么？

王正华：航空的刚性成本占80％，柔性成本大概占20％。春秋的柔性成本比国航这样的全服务公司还要高，为什么？因为我必须承诺更多的待遇，才能让飞行员到我们这样的小公司。但入职后，我们会灌输春秋的成本理念。

比如，员工要出差坐飞机，春秋规定，只有五折以下的机票，才可以报销，否则就要乘火车。而所有的干部住酒店，只能选择三星以下的酒店。

省钱首先从自己开始，然后影响干部、员工。以我去国外为例，每次出行前，我都会让秘书算好最低成本，到了国外，能坐汽车、地铁，就不叫出租车。

在公司，我教育员工的理念就是：钱永远一半是赚的，一半是靠省的。“三大航”在2008年出现巨亏时，春秋能盈利靠的就是这种死扣成本的办法。

我搞廉价航空，也是希望普通消费者为自己做出选择：你究竟愿意付出高价，去选择一个免费提供30元盒饭的航空，还是愿意省下一半钱，接受没有盒饭的廉价航空？

低成本思维很符合当前大多数中小型企业的管理需求，但春秋的“死扣成本”，是否影响到企业的正常运营？

王正华： 省钱不能影响到企业的正常工作和未来战略。在春秋有三样不能削减，如安全、员工的工资、培训。除此，在内部管理的各环节都有严格的财务控制制度。

春秋能走到今天，不是依靠财团的帮助，而是所有的员工共同节约每一分钱，我们创办航空公司最初的3亿资金，是我们在旅行社业务上多年积攒下的盈余，因此春秋力求每一笔开支节省到毛细。

举两个例子。第一，多数航空公司销售机票采用中航信系统，以及代理商，但我们算下来，两笔开销需要多支出1亿，于是我们自建网络销售系统，这样，我们就等于通过节约创收了1亿；第二，多数航空公司会免费在飞机上送杂志，但根据我们内部的“节油委员会”统计，全年将为此耗费价值1 500万的3 000多吨航油，后来我们取消了免费杂志。事实上，我们不仅没有因为省钱，影响到市场和消费者利益，而且还创造利润，这叫相得益彰。

春秋航空自己死扣成本的同时，也在帮助旅客扣杀出行成本，但正是由于取消了常规的例行服务，引发旅客不满，甚至“霸机”，那么春秋“死扣成本”的廉价模式是否可持续？

王正华： 我走访过很多国家，尤其人均国民收入在4万美元左右的发达国家，低成本航空都非常风行，基于这样的判断，我认为春秋航空在中国不会没有发展，只是我们扮演了市场教育者、第一个在中国吃螃蟹的公司。

我们的廉价模式来自对“美国西南航空”的复制，但这不代表我们照搬照抄，现在我们也推出了“商务经济舱”这个产品，就是旅客可以用买其他航空公司普通舱的价格，购买到我们的“头等舱”，享受应有的服务。

至于我们为旅客扣杀出行成本方面，我们推出的“99系列”票价中，与旅客签订的协议是符合法律的，如果有“霸机”，我绝对不赔钱，会将他列入“暂无能力服务旅客”的名单，我必须保障多数旅客的利益。

视野在全球

在选择国际化战略上，春秋为什么选择日本市场作为第一站？是否因为春秋在国内缺乏优势航线所致？

王正华：即使不选择日本，春秋还是会走出海外的第一步。但按全球廉价航空公司通常的做法，只做五小时以内的航程业务，那么在这一航程线上，韩国、日本是我们最理想的海外市场。但为什么只选择日本？

经过我们考察发现，韩国市场小，且廉价航空竞争激烈，而日本是仅次于美国的经济体，且在廉价航空市场上基本空白。这是我们进入的原因。另一方面，我们也在国内积极争取最优质的航线，但并非一朝一夕，我们需要时间。

从战略意义上说，我们只看需求，不论国度，企业要有“地球村”概念，老是纠结于国内竞争，并非出路。我们在日本，也可以看看廉价模式是否行得通，还有哪些国际性的发现，这会给春秋带来长期价值。当然，我们不是去做学生，是做一个市场的开拓者。

春秋在日本注定是一场艰难的海外跋涉。我想看看，经过前八年实践过的春秋航空廉价模式，参与国际竞争上有哪些新的发现。我承认，春秋过去在旅行社和航空业务上的“差异化”，均复制海外企业，但现在也面临新的竞争挑战，因此，我们通过国际化找出路。

实际上，春秋的过去与现在，均受益于国际化思维与行动。1981 年，春秋决定做旅行社时，面对的是中旅、国旅对单位团体的垄断市场。为了生机，我渴望找到突围的办法。后来，我从一位欧洲留学归来的教授写的《世界旅游业及哲学》上，读到一条“出路”——散客旅游才是真正的市场主流。凭着这一国际视野，我开始避开中旅、国旅，潜心挖掘散客市场。春秋居然成为传统旅行社行业冠军。

然而在一次赴美考察中，我发现春秋在国内取得的成绩，与国际一流旅游公司相比，无荣可言。和 2004 年国内 2 万家旅行社一年的 3.02 亿人民币总利润相比，美国运通公司一家的利润就是几十亿美元。这次出国，我总结了全球旅行社最优秀的四种发展模式：美国运通从旅游业演变成金融业；英国利德从旅游业发展到展会；日本交通会社拉长旅游业上下游；德国途易从旅游业到航空。

春秋决定复制德国途易，进入航空业。和当初我们进入旅游业一样，民航业也是国有航空公司把持着中高端市场，我们怎么办？经过对国外多番考察，美国西南航空的廉价模式，成为我们专注学习和研究的课题。为此，我们研究了十年，实践了七年，最后出手。

无论当初专注散客市场，还是后来搞廉价航空模式，这些商业的雏形并不在中国，而是在发达国家，我们通过考察、论证和消化，却在国内竞争中产生了差异化优势。因此，春秋的经验表明，解决企业的出路，不是整天埋头于国内竞争，而是领导人、团队、企业走出去，站高一点，将视野放开，从海外优秀企业身上学模式、学经验。

春秋已进入拟上市名单，如果 IPO 成功，春秋是否可以解决“2015 年实现 100 架飞机预增”的 200 亿资金问题？

王正华：通过 IPO 征程，春秋面临新的转变，要求以上市公司的标准，规范制度、流程，如果上市，春秋是一个公众公司，所传播的信息需要对公众负责。

2015年要实现100架飞机预增，的确是我们此前提出的战略目标，但我们已不再多提，我们正在展开实际的工作。至于资金问题，我想说的是，春秋并不是急需通过上市融资来解决，因为有很多银行因我们良好的资金流管理，也主动要贷款。春秋上市不是为钱，而是为了寻求更规范的治理和新的台阶。

报喜鸟董事长吴志泽：做百亿向内看

1984年，吴志泽创立浙江纳士制衣有限公司，1996年，纳士公司与浙江报喜鸟制衣有限公司、浙江奥斯特制衣有限公司合并，成立报喜鸟集团。这也是温州第一个打破传统家庭式经营模式、自愿联合组建的服饰集团。而吴志泽本人一直担任报喜鸟集团董事长至今。此后，在吴志泽领导下，报喜鸟不仅2007年在深交所成功上市，成为温州地区第一家国内上市的鞋服企业，而且拥有总资产70亿元，年销售收入50多亿元，连续17年进入全国服装行业销售收入及利税双百强前列。

报喜鸟董事长吴志泽的脸，看上去棱角分明，甚至不怒自威，当他站在位于上海分部的松江工业区董事长办公室，用手机和属下交待工作的时候，窗外的阳光正好斜射到他的脸上，使他看上去像极了美国影片《华尔街》里迈克尔·道格拉斯饰演的老戈登。但，吴志泽无意于任何投机性证券买卖，他只想着带领报喜鸟这一实体企业，在2016年前跨入“百亿俱乐部”。

以报喜鸟2011年实现的20.23亿营业收入为基数，五年之内要冲击百亿战略目标，理论上说，必须保证每年约40%的复合增长率。“我们去年（2011年）就已经打破这个复合增长率，实现了60.85%的同比增长。”吴志泽接受我拜访时这样表示，尽管2011年遇到了诸多市场挑战，但相信报喜鸟通过“要素驱动向效率驱动环境下的发展与战略”，寻找到了成长空间。

吴志泽的底气越来越显现：在结束的2012年第一季度中，报喜鸟实现了5.53亿营业收入，同比增长57.8%，而净利润以0.53亿实现46.7%的同比增长。当时，日信证券在给出“推荐”评级中，甚至预测报喜鸟2012～2014年的营业收入增长率将分别为65.58%、59.03%和47.20%。看来，报喜鸟的“百亿之梦”甚至可能提前落地。然而，在业绩剧增、市场“大送玫瑰”的利好下，吴志泽却认为，报喜鸟距离市场强势地位还远未达到，还面临整体经济下行对公司的影响。

站在2012年角度，设想出2016年的五年战略，这很有意味，但问题是，所谓的五年战略不能是一张空文，也不能假大空，吴志泽想具体如何做？根据他当时的说法，要完成百亿目标，准备“去工业化”。并且从几个关键指标上狠抓与战略匹配的机制，比如组织架构是否达到最佳、商业模式是否与战略匹配、运营模式是否推动战略实现、流程管理是否快速和合理、资源投入与分配是否符合战略需求？在这些问题上，首先做的是SWOT分析，通过优势、劣势、机会和威胁四大纬度，寻找我们自己的管理漏洞，然后进行优势保持，以及对不足的地方进行改制，由此重建最优化的内部机制。

我当时的想法是，要在以上这些模块，报喜鸟一一进行深度管理变革，不亚于二次创业，我虽赞同吴志泽的勇敢，但实际是表示怀疑的，当然定论还要等到2016年最后的结果。

要素驱动一去不返

作为经历过30多年企业经营的老板，对今年（2012年）中国的大环境怎么看？服装行业会不会出现大面积的业绩下滑或者负增长？

吴志泽：对于今年（2012年）的中国经济，我的观点是“平稳增长，GDP仍然在8%左右”。虽然，我们面临外部经济空前的挑战，但是，我们也有自己的优势，因为我们经过多年的高速增长后，经济基础比较扎实、财政实力雄厚，尤其是政府对经济的把控能力日益增强。对今年中国经济的增速，虽然不能奢望达到10%以上，但8%左右还是可期。

说到我所处的服装行业，包括报喜鸟在内，我也看到很多企业天天在讲转型升级，但究竟有多少企业的转型，创造出短期利益，或者打开了未来的成长空间？我注意到有些企业方法很简单，就是靠融资、靠上市，以为这是生存或发展的通道，但事实是，在股市里的公司，有多少家具备了足够好的商业模式、又有多少家的盈利是可持续的，有些公司做着做着，就没有了上市前的那种风光。

我在年初的公司高管会议上，提出一个观念，就是“要素驱动向效率驱动环境下的发展与战略”。我认为，我们过去那种依靠“要素驱动”赚钱的模式，已经宣告结束，现在面临如何靠自身能力的驱动，在不利的环境中，第二次跑起来？

过去的“要素驱动”是什么？我将之分为三个阶段：

第一个阶段是20世纪80年代，就是国家刚刚从计划经济转向市场经济的时候，那时的市场要素就是“市场物资短缺”，当时只要你敢于下海经商，几乎就做什么赚什么；第二个阶段是20世纪90年代，市场要素就是“城市化进程”，农村人口向城市集聚后，带来了大量的消费市场，企业只要往某一个品类发展，就能成为单项冠军，很多现在的优势企业，就是在这个阶段迅速发展起来的；第三个阶段就是2000年到金融危机之前，市场要素就是“人均GDP突破3 000美元”，也就是消费的第一次升级，那时，你只要坚持做品牌、营销上敢于投入，就能很快做成一个中、大型企业，并获取“滚雪球”的力量。

可以发现，上述三大“要素驱动”，都并非来自企业自身能力，而是受益于中国市场经济的三次宏观变化，是市场给你创造出的赚钱机会。现在，这些“要素”都没有了，你面临的市场成了物资丰富、城市差异缩小、人均GDP已达到5 000美元，甚至有些城市超过10 000美元，再加上外资品牌竞争、消费者信心低迷等问题，已经不可能指望有新的市场要素利好你，因此，思维必须转到“效率驱动”。

关于报喜鸟所提出的“要素驱动向效率驱动环境下的发展与战略”，如何进行分阶段或者分步骤实施？

吴志泽：报喜鸟服装板块经过近30多年的发展，目前拥有六大原创品牌，三个代理品牌。当然，每个品牌的发展速度和经营业绩有差异，有发展较好的，也有不太成熟的。这么多品牌，如何协同发展，发挥整合优势，实现规模和效益最大化？这是我们现在亟待解决的问题。

现在，我们最重要的就是厘清战略，找准方向。去年开始，我们对战略进行了细致梳理。首先，我们制定了一个总体目标，就是到2015年，报喜鸟要成为行业内有影响力的多品牌、多系列的领军企业。具体而言，就是旗下要拥有15个品牌，网点超过5 000家，销售额超100亿元，利润超10亿元。其中，报喜鸟、圣捷罗、宝鸟等三个主要品牌，要稳定占领细分子行业的前三名，现有其他品牌必须进入细分子行业中的前五名。因此，在我们内部对2016年实现“百亿”目标，实际上是做了提前一年的要求。

从SWOT分析角度，在实现“百亿”战略目标上，报喜鸟现存最大问题是什么？如何解决？

吴志泽：先谈优势，作为上市公司，报喜鸟有较高市盈率，另外，我们通过多年的积累，在财务管理、人力资源、战略计划等方面形成了适合多品牌运营的管控模式。但如果向更高目标发展，我们就存在不足，比如说，营运与监控方面仍需进一步提高、各品牌事业部门之间存在内部竞争性消耗，未来亟待提高和合理配置各品牌的资源关系，以实现效用最大化。

机会是什么？从宏观来说，一方面，国家鼓励优势企业进行产业整合，做强做大；另一方面，中国GDP及服装总需求增长、市场细分，为多品牌多系列发展提供基础，单一品牌过百亿成为可能。从微观来说，报喜鸟通过代理部分国际品牌，获得了和国际一流企业的学习和交流机会，可由此快速借鉴国际品牌的研发设计、供应链管理、渠道和终端管理及品牌系列管理方面的做法，为自己未来国际化打好了基础。

当外部要素驱动停止后，接下来要转向“效率驱动”。那么，报喜鸟是如何具体培育新的内在“效率要素”？

吴志泽：从品牌经营角度，我们提出了“1+3”标准，它是一个培育效率的系统性机制。

“1个标准”，就是建立品牌在产品、价格、渠道、促销等方面与品牌定位一致性的管理标准。根据特劳特的定位理论，品牌在产品、价格、渠道、促销等方面与品牌定位的一致性越高，成功的概率越大，品牌的持续发展能力越强。

“3个标准”，就是建立研发体系、供应体系、营销体系的统一标准。在研发体系上，重点是，遵循色彩开发—面料开发—版型开发—款式开发等产品研发规律，逐步完善研发体系，同时，根据品牌系列划分，形成系列开发模式，并建立产品企划整体系统；在供应体系上，逐步通过面料预投分批下单、快速补单、自建小流水等方式，增强供应链弹性，并推动供应体系从ODM向OEM转型；在营销体系上，确定战略店、形象店、业绩店、亏损店等店铺类别及定义，同时将资源向优秀代理商倾斜，鼓励代理商“一城多店”，以提高当地市场的覆盖率。

品牌矩阵航母化

就目前公司旗下的品牌矩阵来说，是否搭配合理、是否都得到了公司的资源性支持？

吴志泽：搭建整个品牌矩阵上，我们做了战略考虑。根据“整合优势资源，创新发展模式”的思路，按照同一消费群体的品牌相互整合、同一风格的品牌相互学习的原则，同样也形成了一个“3+1”的战略思维。其中的“3”是指高档、中高档、年轻时尚商务装等三个板块，“1”是指“宝鸟”品牌职业装。

整个“3+1”的布局，好比搭建一个舰队作战群，比如报喜鸟品牌是航空母舰，其他有些品牌可能是护卫舰或者巡洋舰，因此，会出现有些品牌高增长，有些品牌仅仅是防御性的，不一定非要追求高盈利。

尽管如此，我们要求各品牌能够做到最佳的市场开发，但如同人的五指一样，还是会有长短。以去年为例，“报喜鸟”和“圣捷罗”承担了大部分的利润贡献，网点拓展较为理想；“巴达萨里”品牌形象得到提升，存货控制得力；“宝鸟”安徽工厂产能仍需稳定、提高；“比路特”的业绩低于预期；“法兰诗顿”未能实现财务目标和市场目标。其中，有些品牌暴露出的问题，我们希望尽快得到控制和解决。

报喜鸟提出了“大店工程”和“巨人计划”策略，两者分别是什么意思？对于整个公司战略具有什么作用？

吴志泽：“百亿”目标的实现离不开代理商的贡献，但代理商目前的成本正在增加，主要是店面租金，尤其是主流城市CBD的租金，最近几年涨幅过高，压低了代理商的利润空间。为此，我们希望代理商从主商圈移向次商圈，迁移之后，就算出同样的租金，但店面可能扩大多倍，同时，可以容纳报喜鸟的多个品牌，这种“大店工程”有利于代理商的利益。

至于“巨人计划”，这是因为我们原来代理商体系上有“散、多”的现象，各代理商在同一区域形成了竞争性内耗，现在，我们扶持各地优秀的代理商，鼓励有条件的代理商在同一个区域做10家以上店面规模，同时，我们建议这些代理商改变过去“夫妻店”的模式，逐渐引入职业经理人，通过团队建设，真正进入公司化运作。按照这个思路，一个具有规模的代理商，可能从10家网络裂变成20家，甚至更多。

去年（2011年）公告显示，报喜鸟质压1.23亿股权用以换取3亿元左右的资金，来增加公司流动资金，并推动“巨人计划”，另外，去年应收账款同比增长172%至7.17亿，其中很大一部分用于“巨人计划”，这样做，既增加了资金流出，同时也造成应收账款的风险，公司如何平衡好风险与市场投入之间的矛盾？

吴志泽：按照证券公司的那些静态分析，我们就不要做生意了。做生意一定是“富贵险中求”。当然，我们内部有严格的风险评估和监控标准。我需要告诉投资者的是，6 月 14 日，我们已经公告了质押解除通知。

回头说，我们为什么敢于用资金去扶持“巨人计划”，就是看准了现在是最好的时机，由于现在市场低迷、人心恐慌，因此在这个阶段增加店铺投入、扶持经销商，从长远来看，会取得最好先机。

股权集于一个家族

关于股权调整上，报喜鸟集团公示了变动方向——除了您未来五年不能减持，只能增持之外，其他创始股东应继续减持股份，其意图是什么？

吴志泽：这是我们内部的约定。我们公司在 1996 年由三家家族企业合并，当时是为了彼此抱团，在竞争中优势互补，时至今天，内外形势都发生了改变。关于报喜鸟下一步的发展，我们希望不仅仅是完成“百亿”目标，更希望是打造成一个百年企业。

服装企业如何成为百年企业？我们研究了欧美最优秀的百年品牌企业模式，发现一个好的品牌公司都只有一个灵魂人物，甚至只有一个家族，这样能保障企业和品牌的传承。就现阶段说，股权集中之后，可以在战略制定、执行上，由分散意见走向统一领导，有利于企业的发展。

1996 年从三家家族企业合并后，报喜鸟就一直采取了职业经理人制度，这次股权集中后，对职业经理人制度会产生影响吗？

吴志泽：无论是过去多个家族，还是以后搞一个家族对企业的控制，“资本家族化和经营职业化”都是报喜鸟的企业基本原则，这一点永远不会改变。我记得柳传志讲过，一个企业要做好，首先必须厘清主人关系？这次，我们搞股权调整，就是为了重新厘清主人关系，并不涉及职业经理人团队，相反，我们还要吸收更多、更优秀的职业经理人。

在向效率驱动上，报喜鸟面临的转型挑战，更等同于二次创业，但现有经理人团队是否具备创始人当初的那种素养和能力？

吴志泽：马明哲对企业的不同阶段有一个解读，说企业小的时候靠英雄，企业大了靠平台。平安为什么能做大，为什么不怕经理人进来和出去，就是因为它有一个平台，无论是谁，只要进入公司，就一定要遵从于企业平台。报喜鸟也一样，从1996年开始摸索职业经理人制度，到今天，我们已经有成熟的管理模式，我不奢望每个职业经理人都像我早期创业那样，能吃苦、能产生强势领导力，但只要进入我们这个平台，对战略严加执行，最后就一定能保障企业的可持续发展。

3M 大中华区前总裁余俊雄：严峻考核催生不出伟大创新

3M 公司创建于 1902 年，总部位于美国明尼苏达州的圣保罗市，是以科技创新著称的多元化企业。在百年经营中，从家庭用品到医疗用品，从运输、建筑到商业、教育和电子、通信等各个领域中，3M 公司共开发出大约 6 万多种创新的高品质产品，极大地改变了人们的生活和工作方式。1984 年，3M 公司进入中国，并在深圳经济特区之外成立了中国第一家外商独资企业。截至 2012 年，3M 在中国累计总投资超过 10 亿美元，下辖 11 个生产基地。

孟买到上海的 5 000 多公里航距，在 3M 大中华区总裁余俊雄看来，不算很远，但他感觉 2012 年底的一次商务旅行，像赶了一趟过山车。

借去孟买领取由怡安·翰威特（Aon Hewitt，人力资源咨询及外包服务公司）颁发的“全球 2011 最具领导力公司”奖项的机会，余俊雄带着团队特意去查看了孟买的公共设施，结果大失所望。“要知道，孟买在印度的地位堪比中国的上海，连这样的核心城市，还停留在我 18 年前见到的景象，那么印度所称的创新力又体现在哪里？”

身兼 3M 全球中央执委的余俊雄，庆幸自己 18 年前的正确决定，当时选择的是中国，而不是印度。

算起来，余俊雄在3M公司已经干了40多年，而其担任公司大中华区总裁的时间就占去其中的一半。因此，余俊雄被称为“3M的活化石”。自1993年担任3M大中华区总裁起，他将3M中国的营收从10多亿元人民币发展到超过140亿元人民币，以至于连通用电气前CEO杰克·韦尔奇（Jack Welch）都在其自传《赢》一书中大赞“余俊雄，在旧的预算体系下总是有出色的业绩”。

经过这次对印度考察之后，余俊雄体验到了3M全球首席执行官乔治·巴克利（George W. Buckley）之所以对中国市场如此看重的原因。

2011年12月6日，巴克利对华尔街公布了3M在2012年的业绩目标预期，全年销售额将达到302亿～315亿美元，利润率将实现21％～22.5％。但此前的Q3财报显示，公司利润和营收均低于华尔街预估，连3M自己也下调了2011财年的盈利预期，那么巴克利要兑现新年的目标，着力点又在何处？

“当然是中国市场。”在公司内部被称为“K老大（英文名Kenneth）”的余俊雄，相信以目前3M中国保持的15％～20％的营收增长率，不仅是现在，甚至在未来很长一段时间内，中国仍是一个有核心竞争力的市场。余俊雄表示，巴克利虽然没有给他下达具体指标，但他非常清楚，因为在3M，全球各区域一把手深知一条“不二法则”，就是要跑赢当地的GDP，甚至翻至2～3倍。

事实上，3M不缺业绩增长的动力，因为自公司1902年创建以来，其定位就是以勇于创新和产品繁多而闻名于世。在过去的100多年中，3M共研发了67 000多种产品，其中不乏像报事贴、思高百洁布这类受众很广的明星产品。可以说，从家庭用品到医疗护理用品，从运输、建筑到商业、电子，甚至到今天的新能源领域，只要是和创新有关，3M的产品均无不涉猎，并且公司每年有35％的销售额是来自过去四年里新开发的产品，除此，3M还以“平均每两天开发出三种新产品”的速度在持续扩充自己的创新品类。

但是，很多人以为，3M足可以凭借令人羡慕的创新资源和速度，来推动自己的营收，但余俊雄认为这是一种误读：“掩藏在3M的67 000多类创新产品的背后，还有数以万计的创新项目‘阵亡’。”

根据企业创新活动规律，所有创新都是一项人力、物力的倾注工程，作为一家以创新著称的商业企业，余俊雄现在的任务是，在继续鼓励创新的同时，如何减少项目“阵亡”率，尤其是如何提高创新效率？

创新和严峻制度是死敌

有很多企业为提高业绩和持续发展，给创新活动戴上了指标考核的紧箍咒，但是，这一做法，究竟能否产生伟大的创新产品或者技术？

余俊雄：“创新”在中国是个“超载”的概念，泛滥成灾的劣质创新正在抽空“创新”的内涵，并让它背负起企业墓地和资金黑洞的恶名。另一方面，普遍存在的偏见让中国企业视创新为畏途，认为创新只是位列全球500强的大公司才有财力有能力消费的奢侈品，也有人认为所谓创新也不过尔尔，模仿者将创新者逼死在沙滩上的例子比比皆是。

在创新和制度的关系上，我认为，对创新活动进行强制性的指标考核，完全是对企业创新的毁灭。我们看看历史上所有伟大的创新技术和成果，不仅都是和个人有关，而且都是天才的自由活动，强制制度不可能催生这样的活动。

所以，创新是一个非持续过程，甚至它本身就不是一个过程。企业决策者，应该尊重科学研发者、技术专业人员，给他们在方法、环境乃至灵魂上最大的自由空间。我提到的这些看法，都是基于对3M曾经在创新实践方面的总结。

对于创新，3M也曾经因为急功近利，而陷入过误区。由于通用电气的前CEO杰克·韦尔奇将“六西格玛”（Six Sigma，6σ；一种能够严格、集中和高效地改善企业流程管理质量的实施原则和技术）管理体系在其公司运用到极致，并推动了公司的诸多创新，使得所有的公司领导者都将“六西格玛”管理体系视为创新的动力。所以，3M也一度希望借助“六西格玛”来解决创新与效率之间的矛盾。现任3M全球总裁乔治·巴克利的前任詹姆斯·麦克尼（James McNerney）

在离职前，给了自己一个清晰的否定答案，就是其在任期内所推动的“六西格玛”管理体系，虽然改善了流程和成本控制，但却以挫伤创新为代价。

事后，我进行了反思，重新研究杰克·韦尔奇怎么运用“六西格玛”管理体系，为什么在通用电气所向披靡，而在 3M 就不行。结果发现，杰克·韦尔奇运用的“六西格玛”管理体系，只放在生产制造环节，但在企业创新部门是禁止使用的。苛刻的指标考核体系最终会“拧干湿毛巾上的水分”，但水分被拧干后，企业的持续发展将受到挑战，因此在对于创新和提高效率的管理上，需要一个平衡度。

乔治·巴克利接任后，第一件事情就是停止“六西格玛”管理体系的操作和行动，研发人员不必成为“黑带”高手。不过，在公司打破“六西格玛”管理体系的迷信崇拜后，我却在 3M 中国提出了“六西格玛”的重要性。因为“六西格玛”管理体系虽然不适于创新活动，却可以在制造部门发挥重要性。3M 在中国，不仅有一个研发中心和四个技术中心，同时还有 11 个制造基地。我们可以废弃在前端研发环节中的“六西格玛”管理体系，但却需要在后端制造环节中加强“六西格玛”管理体系。

给创新部门松绑指标考核之后，到底能产生多大的效能？

余俊雄：很多企业对于创新存在两个误读。一、创新目的，仅仅停留在解决和满足客户的需求；二、以为靠苛刻的考核，可以驱动科研员工产生创新。

3M 靠什么成为发明之王？原因在于，我们否定了上述两种过时的思维。我们提出，创新的本质其实是艺术活动。我们不给科研人员设考核壁垒，让他们始终处于最宽松的环境。但这不意味着我们排斥管理，我们认为管理要为创新服务，而不是干扰创新。我们任何新的创意有一个标准，就看是否有颠覆性、是否让供应链与消费者感到超越预期。符合这样的标准，我们就动用全球资源配合立项，直到推向市场。

为了鼓励创新，我们不但将科研人员从严苛的“六西格玛”中脱身而出，而且在内部推行了一项“15%原则”和“私酿酒”的制度。就是鼓励科研人员可以挤出15%的工作时间，用于自己感兴趣的创新项目。

举一个例子。“超亲水”物质是3M中国研发中心研究员陈雪莲利用15%的工作时间在“私活”中发现的，这种物质被做成纳米涂层，用于制造安保及防护、医疗外科等特殊工作中使用的防雾产品。后来，我们又将该产品用于全球高速公路的示标上，以及警察、户外的服装上。当初这个“私酿酒”被公司立项后，我们投入了15 000美元，但产出的效益是几百倍，甚至目前还在孵化效益。

当然，有的科研人员一年甚至两年都没有产生任何科研成果，但如果公司给冷眼，或者以绩效要挟，那么人才就会流失，创新活动就会停止。目前，我们的人才保有率是94%，可是，一旦他们发明、创造一个好产品，我们就是数以百倍、千倍的效益。

前面提到的3M人才保有率是94%，换句话，也就是3M员工离职率只有6%，为什么3M会出现这样的低离职率？

余俊雄：稳健的原则和创新的精神，就像一句著名的西方谚语：“Give you roots to grow and wings to fly（给你成长的根基与飞翔的两翼）。”根基与两翼，是企业健康经营、持续发展必修的两门功课。

在企业发展过程中，3M不断地为员工提供各种成长机会。3M把员工个人成长与企业成长视作“两位一体”，强调“人尽其才”。除了根据每位员工绩效评估结果和职业发展目标量身定做培训计划之外，还鼓励员工在公司内部转岗，尝试最适合自己的工作。

当然员工跳槽，是人生自由的事情，我们不可能阻拦，但必须要了解员工跳槽的目的，根据我们的了解，一般都是为了寻找更好的发展机会。那么，如果本公司内部就可以提供这样的机会，人才就不会走。而且工作中需要的人脉、资源和影响力都是需要时间去积累的，我们相信员工对于离职都会存在这样的顾虑，因此我们在内部推行了一项“换工作，不换公司”的制度，事实证明这一政策的确留住了大量才华横溢的员工，他们中有些人也在一些新的部门作出成就，并打碎了所谓的“玻璃天花板”。目前 16 名高层管理者中，只有一位是外籍，其余都是为 3M 中国服务超过 15 年的本地员工。

做企业一定要言行一致。如果对员工宣传的都是“你在 3M 很有前途，很有未来”，但一旦出现空缺都是外部招聘，员工会怎么想呢？所以在同等条件下，3M 选人都以内部提拔升级为优先。同时，稳健的发展，也避免了因为急速扩张而造成的“超速提拔”。如果员工能力没达到就被提升，结果又因不能胜任而被淘汰，对双方都是伤害。

无论是“私酿酒”还是公司的科研立项，最终的创新都会被分享到 3M 全球市场，但也遇到这样的问题，在欧洲的创新产品，未必在中国吃香，反之亦然，对此，怎么办？

余俊雄：当然，现在的市场竞争会越来越激烈，不是只有 3M 一家在搞创新，我们的定位和所有的企业都不同，其他企业都聚焦在一个自己擅长的行业内，并且会通过专业的创新加快自己的成长速度，但 3M 从 1902 年创业至今，都不是局限在任何一个行业范围内，可以说，我们的业务对象从不设定任何边界，什么都可以搞。

但是，经过 100 多年创新活动之后，以及今天面对各企业的创新竞争，以往天马行空的创新不再是市场制胜的独有法宝，那些市场需求模糊的项目，立项前就应被砍掉，而真正有前景的产品，应有专业的管理工具来保证商业化的成功。

对于创新活动，虽然已经舍弃了“六西格玛”管控方式，但还是需要一些“有纪律的创新”，目的是，降低创新失败率，让各项创新能转化成实际效率。

引进新产品开发精益管理流程（NPI）是我们对 3M 中国的最新创新实践，这一环节包括创意、形成概念、可行性分析、产品开发、量化生产、上市、反省与改良等七种流程。

有案例可以诠释这种“有纪律的创新”。3M 法国公司设计制造出的“朗美系列防滑垫”在全球上市，但最初在中国的销售不理想。按过去做法，如果经过各种营销努力，业绩仍没有改善，这项产品将停止在中国的推广。

NPI起到了作用。面对由国外兄弟公司开发、已经上市的地垫新产品，3M中国产品开发小组进入反省与改良环节。先是经过调研发现，中国客户对该产品不反感，但某些缺陷让他们失去兴趣。如，因镂空设计可能造成女士高跟鞋陷入，让酒店、商场客户担心安全问题而拒绝使用。还有客户抱怨毯面容易脱落，尺寸大小不合适。此外，由于产品进口，成本很高，交货周期也长达两到三个月，这些都降低了该产品在中国的竞争力。

我们中国公司的产品开发小组运用NPI提供的SWOT、波特的五力分析、经济性分析等系列工具，最终得出结论——既然市场需求存在，建议对这款新产品进行二次开发、本地化生产。提案获得以我带头的17位高层的支持。

由于3M内部拥有多达47个创新平台，单独或者交叉平台之间研发的创新项目繁多，而NPI的功能就是减少创新项目的“阵亡”率，以提高效率。另外，除了对创新产品二次开发以外，NPI更可以避免研发资源的浪费，从而平衡创新与效率的矛盾。

在3M内部，每个业务部门会对项目按照可行性打分评估。裁判组由业务部和技术部人员组成。比如，业务部认为某项目的市场可行性为80%，而技术部认为该项目的技术可行性为70%，两者相乘就是56%。根据打分情况对项目进行排序，然后再根据排序情况进入立项申请的流程。对于评估不够格的项目，裁判组直接给出“No”。这一做法不仅降低创新失败率，同时提高了创新项目的市场转化率。

当然，NPI实施初期受到很大的挑战。技术人员觉得这是“六西格玛”的再次附身。不过，我们在公司内启动了一项机制，以鼓励技术人员，就是对业务部门的支持程度直接挂钩个人绩效，如果项目成功，项目组所有成员都会受到重奖，项目负责人还可能会被邀请到公司的领导力讲坛上演讲，体现出其个人价值。

创新没有所谓的标准化

在 3M 的 67 000 多类创新产品的背后，实际还掩藏着数以万计的“阵亡”项目。那么这些没有成为商品的研发成果会怎样处理？是否还会有机会去复活它？

余俊雄：没有所谓的复活，失败就是失败！对任何创新项目，我们有一套非常严谨的系统评估管理，比如需要经过财务的评估、产品新颖度评估，以及市场评估等，要经历过复杂的程序检验。因此，基于这样的严密程序之后，很少有产品在经过所有的评估，到最后进入市场却马上失败的案例。

在 3M 内部，还常年设有一个“技术论坛”，该论坛完全是由技术人员自发形成，而管理层不介入管理，唯一要做的两件事是，在时间、经费上给予支持。这个“技术论坛”对 3M 到底带来什么样的创新效果？

余俊雄：通过这个“技术论坛”，我们在内部把不同背景、不同部门的技术员工召集在一起，做各种各样的技术交流和创新活动，形成很多的“虚拟团队”，然后在一起攻关，一起产生新的想法，如果他们的想法跟现在某个业务部需要结合的话，就会很快转化成一个正规项目，最后演化成一个产业。

由于 3M 涉及的产业、产品繁多，各部门都有自己的知识、技术和经验，而“技术论坛”的价值就是通过“虚拟团队”产生金点子后，打开各部门的城门界限，引导成一个全新的技术或者商业项目。所以，“技术论坛”本身也是我们知识创新和技术创新、产品创新、产业创新的一个重要来源。

举一个例子，我们在中国最新成立了一个叫“可再生能源业务”部门，我们把这个部门放在 3M 旗下工业及运输产品事业部内，因为在这个母部门含有那些为太阳能、风能、地热以及生物燃料的开发提供创新技术解决方案的组织，“可再生能源业务”出现之后，就可以很好地利用该母部门中各种知识资源、人力资源等进行新的整合创新，使得我们在这个领域的科研项目能加快商业化。

但是，如果我们把“可再生能源业务”只是作为一个独立且从零开始的子公司，那么，各部门对其的技术支撑是有限的，而且自己还要从头做起。现在，我们的这个“可再生能源业务”通过各相关组织的资源支持，已经是一个能产生年销售额上亿元人民币的部门。

在3M内部，我们现在有46项核心的技术平台，这平台不仅横跨各个学科，同时也累积我们多年以来积累的知识创新。实际上，包括“可再生能源业务”在内的所有创新业务、项目都是搭载在整个平台上进行跨界创新。

大家也许会问，这46项核心的技术平台产生的标准是什么？我的答案是，没有标准。因为，3M多元化的基础就在于，不设边界，不要去掌控，让创新成为自由的活动，经过实践验证，最后形成知识资源。

3M在中国，一直面对一个尴尬问题：很多消费者可能没有刻意去购买3M的产品，但实际却一直在接触和使用3M产品。造成这样的一种状态，是3M品牌渗透和宣传不力的原因吗？

余俊雄： 这是我在中国市场运营18年中最大的失败。3M过去的重点是在工业品领域，买主集中在500强在华企业，因此凭借3M在全球影响力，无须投入品牌建设。我们曾经在中国市场推动消费品时，存在一些失误，而正是这些失误使得我们懂得了市场。

几年前，我们曾经推出了一种58瓦的优视灯。相比一般台灯，该产品的特性在于，它改善了反射眩光，直视光源也不刺眼。这是因为，它采用了光传输反射型滤光片，能让舒适的垂直光通过，还可将所有平行眩光转换成垂直光，让使用者在充足的光源下享有最舒适的阅读。为了这个产品，我们投了大量的广告，在推广期间内的销售确实很不错，但广告一停，销售就很不理想。

后来，我们开始调查，发现症结是这盏优视灯的价格太高，和中国消费者给出的心理价位有很大差距。因为当时一盏普通台灯的售价不过100元人民币不到，而我们的产品在600～800元之间，根本不符合中国人的消费习惯。所以我们的这一曲高和寡的产品，就很难出现旺销状态。而如果当时我们能够把中国市场吃得透一点，或许不至于在它身上摔跟头。

事实上，我们的 3M 消费品在中国存在极大市场，大家或许猜不到，我们在超市里卖得最好的，却是 12～15 元的小挂钩，除此就是我们的百洁布、拖把等家庭用品。看来，在中国的消费者心中，他们对 3M 产品是很友好的，我们的产品应该是价廉物美的。

因此，我们今后不仅在产品上要创新，而且在品牌建设上需要改变，和消费者进行全面沟通。这和 3M“预测有需求市场”创新本质是一致的。

在家庭或办公用品方面，尽管 3M 有不少明星消费产品，可是也因为价高，让中国的消费者转而购买其他公司生产的同类产品，而这些公司生产的产品，实际上却是从 3M 身上学到的，对此，3M 如何应对？

余俊雄：关于价高问题，我认为是一个误区，一般的人会认为，因为 3M 是外资企业，所以 3M 的东西贵，其实并非如此，3M 有很多产品在市场上是非常具有竞争力的，我们是产品的发明和创造者，我们有很好的工艺和生产技术，我们只是比那些仿制品价格略高一点而已。

举个例子，如果一个是原创药，另一个是仿制药，而原创药只比仿制药价格略高一点，消费者会选择谁？我想，消费者会有一个自己的判断。因此，我从不担心市场的仿制者和我们竞争。

第五编　鏖战 2011

与外资品牌斗、与劳动力渐失的形势斗、与新的竞争者斗、与不断激增的成本斗、与僵化的传统管理模式斗、与薄弱的国民消费意识斗。2011 年，中国企业家们发现，进入 21 世纪第二个十年，企业内外环境的变迁都超出预期，而且要求企业家拿出超越时代的睿智力量。

上海家化前董事长葛文耀：将无形资产置于转型核心

上海家化的前身是1898年的香港广生行，20世纪30年代更名为上海明星家用化学品制造厂，20世纪60年代改为上海家用化学品厂，1992年，在葛文耀的带领下，改制为上海家化联合公司，1999年成立股份公司，三年后在上海证券交易所上市。与国际巨头竞争的中国化妆品市场上，上海家化创造了“佰草集”、“六神”、“美加净”、“高夫”等诸多中国著名品牌。

2013年离开自己苦心孤诣经营了28年的上海家化，葛文耀心有不甘。这一年，上海家化（上市类）的净资产达到了30多亿，这一数据，和葛文耀在1985年担任上海家化的前身——上海家用化学品厂厂长时的净资产相比，足足翻了近800倍。

可以说，没有葛文耀，上海家化这个老国企或和大多数中国老品牌一样，不是“死去”，就是落入外资囊中。但是，做出这么大成就的葛文耀，却有着上海人特有的小心谨慎，不敢在制度上越雷池一步。与其同期的柳传志则通过局部MBO（Management Buy-out，管理层收购）实现了对公司的控制权，而葛文耀不但未能在MBO上做出努力，且始终如一地扮演着国企看守者的形象。

2011年，上海启动新一轮国企改革试点，上海家化和多数地方国资控制的企业一样，作为竞争性企业，国资将完全退出。按照上海家化当年股权，其中近40％的股权将被上海国资委挂牌出售，但谁是合适的买家？

和上海家化传出“绯闻”的有很多，最后目标锁定为三家：上海复星产业投资有限公司（复星集团子公司）、海航商业控股有限公司（航海集团子公司）、上海平浦投资有限公司（平安集团子公司）。作为卖方的代表，葛文耀将亲手把自己心血浇灌的企业卖出去。

2011年7月，距离11月上海家化被平安旗下的平浦投资70亿收购还有四个月。坐在上海家化董事长办公室的葛文耀，接受我访谈时，提出一个限制条件，除了不谈关于上海家化股权出售问题，其他都可以交流。后来，我知道，葛文耀当时对企业能从国资委手里脱离出去，给自己设计了一个美好的蓝图，以为从此可以领导上海家化进入自由发展期。

当时的葛文耀对上海家化在未来新资本的护航下，充满想象。也难怪，能够领导一个中国老化妆品品牌，和欧莱雅、资生堂等外资化妆品大牌进行分庭抗礼，在中国无出其右，而在30年中国市场化运行中，中国日化行业一半以上市场份额被外资企业蚕食。葛文耀能够领导上海家化挺立在这个高度竞争的行业，并竖立标杆地位，自有其独到的能力。

真要转型的是无形资产

无论是民企还是国企，现在都讲战略转型、产业升级。虽然国企比民企要克服和面对的问题更为复杂一些，不过，目标是一致的，就是培植出自己新的竞争力。但到底如何培育新的竞争力？

葛文耀：以日化行业来说，我的概念就是要升级为时尚企业。但这不是改个说法那样简单，对所有本土的日化企业来说，实际要做一场庞大的变革。

根据我多年来对跨国企业的研究发现，只要是行业主导型企业，它市场价值中的一半以上必然来自无形资产。因此，我们未来的目标一定是将过去对有形资产的制造，转移到对无形资产的创造。

过去，在没有优势品牌资源条件下，我们只能低头制造，但当我们聚集起规模，培养出产品品质后，我们却发现抱着有形资产这条大腿，并不能让我们活得有尊严。反观跨国企业，他们通过不断地推销时尚新概念，在我们的本土累积起无形价值规模，而中国企业只能赚取微利。

作为国企，同时又是本土最大日化企业，上海家化愿意做第一个转型试点。我们设计了"三步走"计划：第一步，在中国市场上占一席之地；第二步，争取在本土占更大份额，再逐步将品牌推到国外；第三步，在国际市场上占一席之地。

从 1990 年创立六神和 1998 年创立佰草集以来，我们是"防守反击"，现在看来，我们在局部市场阻挡了外资的步伐，也就是有了上述说的第一步基础，但品牌资源太少，可"攻守兼备"的地盘不够多，后来我们收购可采 51%的股权，开拓了一个面膜护理项目，这是我们上市以来的首次并购行为，更是这些年来本土日化企业之间少见的一次收购，未来我们将再次复制类似的投资。

至于第二步，我们才刚刚走到。比如，作为旗舰产品的佰草集，我们在去年（2010 年）第三季度总门店数已超过 900 家，且已通过与 LV 旗下的丝芙兰（SEPHORA，隶属法国 LVMH 路威酩轩集团）合作，在巴黎香榭丽舍大街开设了第一个中国化妆品柜台，目前在巴黎月售已达 10 万欧元以上，未来我们还计划拓展到荷兰、意大利、西班牙等市场。这次出海，对于本土的日化行业具有重要意义——中国化妆品可以用跨国品牌打入中国的方式，再打回去。

第三步的关键是文化个性。

我国奢侈品 2010 年市场规模已达到 684 亿人民币，其中销售额最大的是化妆品、香水和个人保养品。现在，外资在中国比以往更加足马力。一方面，凭借其强大的经济实力，大量投入营销，将品牌植入消费群；另一方面通过并购本土品牌，然后雪藏。中国日化企业又将如何抓住机遇，同时应对外资的市场挤压？

葛文耀： 我们的出路有两条：一是针对市场上共同的目标消费群，进行深入研究、制定策略；二是坚定不移地走时尚产业之路。

后十年的主力消费群将集中在80后～90后。中国的80后～90后有约7 800万城市人口和1亿农村人口。根据这一代“新生代购买力”的消费特点，要求我们转换战略思维，通过输出价值观来增加产品附加值，不能再套用性价比方式。

走时尚产业之路，首先要求按时尚产业的规律经营。在观念、流程和资源分配上重新思考，尤其是加大对无形资产的分配、投入和累积；其次是挖掘民族的时尚基因。我们过去开发过完全西化的Distance香水，但却发现它终究比不过一线海外品牌。后来我们主打中草药概念，并取得阶段性成功，这说明挖掘民族时尚基因是一条应对外资竞争的出路之一。民族时尚基因的属性是文化个性，更是一种无形资产。

与外资竞争要避实击虚

从20世纪90年代开始，外资在中国日化行业多年蚕食中，已取得半壁江山。中国企业如何收复失地？

葛文耀： 中国的消费市场其实是一个二元化的市场，七八年以前，我就讲，假如中国现在的消费水平到日本、美国这个水平，中国的民族企业都死掉了。但幸亏中国是个两元化市场。两元化市场就是说，有一个比较高端的市场，外资企业比较强，第二是大众化的市场，是我们中国企业比较强，这个大众化的市场还要持续10年、20年，甚至更长。那么我们采取的策略就是，在大众化的市场上要树立起像“六神”这样的品牌，做一个成功一个，要站得住脚，这是我们的优势。

作为一家100多年历史的本土日化企业，上海家化如何做到重回国际时尚的起跑线上？

葛文耀： 必须要提到我们在1991年与美国庄臣公司的合资。合资有代价，也有收益。

合资以后，我们输出了美加净和露美，但如果不是 1994 年被我们主动回购，它们的命运将和其他被收购的中国化妆品一样，逐渐消失于市场。我们损失了四年的发展时间，损失了我们在国内第一的地位。

然后我们必须重新做起，由于我和几百个骨干，都在合资企业里面受到过各种培训，我们理解市场是怎么运作，比如品牌经理制度，比如其他一些方法，科研的方法，等于说我们每个岗位都有人后来回到家化来了，等于庄臣公司给我们培训了一次。回来后，我们懂得如何经营一家化妆品企业。

无论是出自国企，还是后来民营的本土化妆品，在过去的十多年中，已大多被外资收购，但为什么上海家化不仅能守住，而且还能继续做强、做大？

葛文耀：我不认为被并购就能帮助中国品牌做强，相反这是外资夺取中国市场最便捷的路径。

与外资品牌竞争上，我们采取了避实击虚的战略。具体是两种策略，第一，主打中草药概念，与外资形成差异化竞争；第二，资源集中后，采取正面进攻。我们的六神沐浴露和佰草集都属于中草药概念，但采取的市场策略则完全不同。

我们给六神沐浴露的定位是，投向了仍然眷顾传统产品的中低层消费群体。这个产品是 1994 年推出来的，比一些国际大公司的沐浴露推出稍晚。当时，洋品牌比我们投入过五倍多的广告费，另外，他们价格比我们还低。而正是由于正确判断国人对传统中医药的信任度，我们连续推出了具有祛痱止痒、清热解毒功能的系列产品后，反而迫使大多洋品牌在这个领域止步，或干脆退出。

在佰草集的战略上，我们认为，既然你骚扰我的大众化市场，那么我就要骚扰你的高端市场，所以这个品牌从一开始就是朝着高端市场去的。在经营模式上说，我们采取连锁的形式来做。从等级上说，这个产品是对中草药档次的一次提升。最近两三年都以 10%的速度增长，特别是在办公室的白领当中口碑非常好。我们通过三年的谈判和努力，现在已经通过全球最大化妆品连锁企业—— 丝芙兰，在全球销售。

上海家化是继续集中发展自己的品牌，还是会采取收购的方式扩大产品系列，另外，如何推高品牌级别？

葛文耀：在大众化的市场上，我们主要是发展自己的品牌，因为我们的品牌空间很大，前几年应该说我们在市场运作上还有些问题，在资金的投入上不够。现在我们在做一些安排，希望能够投入更多的资金。

当然我们也会采取并购的方式，比如我们2008年收购可采51%股权。但是资本并购前提，首先要看我们之间的互补性，我们和可采的共同点就是中草药。我一直认为，中国的企业可以联合起来做，有些企业它有一定的市场份额，有一定的品牌知名度，但是缺乏比较强科研能力，但是我们家化有。我们拥有国家级的技术中心，有最好的设备、最好的基础研究，在国外还有实验室，我们可以提供这方面的技术，我们可以互相商量，互补地域优势。

而在高端的市场上，我们一方面延续佰草集模式，比如我们最近挖掘出20世纪30年代的双妹品牌，将它重新时尚化包装上市；另一方面，我们有计划将设计放在全球、采购放在全球，甚至制造放在全球。具体地说，我们正计划将ODM放到日本，未来佰草集产品的生产来源将被标注“MADE IN JAPAN”。

上海正在全国率先推进国资证券化，这一步对国资改革有什么重要意义？

葛文耀：现在推动国资证券化方向是对的。为什么？因为国资委体系成立以后，有两个方面的问题值得探讨：第一是国资委的定义，以前说要学习淡马锡、做最大的老板，但国资委应该是个监管者，不应该走淡马锡模式，最后终于明确了国资委的定位，是监管者和出资者，而监管对象要有区分，如果是垄断性的国企，就不要搞期权激励了，但对于竞争性国企要给“国民待遇”，不能给这么多限制性条件。

另外，我认为上市公司制度是目前中国最好的企业制度。为什么呢？第一个原因是，证监会已经参考了美国、中国香港地区等一整套制度，财务制度、信息披露制度、关联交易制度都和国际接轨了；第二，上市公司现在很难做“猫腻”，因为有基金和股民盯着；第三，上市公司已经规定了许多惩罚制度，直至刑法。

上海家化是否通过继续推进股权激励，加速国有股稀释？而在这轮国企改革中，又会有什么样的变化？

葛文耀：我们现在股权结构上，基金占比超过40%。如果整体上市，家化就是公众公司，国资委就转变成了一个股东。

在内部，我们主张贡献与回报结合。我们1 000多名员工创造出了近30亿的销售额，而整个家化股份的净资产利润率达到了18%。另外，我们公司有“分配自主权”。政府只管我葛文耀一个人的收入，而对于家化其他员工，则把权力赋予了企业。

和外资相比，外籍管理者工资高得像天文数字，下面的员工只能仰视这个天花板，而在民企，老板赚的钱都是他自己的。在上海家化，是把国家要交的税交掉，然后留出一部分资金用于发展，其他的则全部用在员工生活上，可以说，上海家化的经营非常市场化。

而在这轮国企改革中，上海家化属于竞争性国企，因此势必会引入新的股东，但究竟是被央企收购，还是让民营参股、多元化持股，整个定案还需要经过中介机构资产评估、挂牌转让、对投资者尽职调查等一系列程序后，才能最终确定。

匹克董事长许景南：劳动力优势只剩五年

作为中国著名运动品牌之一的匹克，由许景南家族在1989年创立，在其领导下，匹克经过三次转变：从贴牌加工到自主创牌、从本土品牌转身为国际品牌、从家族企业到香港上市（2009年）。匹克所代表的中国体育运动品牌，不仅打通了真正意义上的国际化道路，同时在篮球装备细分行业成为本土新的领导者。

作为第一个在美国站住脚的中国运动品牌匹克的创始人，许景南有一个梦想，希望有朝一日代替NIKE和REEBOK，成为姚明的赞助商。

可惜，2011年7月，在NBA打了近十年篮球的姚明宣布了退役，这不仅对全球姚明的忠实球迷来说，是一个悲哀的消息，同时也毁灭了许景南的夙愿，因为匹克的定位就是以篮球为诉求的体育用品，作为中国的篮球体育品牌，尽管手里握有对多达15位NBA签约明星的赞助，但比起失去赞助中国篮球巨星姚明的机会，这对许景南而言，的确抱憾终身。

但是，和未能如愿赞助姚明相比，中国制造企业在2011年集体遭遇到的史上第一次“民工荒”，却是致命而危险的。根据当年中国国家统计局的数据，在省外务工的农民工 7 473 万人，下降 3. 2%，占外出农民工总量的 47. 1%，而在长三角和珠三角地区务工的农民工比重继续下降，分别仅微幅增长 0. 3%和 0. 1%，占全国农民工比重为 23. 1%和 20. 1%，较上年双双下降。“民工荒”直接导致企业招工不足，迫使很多企业宣布停产、休克，或者大幅提高薪酬标准，并直接导致用工成本进一步上升。

许景南在这一年开始将用工问题首次纳入到企业的战略研究。他在一次关于“劳动力结构变迁与企业人力资本新策略”的论坛上，进一步了解到：中国劳动力结构正经历巨变，预计 2015 年起，人口抚养比率将开始反弹；至 2025 年，中国适龄工作人口将减少 2 900 万人，老龄化来得更为迅猛。

根据 2011 年匹克的用工规模，有多达 2 万多人，其中 80%以上为基础生产工人，且绝大多数属于农民工。许景南首次在董事会中提出，企业长远发展和用工需求，必须对接市场的劳动力结构研究。经过论证，他提出一个紧迫的结论：中国制造业的劳动力优势只剩下五年，匹克需要利用五年时间在品牌、服务、产能转移、生产方式上进行提前思考和准备。

实际上，2011 年突然爆发的“民工荒”，至于各中国制造企业来说，不是单纯的用工难问题，而是一场对企业原有生产方式、管理方式的倒逼变革。在我和许景南沟通中，他说，他做梦都在想让匹克告别制造，像耐克和阿迪达斯的模式那样，只管品牌授权、设计与服务等更高的产业链，这才是真正规避劳动力成本问题的出路。

到欧美本土先拿身份证

匹克的最大梦想是赞助姚明，让姚明穿上匹克篮球鞋，但还是没有能等到那一刻。相反，匹克先后赞助过的其他 15 位 NBA 球星，却依然在球场驰骋。这是中国篮球界的悲哀，还是匹克的成功呢？

许景南：我们为什么没能赞助姚明，说到底，是中国体育公司在国际上缺乏足够的品牌影响。

我一直在反思，这些年来，包括匹克在内的中国品牌的质量，已经不亚于国际竞争对手，但为什么还是不能博得全球关注？

我们的硬伤是，虽有品牌，但缺国际化元素。针对这个瓶颈，我们的企业也在积极谋求解决办法。最简单的办法是在海外注册一个品牌，拿回国内，但结果是弄成了“假洋货”，受到诟病。另外，就是海外投资设厂，但在体育用品行业，还没有企业敢越雷池一步，因为最终还是要回到基于品牌价值的销售，但我们的品牌底气在哪里？

以本土体育用品行业来看，我可以毫不夸张地说，匹克是第一个走国际化战略的品牌。庆幸的是，我们非但没有倒在国际化艰难征途上，而且还在美国站住了脚，在香港完成了资本上市。国内有人说：“既然匹克已经是国际化品牌，为什么在国内排名不如李宁、安踏？”我的解释是，任何一个行业的竞争要放到30年、50年，甚至100年来比较，匹克的战略很清晰，宁可为了培植国际化元素，稍慢一些节奏，但图的就是未来的可持续发展。

我们在前20年做了什么？

我们分两个阶段实施了五项基础工作。第一阶段包括：品牌国际化定位、提升管理标准。

匹克的国际化定位是形势所迫。我们创立企业的最初意图，是想为耐克做篮球鞋的OEM，结果没有实现，后来找订单，却因为我们没有品牌，反而要求支付保证金，为了生存，我们被迫自创第一个品牌——丰登牌。但我们发现国内的竞争一开始就已经同质化。生死关键中，我们决定改换品牌，匹克由此而来，就是要匹敌耐克。从定位上说，既然我们强项在篮球鞋，那就专注于专业的篮球装备，做一个细分领域冠军。当时我们提出要介入到全球篮球最核心的NBA赛事，很多人不信。

匹敌耐克，就需要质量标准国际化。我们进行了ISO9000认证，后来又进行ISO8011等认证。一方面保障了匹克产品质量符合出口标准，另一方面为登陆美国打好基础。

“国际化”在我们当今的企业界是一个时髦话题，但客观看，多数企业功利化倾向严重，以为趁欧美经济下滑，就可以大举进入。事实是我们可以输出产品，但无法输出品牌。我们仍然需要低头按照国际化游戏规则，从基础做起。

中国品牌要在欧美立足谈何容易，除了直接到他们本土发展，还需要做什么样突破？

许景南：中国品牌要国际化，在欧美需要做到三点：立身、立信、立本。这也是我们第二阶段的三项基础，就是争取在欧美的“身份证”、争取影响力人物的追捧、争取企业的全球化。

中国品牌如果在欧美连身份都没有，何谈国际化？我们在美国为了注册坚持了 15 年，为什么我们这样艰难？一方面是美国对新兴市场过来的品牌非常谨慎，另一方面是美国商标申请注册程序和法律机制相对复杂。我们经历了从申请到一次次被驳回，然后又起诉的艰苦过程，终于在 2009 年拿到了证。因此，中国品牌要登陆美国实现国际化，这一关再难也要坚持。

拿到“身份证”后，如何吸引欧美消费者？我们的战略是名人效应。第一步就是介入到全球篮球最核心的 NBA 赛事，去赞助球星。因为 NBA 在美国是第一运动，是集中人气的营销市场。美国人、欧洲人开始注意到匹克的存在，他们开始相信既然匹克能被身价过千万的 NBA 球星接受，那么就证明匹克的价值。所以，中国品牌在国际化经营上，一定要考虑你最终的市场诉求是谁？

欧美要完全接受一个品牌，会看这个品牌的生产公司。如果匹克还是一家中国的封闭性公司，就会阻碍欧美消费者的了解。这是我们最终选择在资本更开放的香港上市的原因。这样，欧美消费者也可以是我们的股票投资者。

现在，多数企业把发展问题归咎于通胀带来的消费低迷，以及银根紧缩，但是做企业总会遇到复杂环境，匹克的发展也经过四次宏观调控，每一次结果都是紧缩银根。但是，我们还是坚持创国际品牌，且信心不改。我们今年上半年营收增长24.7%的原因，就是因为我们的国际化元素打开了消费者空间。

廉价劳动力只能用五年

包括体育用品行业在内的“中国制造”，目前最棘手的问题是各项成本压力，但匹克为什么今年非但不控制规模，反而投资10亿在山东菏泽兴建第四个产业基地?

许景南：首先，投资山东菏泽是匹克在2009年香港上市前的既定计划；其次，我们北上投资也是出于成本战略考虑。为什么？我们和其他沿海制造企业一样，都遇到高通胀带来的成本压力，这种压力主要集中在原材料和劳动力两大成本上。但是，当务之急是需要解决劳动力问题。包括两个方面，一是劳动力从哪里来？二是廉价劳动力价格如何维系？

目前情况是，沿海企业劳动力流转频繁和价格偏高，对于大部分转型期的企业来说，要过这一关很难。怎么办？搬厂。搬到哪里？一条路是北上，一条路是西部。最后我们选择了山东菏泽。因为相比西部劳动力急剧外流，山东菏泽不仅是人口大市，而且劳动力外流较少，更重要的是，当地的劳动力价格比广东、福建要低500～1 000元/月。

但北上山东菏泽只是匹克的权宜之计。这是匹克搭上的最后一班廉价劳动力班车。这趟班车的维系时间也就在五年之内。之后，劳动力成本问题会再次摆在我们面前，到时，我们的唯一出路只能是将订单外流到印尼、老挝这些东盟国家。

安踏替代李宁，或者谁再替代安踏，这些都不重要，关键是看我们这些本土体育用品企业产业模式是怎么样的？如果我们还是依靠自己投资、自己制造产品，永远居于产业链的最底层。我们现在的业绩，主要是靠人口红利，不是品牌价值来成就的。我们的产业模式应该是耐克和阿迪达斯的模式，就是告别制造，转到品牌授权、设计与服务等更高的产业链上。这才是本质上规避劳动力成本问题的出路。

目前，不论是耐克、阿迪达斯，还是本土体育运动品牌，不仅没有集体涨价，而且还加大打折力度，是因为产能过剩，还是迫于市场竞争的选择？

许景南：谁愿意把自己辛苦生产出来的产品拿到市场上去打折？这是我们这个行业的困惑。不仅是现在，过去也存在，只是今年更甚。原因是什么？一是政策环境变化，二是中外体育运动品牌的产业模式所致。

宏观调控压缩流通性后，消费者信心就会降低，他们会和厂家博弈，等商品跌价。从厂家方面来看，始于2010年底的消费需求增量后，大多数厂家都在产能上进行扩充，导致在今年面临去库存化问题，那么最好的办法就是降价出售。

但是，在中国不设制造工厂的耐克、阿迪达斯为什么也会加入打折行列？这是因为他们一方面需要继续在不同消费层面上加大市场占有份额，另一方面他们有能力打价格战，为什么？因为耐克、阿迪达斯拥有订单权，他们不会顾及制造厂家的成本，这家不做，可以换。但是这种持续的打折战后，最受伤的一定是本土品牌。事实是，李宁、安踏、特步都出现了订单放缓。行业困局下，匹克怎么办？

我们的策略是“先增后缓”。将明年（2012年）第二季度订单增长，由前一季度20.2％降至9.5％，这样做，一方面是给经销商减负，另一方面控制运营风险，由高速增长转变成稳健增长，并根据明年实际情况再做定夺。

匹克上半年（2011年）虽然以22.6亿元在篮球装备细分市场上占据第一，却仍居安踏、李宁、361度、特步之后。这些前后夹攻者都属于全体育用品品牌，匹克是否因此会改变行业细分者的品牌定位？

许景南：企业的资源总是有限的。李宁创业的时候目标很明确，就是做体操相关的产品，现在企业大了以后，覆盖到几乎全体育产品线上，问题是，每个项目的资源都有充分准备和实力吗？

我们希望提到匹克就等同于篮球，提到篮球就想到匹克。实践证明我们做到了。我们用了20多年的时间对生产、技术、营销、品牌、国际化等进行积累。我们的成果是不仅成为FIBA全球战略合作伙伴，而且拥有15个NBA巨星代言。但是我认为还不够，因为有竞争者，这是我们继续要把篮球概念发展下去的企业动力。

另外，我们的国际化路线上打的就是篮球牌，如果我们放弃专业细分的定位，转而成为全体育产品的制造，虽然可以加快速度，抢安踏、李宁的份额，但匹克也就放弃了前20年的家底，成为一个概念模糊的品牌。

如果说排名，我在乎的是篮球装备上的排名。我们的占有率第一，达17%。

匹克的篮球化品牌发展，实施的是一种反向国际化战略，就是先在美国投入营销资源，而后在包括中国在内的全球市场进行行销。现在看，这种全球化战略有什么得失？

许景南：先说“得”。匹克的国际化战略是20年前就已定下来的，在这20年里，我们做了充分的准备工作，包括品牌名称由“丰登牌”改成“匹克”，构建国际化的管理体系。

2011年上半年，匹克的海外销售额同比增长20.2%，占到匹克总销售收入的10.3%，这个成绩与国内同行相比，是处于绝对优势的。

再说“失”。由于匹克此前的精力主要在篮球，而全球篮球中心是在美国，因此我们把注意力用在NBA上，延缓了国内的品牌发展速度。但这种所谓的“失”反过来又是一种“得”。因为正是我们在美国就“匹克”品牌的注册，通过上诉、驳回、再上诉等不懈努力，匹克才进入了NBA殿堂，并成为全球篮球装备之一的核心品牌。

回头看一下本土体育品牌，虽然墙内香，却墙外不香。李宁换标为什么？就是为了在美国注册后进行国际化，但反而在国内前途未卜。相比之下，我们第一步是做到墙外香，和本土品牌形成错位的战略。现在看来，我们裹挟NBA元素进取美国以外的市场，反而体现出一种战略价值。

至于匹克未来到底能在美国市场上赚到多少钱，这不重要。因为匹克的战略目标是通过美国市场带动全球，其效益不是说在美国市场能有多少回报，而是要产生辐射效应。换句话说，如果没有在美国市场的投资，中国市场每年的增长和盈利也许就难以保证；而如果没有在 NBA 的品牌布局，匹克的高端、专业的品牌形象也不会如此打入人心。

资本家族化和管理市场化

匹克不仅品牌国际化，而且要资本国际化，因此匹克最终将上市放在香港，但 2009 年上市当日即跌破发行价，另外，2011 年中期财报显示，营业额和毛利润分别较去年同期上升，但此后匹克股价还是持续下跌，市值蒸发逾 23 亿港元，为什么匹克不受香港资本市场热捧？

许景南：我们的确可以选择在本土上市，我们的股票也会比香港表现更好，但我们的战略是品牌国际化，因此资本国际化就一定是我们必然的选择。

我们遇到最大问题就是，篮球在香港不是群众性项目，投资者对篮球缺乏了解，因此他们对于匹克的专业篮球战略还有待认知。资本市场的冷遇与我们的业绩正好相反。我们的 2011 年中期财报显示，上半年毛利达到 9 亿元人民币，与去年同期相比增长 32.0%，而且上半年还有 1.3 亿元的现金进账，目前匹克手里的现金流达到 26 亿元，可以说我们的发展是良性的。

另外，投资我们的红杉资本、联想投资、建银国际三家私募基金（PE），目前没有计划退出，仍然看好我们的成长性。因此，我们仍然期待资本市场的态度转变。

今年（2011 年）我们给市场的利好消息是，要建立多个研发基地和生产基地，包括北京 2 000 万元的研发基地，将按计划投资约人民币 8 000 万元的福建和江西的两个生产基地，以及山东菏泽生产基地的 10 亿元建设规划。我相信，随着这些工厂的建成投产，将提升我们在细分市场的实力，投资市场将开始关注匹克的作为。

匹克上市后，首先是将 1 308.5 万股股票授予 400 多名员工，这种把员工变成股东的方式，一改匹克的传统家族企业形象，那么匹克内部如何处理家族企业与现代化企业管理之间的矛盾？

许景南： 目前的股权激励只涉及基层主管以上，不可能全员推动，公司希望激励这些骨干能更好地为企业发展贡献智慧。

上市后，我们的管理定位是“资本家族化、管理市场化”。除家族成员持有股权外，在管理上进行放开。我现在正在思考的问题是，企业的管理目标、企业规模与每个发展阶段如何匹配、企业的绩效体系怎么与组织结构与企业发展相匹配。也就是说什么样的团队结构才算最适合企业的结构。

过去，匹克的传统内部模式是山头式的，比如 A 部门的员工到 B 部门办事情，得先找到 B 的主管，这样沟通成本太高。现在我们正在倡导建立一些项目小组，这些小组能够使得“各自为政”、“相互割裂”的部门直接联系起来。

苏宁董事长张近东：电商的本质是零售

苏宁，由张近东家族创办于1990年，是中国商业企业的领先者，其经营商品涵盖传统家电、消费电子、百货、虚拟产品等综合品类，线下实体门店1 600多家，线上苏宁易购位居国内B2C前三，线上线下的融合发展引领零售发展新趋势。公司于2004年在深圳证券交易所上市，2013年胡润民营品牌榜中，以130亿元品牌价值，排名第九位。

在南京市雨花开发区，苏宁全国最大的配送中心里，叉车和货车摩肩接踵。就在旁边，一座比其高出一倍的全自动化物流配送中心正在紧张施工。与配送中心不同的是，这个新的自动化配送中心完全针对电子商务的小批量、小件、多频次的配送特点而设计。建成后，这个配送中心日吞吐量将达到近千万台/套，支持苏宁电子商务在周边200公里、24小时直接送货上门的配送。与此同时，类似的物流建筑还在沈阳、天津、北京、无锡、成都、重庆、徐州、苏州、上海等地同时开建。

以上是苏宁2011年的企业状态。这一年，张近东刚刚告别了创业20周年，也同时站在了十字路口。在过去的竞争中，他领导苏宁击败了五星电器、大中电器、永乐电器以及国美电器等各路豪杰，现在他是电器零售业的老大，然而一支由资本驱动的互联网 B2C 新力量却异军突起，并站在了他的面前。

这一年，苏宁全年的营业总收入为 938.89 亿元，而以互联网 B2C 新势力为代表的京东商城为 309.6 亿元。尽管两者差距三倍有余，但从各自增长率角度，京东商城以 200%的速度比苏宁快了八倍之多。张近东没有想到，今后的战争已经不是线下，而是转移到了线上，另外，在对打的策略、手法上，都和昔日的传统竞争大相径庭。

为维系自己的霸主地位，张近东决定全力挺进电子商务。实际上，早在 1998 年的时候，张近东已经在考虑走实体还是电子商务的战略选择问题，但当时电器百货的零售主战场在线下，因此张近东的注意力还是在实体，至于电子商务方面，只是象征性的开设了一个门户网站（www. suning. cn）。2009 年的秋天，张近东将门户正式更名为“苏宁易购”，但彼时，张近东依然没有决意全力转型网上，仅仅是把“苏宁易购”视为苏宁的补充渠道，直到 2010 年底，当京东商城首次年营业收入突破百亿大关后，张近东才感觉到如芒刺背。

在前后更换多名“苏宁易购”负责人之后，张近东决定在 2011 年全力转型电子商务。基于当时对电子商务的理解，在面对我的访谈时，张近东曾这样告诉我：“电子商务的本质还是整个供应链的问题。苏宁的未来发展，是要建立一个强大的电子商务平台，未来一二十年要从传统的企业变成科技企业，这也是苏宁下一个 10 年、20 年要进行的大转型。”

缔造 3 000 亿苏宁新梦

包括苏宁在内的传统零售企业，都在试图加大或转型电子商务。从苏宁角度，这轮大转型中，如何确立自己的核心优势？

张近东：电子商务远远不是在网上卖东西那么简单，而是苏宁未来的战略重点所在。这是个模式创新的问题。21 世纪进入到知识经济的时代，人们的生活日新月异，生活习惯随时在改变，我们要怎么去适应？苏宁有上亿客户，我们每年要卖出亿万件商品，这些都是我们和消费者建立的关系和纽带。如果能利用这些关系更好地为消费者服务，就能有更大发展空间。

怎么样思考电子商务的运营核心问题？我一直认为，电商本质还是整个供应链的问题。而这方面我们有很多的优势，比如说我们的后台、服务和产品，我们有庞大采购的规模，这些都是我们先天具备的。

电子商务只是增加了一些人力资源的投入。通过服务的实体和后台技术，比如我们现在建立的管理平台，在全国3～5年完成的物流基地，特别是我们现在建立的智慧型总部，包括了1 000～2 000家店共享服务的平台，以及在全国建立的呼叫中心，等等。这些优势可以提供很多想象空间，像现在大家提出的云计算的问题，我们通过现在的后台数据库的能力，就能够为消费者实现云服务，我们可以从实体产品进入到虚拟服务，比如把产品卖了，把一些服务植入到彩电、电脑，就可以和所有的消费者建立新的连接。我们现在和2万多家供应商本身就是B2B，都是在网上基于WMS的采购信息化平台。通过这些东西，我们也可以为大型的企业，包括中小企业以及个人提供全方位的服务，实现外包。

2011年初，苏宁对发展电子商务提出的战略是“10年3 000亿”，仅次于零售3 800亿，但这种线上线下的巨额等量销售，至今在全球没有一家企业能做到，苏宁最终能否实现？

张近东：这是苏宁基于中国市场未来零售基数以及自身条件做出的战略判断。

从社会总零售角度，根据商务部数据显示，预计到2020年，中国网络用户将达到9亿人，网购人群将达到5.4亿人，网上零售将占社会消费品零售总额的10％左右，网上零售交易总额约6万亿。

从企业角度，苏宁易购仅仅用了两年时间，就在垂直型B2C中做到第二，按照这种快速增长速度，苏宁在电子商务上兑现10年3 000亿，并非空谈。

通往“10 年 3 000 亿”目标上，具体路径如何设计？

张近东：我们对苏宁易购的 10 年发展目标，切分了三个阶段，依次为，2011～ 2013 年是第一个阶段，目标是基本搭建起作为一个互联网企业的框架；第二步是计划在 2014～2016 年，实现行业规模第一；最后是在 2017～2020 年，将苏宁易购最终转型为生活全网络化平台。

苏宁易购前三季（2011 年）销售 40. 79 亿元，距离年初提出 80 亿元的目标缺口近 40 亿元，据传前苏宁易购总经理凌国胜的去职和业绩未达标有关，是否如此？另外，造成这一营收缺口的原因是什么？

张近东：凌国胜是集团高管中的重要领导，一直在公司发展中扮演重要的角色，之前的业绩也符合公司对易购的预期，而电子商务目前处于黄金发展期，作为管理者，需要投入大量的体力和精力，凌国胜由于身体的原因暂时进行休养，也是我们对凌国胜的身体和目前易购发展的全面考虑。

年销售 80 亿元是年初我们对于易购的预期，随着图书频道的上线和品类的不断三富，在第四季度，易购的销售也将会有大幅度的提升，与 80 亿元目标差异不会太大，在公司的预期范围之内。

电商要比消费者体验

随着 B2C 行业促销战升级，也带来了消费者大量的投诉。关注苏宁易购后，发现大量问题集中在网站系统上，这是否说明虽然苏宁转型网上，但还存在互联网血统基因不足问题，尤其是在任命 B2C 领导人上，为什么都没有委任专业的电商人才，而是选择了公司内部的零售强将？

张近东：电子商务真正的要素是什么？核心的竞争力是什么？要经历什么阶段？我觉得电子商务和实体有很多相同的地方，比如说像后台服务、整个采购等，但是电子商务本身也有很多自己的特点。

大家现在对电子商务的理解，都知道它能销售，恰恰又不是利用实物来赚钱，而是用实物来吸引眼球和注意力，更多的是依靠虚拟的服务来赚钱。作为苏宁来说，我们本身在实物方面就有优势，在这种情况下，如果现在把我们的实物销售过多地通过电子商务来完成，可能就会破坏我们原有的体系，对苏宁来说，这是我们必须要思考的问题。

电子商务能够作为我们实体经营的补充，是可以盈利的。同时，我觉得电子商务又具备了实物不能拥有的特质，真正的电子商务最大的特点是，一个电子商务服务和增值平台，可以满足很多人们虚拟的服务需求，比如说我们可以卖服务，甚至看电影，包括我们出行过程中订票、订酒店等。我们实体没有办法解决，但电子商务在这个方面，机会和空间是无限的，这种服务增值的空间是巨大的，我们如何去建立这个平台？对比现在一些成熟的专业的电子商务网站，我认为我们更有优势，我们会把产品带到这里来，但我们还是要考虑怎么去结合的问题。作为苏宁来说，需要综合去考虑，要把整个供应链、产业链全方位整合起来，这里面不光是合伙供应商，甚至包括金融服务等。我们现在打造的不仅仅是B2C。电子商务是一个平台的问题，我注意到现在银行也开始在搞电子商务卖产品、卖汽车，银行为什么做这个？银行做这个绝对不是卖产品，而是建立关系。

怎么看电子商务？按照我的理解，它应该分为电子和商务两个方面。

先谈电子，苏宁易购实际上是第四次上线。我们网上业务从1998年就已经开始，前后经过四次大的系统升级。我们主要精力集中在后台上，就是网上系统如何与库存进行实时对接，如何与服务系统进行直接预约，如何与订单的出发进行零衔接，等等。但是投入运营后，我们还是发现了很多漏洞。最近，我们已与IBM签署了“电子商务创新共同体的全球战略联盟合作协议”，旨在改观现状，以及完成支撑万亿级规模的电子商务平台的目标。

电子和商务相比，孰为重？我认为集合了采购、物流配送、售后服务、信息系统的建设等多个方面的商务，在整个电子商务运用中居于核心地位。电子商务的本质还是零售，突出商务作用，就是把线上的零售，回归到消费者的体验诉求上。

我们现在易购的总经理李斌，原先担任过苏宁营销总部执行总裁助理兼通讯事业部总经理，之前还负责过“黑电”的采购以及上海、南京地区的管理工作，在采购、运营等方面能力出众，也是公司综合考虑之后的选择。

苏宁传统的人才架构、薪酬体制，是否与线上易购的人力资源管理诉求产生冲突？

张近东：易购与旗下的苏宁电器现在是两个平行的公司，易购可以按照自己的公司特点，在人才招聘、人才激励上进行自行规划。

但客观来看，电子商务是在近几年来随着互联网经济的发展而快速兴起的行业，在人才的成长与培养方面需要有一定的周期，目前IT经营人才难找、难留是整个行业的现象，与苏宁本身的构架和薪酬并没有太大关联。

在苏宁易购2012年的招聘计划中，将招聘2 000名电子商务专业的毕业生，以适应后期的快速发展。但目前遇到的最大问题在于，整个组织架构的设置，不能满足高速增长的需要。

价格鏖战，谁怕谁

苏宁价格竞争上的优势，过去主要集中在电器零售，这是因为苏宁有海量零售采购优势。但分配给易购的货量上，如何协调与零售之间的比例？

张近东：线上线下不存在货源分配的问题。一方面，共享库存，线上线下是同时抓取系统中的数据，不存在货源分配；另一方面，苏宁易购目前近80%的商品与线下是差异性的，不存在重合。

很多人问我，苏宁转型电子商务怎么解决线上和线下的冲突问题？我要说的是，苏宁易购不是苏宁电器的转型，而是新增的一个零售渠道，竞争必然存在，但这种竞争是由消费者的购物习惯决定的，苏宁易购作为电子商务企业，主要是与线上同类型企业的竞争，而不是和线下实体门店的竞争。

当前的B2C竞争，很多企业以价格战、牺牲利润的做法换取流量和市场份额，这种模式究竟能否成功？

张近东：我至今没有看见过哪个企业能通过这种方式取得最后胜利的。这种违背正常商业逻辑的做法，不仅使得行业陷入困境，也会误导网络消费者。

另外，投资界也在助长这种非正常的商业。很多风险投资（VC）谈的就是让被投资企业赶紧融资，融资后赶紧做广告，但并不关心他是否健康发展。企业拿到资本后，却只烧出了一个虚名品牌，实际却是，几个亿甚至几十亿美元下去了，最后不但没有挣钱，还需要继续融资，否则资金链就断裂了。

从我们的企业角度，虽然从来都不畏惧价格战，但我们也不愿意看到电商企业过度依赖价格杠杆，而忽略行业应具备的服务特征。

比对苏宁易购与竞争对手的商品价格，除短期促销之外，发现无论是家电、3C（计算机、通信、消费类电子产品），还是其他百货，基本相差并不大，那么苏宁易购的价格比拼优势如何发挥出来？

张近东：线上的运作，实际上还是要在盈利的基础上锦上添花。可能现在由于要推广，对易购的毛利要求比线下低一点，但也坚持不会刻意追求亏本烧钱去抢流量，苏宁易购要做的东西就是实实在在地投入，强调给消费者带来整体性价比，以及售后服务的优质购物体验。

红豆总裁周海江：掌握国际分工主导权

作为“苏南模式”标杆的红豆集团，由现任董事局主席周耀庭在1983年对前乡镇集体企业——无锡港下针织厂改制而来。后在总裁周海江（周耀庭子）领导下，企业不仅2001年成功登陆上交所，而且产品从最初的针织内衣，发展到如今的服装、橡胶轮胎、生物制药、地产等四大领域，其经济总量位列中国民营企业500强。

和方太茅理翔、茅忠群父子兵类似，曾经在深圳河海大学担任教师的周海江，和他的父亲周耀庭也共同缔造了自己的商业帝国。

作为“苏南模式”的首席代表——红豆集团，在周海江和其父亲一辈开创者的联袂经营中，将最初偏居江苏南部乡镇的一家弹棉花、织手套的集体小作坊，发展成横跨纺织服装、橡胶轮胎、生物制药、房地产等四大领域以及拥有近3万名员工的综合跨国企业集团。

但是在2011年，作为苏南经济龙头企业的红豆集团和大多数中国制造企业一样，却遇到了改革开放以来的首次“通胀”威胁。根据当年北大国家发展研究院的报告显示，企业面临严重的“劳动力成本上涨”、“原材料成本上涨”和“人民币升值”等三大压力——2010年以来，这三项压力系数分别达到81.67%、81.43%和48.11%的高值，而在2010年以前，这样的系数仅为52.10%、55.56%和32.95%。

当年，周海江在其位于无锡总部的办公室接受我的采访，在谈到中国企业现状时，曾这样表示：在通胀巨压下，包括服装类企业在内的中国制造业，转型升级、创新市场之路，将变得异常崎岖。

这一年，美国有经济学家抛出了中国经济已进入“刘易斯拐点”，这种观点，很快受到部分国内经济学家的追捧和迎合。“刘易斯拐点”的阴影深深笼罩在中国制造企业的头上，当然也包括红豆集团在内的苏南企业。

为调研中国制造业的新出路，当时国务院总理温家宝邀请包括周海江在内的八个领域的企业家座谈。会上，周海江提出了一个思路：相比产能过剩和转型难题，中国制造企业的核心症结是在品牌的突破。

周海江提出如此观点的理由是：中国制造已经成为全球经济基因，但仔细分析，大多数产业都是“被基因”，很多产品今天在广东加工，广东就是全球基因，拿到江苏加工，江苏就是全球基因。谁有资格把“制造”拿来拿去？就是品牌拥有者。中国很多产业都不属于主动基因，而是被动基因。要掌握国际分工主导权，就必须打造一批自主品牌。“把我们自主品牌战略上升为国家战略！”这是周海江当时给政府提出的解决方案。

自主品牌应纳入国家战略

中国制造目前的难题是产能过剩和转型难题，但你却认为重点不在于此，而是品牌问题，甚至向政府提出“要把我们自主品牌战略上升为国家战略”。怎么理解？

周海江：一个没有优秀人物的民族是落后的民族，同样，一个没有优秀品牌的经济是被动的经济。比如服装，在中国加工的价格是100元，拿到美国后，美国做了什么？贴上品牌后，通过运输、分销等产业链升级，用接近零的资源消耗，实现了高附加值销售。

我们现在讲拉动内需，动力是什么？我想最主要的来源是劳动者收入。如果我们的制造价格还是维持在100元，我们拿什么来增加劳动者收入，而我们有了品牌，把价格提到1 000元，甚至更高，我们就可以把其中的差额利润，用来增加员工的收入、增加对环境的保护，所以我们制造业必须走自主品牌之路。

如何打造自己的品牌？通过我自己对红豆集团20多年的经营，我总结出两大部分，一是技术含量，二是文化含量。

技术含量通过创新实现，而创新主要围绕三大因素，就是人才、平台、投入。三大要素中，我觉得很多企业最不注重的就是投入，不舍得牺牲短期利益。不注重对研发环境、制度环境和生活环境的投入，令自己缺乏成长基因。

文化是品牌的附加值。中国制造要赶超西方品牌的百年文化，没有捷径，只能打民族文化这张牌。比如时装，红豆借助脍炙人口的王维诗句，在2001年创建了“红豆七夕情人节”，开始的时候，外界没有重视，但我们坚持了十年，现在已经成为一个闻名的文化项目，同时也成为红豆重要的文化基因。

品牌升级对中国制造来说，是一场艰巨的挑战。有的企业表示，在当前通胀压力下，不要说完成品牌升级，就是制造也难以为续，这些企业的出路在哪里？

周海江：除了向管理要效率、以创新要市场以外，我建议他们可以将产业转移到海外第三市场。优势企业应该帮助这些企业共同发展，以保住我们的制造。最近，红豆集团在柬埔寨规划了一个11.13平方公里的产业园区，鼓励相关企业和我们一起产业转移。

作为服装行业的领头羊，我们深刻感受到，在经济发达地区，很多中小规模的工厂产能已经过剩，如果产业不转移，就要关闭。

我给他们算过一笔账。以服装为例，柬埔寨当地基础劳动力价格为600元/月左右，与我国基础劳动力价格差别就是2 000元/月，一年就是24 000元，以1 000人的服装厂计算，中国服装企业在内地不赚钱，但到了那里，就有2 400万利润，如果再计入当地的原材料价格、关税等方面优惠，企业的利润更多。另外，中国企业在第三方国家生产产品后，还可以规避欧美的贸易壁垒。

掌握成本波动规律抗通胀

目前在通胀影响下，最纠结的就是原材料价格上升问题，中国企业应该如何谨慎解决？红豆有哪些思路？

周海江：现在这个阶段，企业如果不注重、不研究原材料波动规律，恐怕后期再好的管理、再好的产品，也很难做到持续经营。

比如我们旗下的轮胎公司，原材料最大部分是橡胶。橡胶价格在今年（2011 年）波动非常大，最低是 2 万元/吨，最高是 4 万元/吨，如果公司吃下 4 万元/吨的橡胶，企业竞争力又将何在？所以，我们年初（2011 年）就研究了橡胶的价格波动规律，抓住春节前（2011 年）的价格低谷期，在 1.4 万元/吨区间内就进行采购，之后橡胶市场价格涨了 1.1 万元/吨，以 1.4 万吨为计，就节约了 1.54 亿元。

1.54 亿元代表什么？一是拥有在成本上的竞争力；二是从管理角度来看，达到事半功倍，因为要从管理上挖掘这么大的潜力是很困难的。

后来，我们把这种经验在集团内部十家子公司里进行推广，要求一把手腾出精力来，研究和部署原材料采购战略。

我们也注意到有些企业通过期货方式，锁定大宗商品的价格。我们虽然也有涉及，但有严格的控制。因为企业界有不乏误入歧途的惨剧，为了期货，有些企业转变了性质，逐渐脱离了主业，将企业变成了期货炒家。

和通胀俱来的还有用工荒、工资普涨，扩张中的红豆如何解决这两大问题？

周海江：我国的企业一直从事低端制造加工的生产，无法实现产业的升级，就是与低工资相关。如果没有一个稳定的产业工人群体，企业生产就会受到影响，因为花费大量的时间在招聘和培训员工方面，企业的生产效率无法提高，转型升级就更无从谈起。现在沿海地区的民工荒、工作效率波动、人员大面积流失，在低工资的背后造成了很多的弊端和危害，最直接的就是企业的稳定性差。

我建议企业应该顺应时势。去年，红豆的工资增长达到了49.6%增幅，在整个行业中的收入水平居于前茅。

我们应该把工资视为一种投资，而不是成本。这种投资将导致工人忠诚度增加，效率提高。这就是我在集团内部极力推动的“效率工资理论”。在效率工资下，提高劳动力队伍的质量，推动劳动力努力程度，降低辞职率。

现在我们提出“向管理要效率”、“靠创新要市场”，但对于多数基础性薄弱的企业来说，如何才能找到合适的途径?

周海江：在这两个方向上，反映了企业领导人的个性，有些偏重管理，有些偏重创新。

我们集团下辖两家摩托车企业，一家摩托车公司的领导人偏重管理，产品上鲜有创新，另一家公司则每个月就有新产品问世，但不注重管理。结果是，前一家公司比后一家效益出色。经过研究发现，创新企业虽能通过扩大产品来发展新客户，但是很多客户一两年就走了，而那家没有创新的公司，新客户不多，但做一个就抓住一个。问题在哪里？我认为，创新公司领导人只有在管理基本功练好下，才有资格去搞创新。

“向管理要效率”本质是挖掘成本优势，忽视这个要素，即使再伟大的创新也很难成功。

我们的企业不妨问一下自己，有没有在“人、机、料、法、环、测”六字要素上狠抓基本功。如果你不懂，不要说ISO管理体系，管理都是假的。所谓人，就是对员工进行培训，提高劳动技能；所谓机，就是合理利用、维护生产设施、装备；所谓料，就是掌握原材料价格波动规律，逢低采购，严格验收；所谓法，就是在生产中，有没有工艺标准；所谓环，就是对生产环境、秩序进行严格规定；所谓测，就是对生产结果，有没有进行严格检验。

接下来再谈成本控制。成本控制上，也有六大要素。分别为投资成本、供应成本、生产成本、质量成本、管理成本和流转成本。我想强调其中的质量成本。

关于质量成本控制，中国大部分企业存在一个很大的管理黑洞。1997 年，我在美国学习，从美国企业身上学到了对质量成本的理解，就是质量成本＝预防成本＋检验成本＋损失成本。怎么解释？

预防成本是指对员工的前期培训，企业一有商业机会，不顾员工的技能如何，就直接上马；检验成本是指对最终产品的检查，企业一旦出产品后，就越过检验工序，急于将产品推向市场，正是对预防成本、检验成本的失控，最后导致损失成本，甚至因产品质量问题引发社会道德危机。

产业相对多元可规避通胀

多家服装企业正远离主业，比如杉杉介入锂电池产业、雅戈尔介入金融与房地产，而红豆涉足地产、轮胎、制药等领域。出现这样集群现象，是否说明服装业已沦为夕阳产业？

周海江：如果把服装业归类为时尚产业的话，它就永远是朝阳产业。到底是什么原因让中国服装企业缺乏动力？除了企业的品牌与文化外，原因在于我们对服装产业的划分，仍然延续 20 世纪 50 年代以来的传统。

按照中国产业传统归类，服装归为棉纺织类。但形势已经变了，中国人对服装的消费早就从生活必需品，转变到了时尚需求。因此，我们现在迫切希望服装产业从传统行业归类中独立出来，成为时尚产业。

另外，中国服装产业位于全球产业链底部，没有演变为附加值的两端。中国服装协会对纺织服装业做过统计，超过 2/3 的企业平均利润率为零，1/3 的企业为10%。平均利润率为零的是没有品牌、设计，只是生产加工的企业。很明显，你不走两端，你的日子当然很难过。

红豆现在的发展思路是，前端抓研发和设计，后端抓品牌连锁专卖，从生产制造型变革为创造运营型企业。现在我们只保留20%的生产，而把80%的生产外包到500多家协作企业。

向两端突破上，红豆主要抓人才、平台、投入等三大要素。人才上，我们一方面高薪聘请国外设计人才，另一方面通过设立职业学校培养企业储备人才；在平台上，我们搞博士后科研工作站和院士科研工作站，设立技术中心、工程技术中心，以及和大学产学研合作，把科研成果转化出来；在投入上，对顶级人才，我们送住房、给高薪酬，以及包括生活环境、工作环境、制度环境的投入。

红豆集团在形成跨行业多元化的经营中，各产业之间有没有必然的关系？如何在各产业的战略思路和执行上，做到统一？

周海江：走多元化之路，不是因为我们服装主业出现任何问题，而是在服装产业成熟后，我们寻找到的一系列新增长点。

我们第一项多元业务是摩托车。1995年，集团销售收入达到10亿，成为行业领头羊后，我们开始寻找新的产业投资机会。由于无锡地区的摩托车产业具有较强配套能力，于是我们通过收购上海申达摩托，介入摩托车领域。后来，为配套整车业务，我们投资了轮胎公司。

在集团所有关联企业之间的往来上，我们内部有一个公开、透明的市场化运作机制，就是所有企业虽然可以优先向兄弟企业采购，但如对方企业的产品质量有问题，可以拒绝采购。当时轮胎公司的产品，就因质量问题，在三年内没有被申达摩托车厂纳入采购范围。轮胎公司怎么办，就只能卖到市场，接受更严厉的考验。轮胎公司拼命降成本、提高产品质量，后来居然发展起来，产品从小胎、大胎，延伸到子午线轮胎，慢慢形成了完整的产业链。

之后，我们开始相继拓展到房地产和生物制药领域。在产业扩张之路上，我们的步伐一度很快，但这也对企业资源的合理分配提出了挑战。回过头来看，我们需要重新调整战略。

摩根士丹利针对全球企业发展模式，总结过三类企业，一类是绝对多元化的企业，一类是专业化的企业，一类是相对多元化的企业，从利润平均增长率角度，勾画出三条曲线，结果处于最低的是绝对多元化的企业，中间是专业化的企业，最上方是相对多元化的企业。

红豆就是走相对多元化道路。怎么走？就是走有所约束的多元化之路。把要素集中在有发展前景的产业中，如服装、地产、生物医药、轮胎等四大项，其他工厂能关则关，能并则并。要素集中后，我们给四大项做了统一的战略定位，就是每个产业，不求面上的发展，而是寻找点上突破。面上，我超不过对手，但是点上，我一定要超过。

比如轮胎，我们在面上超不过米其林、普利司通，但我们只专做长途、载重的矿山用子午线轮胎。我们推出的赤兔马、千里马轮胎目前是在用业绩说话。很多合作伙伴建议我们上半钢的轿车轮胎，但我们的目标就是在细分市场做到全国第一，甚至全球第一。

在生物医药上也执行这样的战略，我们不是什么医药都去投、都去做。市场上的医药产品种类繁多，很多都在赚钱，但是我们只攻肿瘤药。肿瘤药物本身就在市场上占据很大的份额，而在肿瘤药物中占据市场60%的六种药，都是从红豆杉或者延伸加工物中提取。我们优势是，拥有全球最大的红豆杉种植基地。

对于房地产，不求进入的城市多，只求在进入的城市做到前三名，甚至第一。

回到服装主业，要求旗下的红豆股份集中品牌，缩编相思鸟、相思豆等十多个副牌，突出红豆男装。

我坚信，战略成效会越来越显现，“千亿红豆”的目标能在最短的时间内实现。

以公开竞聘制衡家族权力

包括真功夫家族内斗在内，民企已经爆发多宗类似的股权争夺案，而红豆内部又如何防范这样的事情发生？

周海江：我认为主要是民营企业缺乏现代管理制度所致。

即使是家族领导的企业，也可以实现现代化企业制度。就管理结构角度，我认为衡量一家企业是否具备现代企业特征，主要看权力如何取得？依靠血缘、亲属、裙带关系取得权力，就是传统企业制度，依靠公平、透明的制度取得权力，就是现代企业管理。

在红豆，无论你是谁，要在集团或下属100多家公司当第一把手，必须经过公开竞聘。考核标准只看业绩和经历。作为本人，我也是在内部竞聘而来，尽管我的私人身份是董事局主席的儿子，但如果我不能创造公司业绩，集团照样可以罢免我，而一旦罢免后，我将很难再回到现有位置。

至于我之下分公司的管理者，我们公开竞聘时，一是公布竞选者的个人资料，二是自我表述，然后就是我们高级管理层投票，谁获得最高票，就当场任命总经理或厂长。任命后，以一年为期，考核经营业绩。对不良经营结果，进行问责和罚款。只要是业绩亏损或大幅下滑，不给领导人诉说理由机会，直接下台或降级，并对亏损部分承担8%的罚款。这样一来，推动各层级的领导人去主动想经营办法和出路。

因亏损下台的领导人中，不乏有家族中的亲属，以及元老系。有些一把手领导人，担心自己能力问题，就主动申请和甘愿做副手。

公开竞聘制度让我们意外地发现了人才。旗下相思鸟公司，曾经聘请了上海的一家国营企业的领导当老总，但因其经营不善，造成200多万元的亏损，于是我们采用一把手竞聘制，该公司内部的一名大学生最后高票当选，我当时对他还表示担忧，因为他太年轻。但是一年以后，相思鸟公司不仅在他的治理下弥补了亏损，而且还实现268万元净利。

公开竞聘制度的过程、机会是公平的。中国企业的制度很多是从西方引进的，其中尤其是董事会、监事会、经理层的三权制衡，成为现代制度的核心。但是大部分公司现在问题在于，这种三权设定只是形式，很多高级职位并非有能力者居之，而是因为家族和创业元老关系。这种名存实亡的三权制衡，使得企业管理将以“关系导向”为载体，未来的不确定因素也将增大。

从企业的领导人到员工，在业绩面前如果人人公平、人人有机会，那么企业的精力都将集中在经营成果上。

远东董事局主席蒋锡培：没有宏观需求就死

1990年，时年27岁的蒋锡培集资180万元资金，带领28名同乡，在无锡市经济最薄弱乡镇之一的宜兴市范道乡，创办了范道电工塑料厂，即今天资产过百亿的远东控股集团有限公司前身。在他的领导下，远东历经私有企业、集体企业、股份制、混合经济模式和资本运营等五次模式变制，如今已发展成为以电缆、医药、房地产、投资为核心业务的大型民营股份制企业集团，并控制着一家A股上市公司（前身为三普药业，后更名为智慧能源）。

以药业上市公司的“壳子”，却主营电缆。这是上市公司前三普药业的大股东远东控股在2010年7月至2013年9月期间在证券市场中造出的一个特别概念。

2010年7月，三普药业向控股股东远东控股定向发行股份，收购其拥有的电缆业务优质资产，具体包括远东控股集团下的远东电缆100%股权、远东复合技术100%股权以及新远东100%股权。重组后远东控股集团旗下的电缆业务优质资产全部注入上市公司，远东控股成为三普药业大股东，占三普药业总股本的69.64%。由于远东控股的老板蒋锡培持有远东控股69.8%的股权，于是顺理成章地成为三普药业的实际控制人。

通过三普药业的反向收购，蒋锡培真正拥有了一家上市公司，并且借此将其电缆业务正式搭上了资本平台。但彼时的电缆业却正遭遇到产业链上游——铜业危机的影响。

按照电缆业的产业链分布，依次是铜矿采集、成品粗铜冶炼。中国铜原料稀缺，对于铜矿进口具有很强的依赖性，因此使得铜冶炼企业嗅到了商机，这类企业开始遍地开花。所谓铜业危机，来自两股商业剧变：一方面国际铜矿价格一路走高，从 2011 年初 7 100 美元，半年后已破 9 500 美元大关；另一方面是肆意膨胀的国内铜冶炼企业，通过低价恶性竞争，导致成品粗铜价格一路下跌，最终使得成品粗铜交易价格低于进口铜矿价格。这种价格倒挂，令多数铜冶炼企业在生产即亏损的形势下，不得不限量生产或者干脆停产。

由于电缆行业的核心材料正是成品粗铜，因此铜业危机的最后接棒者，就是远东控股所在的下游电缆行业。但是，这条链上的企业，也有相似的商业困局，一是如同上游铜冶炼行业一样，从业企业过多，竞争手段完全依靠低价竞争；二是遇到上游无产品可卖的境地。

以三普药业进行反向收购，蒋锡培的本意是，为维系企业的资金链，相比直接问银行借贷的高利息支付成本，现在可以通过自有资本平台低成本融资。由于三普药业本身在高端的冬虫夏草项目上，带来可持续的现金流，蒋锡培对三普药业完成控制后，并没有更换上市公司名称，而把两个毫不搭边的业务暂时混搭在一个上市盘子中。

蒋锡培尽管拥有一家药业上市公司，不过他的重点仍在电缆业务。这一年的秋天，蒋锡培对自己创建了 21 年的公司，首次在商业模式上做出一个大胆地尝试，挂牌了包括电缆网、电缆买卖宝和中国电缆材料交易所等在内的“一个门户网站两个交易平台”。这标志着，远东控股将从传统电缆制造企业，转型为一家有早期 O2O 迹象的电缆电子商务平台的公司。

严密盯住需求之变

作为主营电缆的企业，远东控股为什么收购三普药业这样的公司？

蒋锡培：我在前十多年里，主要关心和关注于电缆行业的发展。目前，即使包括远东在内的国内排名前四位的企业，总产值加起来，在行业内所占的比重还不到8%，而国外基本上已到25%，甚至80%，因此，今后产业格局还会发生变革。远东虽然已是行业老大，但接下来的目标是扮演行业整合者，把更多的中小同行集中起来，进行优势互补。

与此同时，我们进行适度多元化，但我们在战略选择上，是有条件的，主要看多元项目的前途。

很多人问我“为什么要收购控股三普药业？”我的回答很简单，只有两个原因，第一，我们需要上市公司的资本平台；第二，三普药业所在的行业，也是非常有竞争力的行业，比如说三普药业出品的冬虫夏草都是采自在高原4 000米以上的原料，现在灵芝等都有人工培育，唯有这样的东西是人工培育不出的。

我们把电缆资产注入三普药业后，它很快走上了健康的发展轨道。如果不是远东的介入，这家公司就死掉了。

另外，我们会在新材料的领域上进行战略投入，以贴近国家发展战略需要。比如，我们现在做的钛纤维玻璃，原来是用在航天行业，现在我们把它运用在电力、路杆、建筑、铁路等方面。我相信这样的新材料一旦产生产业规模，就会使远东更具备新一轮增长的优势。

当今的竞争环境中，几乎很难有产品能真正独一无二，唯有市场供需匹配才是硬道理。从电缆行业角度，怎么做到适时匹配市场需求？

蒋锡培：我的观点是，不管任何企业有多大能耐，多大实力，如果做的产品没有宏观需求，就会失败。什么是宏观需求？就是全民或者国家需求。

我一直认为，电缆是国民经济的神经、动脉，国家要发展，就会有基础建设，而基础建设是离不开电缆的，因此无论电缆行业遇到发展中的任何困难，这个行业不会倒下。城市建设、房地产开发都离不开我们这个产品，他们都对我们这个行业有很大的需求。而且远东的产品连续几年都是国家免检，又是知名品牌，这样的品牌做出来以后，如果不能快速发展起来，就是我们的过错。

抱团与整合并行

中国电缆行业企业良莠不齐，且分散度很高，接下来产业将会如何整合？

蒋锡培：除了上游铜业存在的问题以外，电缆行业应更关注于自身问题的解决。

首先是在产能过剩中，企业如何获取市场？为了能在招标中顺利胜出，不少电缆企业花巨资建了一种叫“立塔”的面子工程，这是一种生产超高压电缆必备的生产设备，投资兴建一个立塔，一般需要 4 000 多万元的资金，在电缆行业，能生产超高压电缆的企业都被看作是有实力、有技术能力的企业。但实际上，这些“立塔”却大量闲置。

其次，由于行业分散度过高，产能过剩已经让这个行业到了崩溃的边缘，但另一方面，我们却看到，各地跑马圈地上铜产业项目的热情丝毫没有停止，面对动辄产值就能过百亿、千亿的大项目，各地趋之若鹜，并不考虑这整个产业链已经不堪重负。事实上，铜产业的产能过剩并不是最近几年才出现的问题，早在 2005 年已经是恶性竞争了，可时隔数年，为什么一些地区还在热衷上马新的项目呢？穷则思变。

作为下游的电缆企业已经出现了全行业 60％的不合格率，这是一些企业的求生之路，可也是整个行业危机的开端。当最后劣币驱逐良币，受害的一定是整个社会。只有鼓励收购、兼并重组，把过剩的产能企业整合起来，才能拯救这个行业。电缆行业要 6 000 家吗？最多 600 家足够。

最近远东投资设立的电缆网、电缆买卖宝、中国电缆材料交易所，是否预示企业从制造向服务商转型？

蒋锡培：电缆是国民经济的血脉或者神经，现在我们面临非常困惑的现状，过去30年，尽管得到了发展，但是存在着巨大风险，仍然让业内无比担忧。像远东这样的企业，至少今年要做个一百几十亿的销售，但少说也要有几十亿的流动资金。我们通过去年的融资解决了这个问题，但大部分电缆企业未必能渡过难关。

企业互相抱团非常重要，特别是民营企业之间，千万不要你踩我、我踩你，不可能一家企业把所有的市场都拿走，互相促进互相帮助，争取共享竞争优势。我们这次推出电缆网门户、电缆买卖宝B2B，以及线下中国电缆材料交易所，就是希望用公平的市场交易机制，改变原来粗放的低价竞争，保证行业各电缆企业的营收。当然，这三个服务模式也刚开始，远东希望与行业一起联合探索。

拿业绩找银行授信

和国企相比，大部分民营企业都借贷和融资困难，如何找到解决方案？

蒋锡培：民营企业需要资金、需要更多的资源是毫无疑问的，而且这样的情况也长期存在。对于一个国家来讲，从整体角度，所有的资源分配都是一个恒量，无论是大企业，还是小企业都能产生经济价值。

另外，民营中小企业在一方面依靠政策性的关爱、支持之外，更重要还是立足于自身，至少在某个领域细分市场能够领先，拿着成长业绩和优质资产的优势去获得银行的授信。

2011年，央行为收紧流动性，对抗通胀，频繁使用存款准备金率这一货币政策工具，这对远东影响如何？

蒋锡培：宏观经济政策变化牵动每一个企业的神经。

就远东所在的电缆行业，大部分企业都需要贷款，且贷款比例非常高。因此银根收紧对电缆企业的资金成本和发展非常有影响。另外，很多企业都国际化了，汇率的变化也会影响竞争。因此如何为企业营造一个好的外部环境，需要政府把握。不过，企业本身要思考出路。

远东目前的主业是电缆、医药和房地产。三大主业遇到的问题各不相同。

电缆行业的问题是产业规划不善、恶性竞争及原材料主要依赖于进口等因素，使电缆企业的日子日益难过，平均销售利率目前已降到2%左右，因此很多中小企业如果没有拿到贷款，将会出现停产，甚至倒闭。

医药行业受到的宏观政策则非常正面，因为全民医疗保障水平在提高，所以需求是刚性的，且每年增长20%，现在政府还引导兼并收购，使相关企业竞争优势能更明显。

地产业的冲击不言而喻，但远东的地产业务刚刚做了五年，占远东所有产业的比重还不是很大，我们的战略是先立足于江苏，不铺太大的摊子，未来十年的目标是年销售额过200亿元，相对来说，房地产宏观政策的变化还没能影响到我们。

死与不死相对论

远东控股历史上的五次企业性质的改变，是出于生存考虑，还是因各种历史条件不得不做出的选择？

蒋锡培：每个企业发展都有它不同的路径，在不同的环境条件下会选择不同的方式。

远东80%的产品都是为国家基础建设服务，特别是电力系统。在以往的20年当中，企业性质转变有四次也好，五次也好，从制度层面的改革是不得已而为之。按道理来说，这样重大的事情，哪能不断地变来变去？

就第一次从私有企业转向集体所有制来说，如果我们那时还是私有企业，我们可能贷不到一分钱款；如果我们还是私有企业，每年就要多交几百万税金。那时候体制不同，税率是不一样的，政策也是不一样的，因此我必须要赢得企业发展必备的条件支持。

另外，我创办了企业后，有那么多人跟随着我，我就是要对他们负责，我们不希望企业最终倒掉，因此我需要根据不同的历史条件、不同的竞争环境、不同的突围需要，去变换企业属性。

在创业过程中，我也亲眼目睹了很多企业变了以后就变不下去了，甚至变出大问题，但远东是幸运的，多次改变并没有死掉。

其实，企业死与不死，是一个相对的问题，如果以500年历史的角度，试问有多少家企业能存活？企业不变要死，变了也要死，问题是你什么时候死，500年以后死就了不得了。我希望远东能挺过100年，即使100年以后死了，也已载入史册了。

经过对三普药业重组后，远东实现了第五次改制，形成了“产业+资本”的融合。但从公告看，增发的7 200万股，是投资于风电、核电和太阳能、电缆等项目上，这是否意味着三普药业不再是药业公司？而远东借壳融资也将扩大到更多产业？

蒋锡培：企业家最重要的五点是，第一要有眼光，第二要有胆量，第三要不停止脚步，第四要有相应的能力，另外就是非常真诚的性格。

关于三普药业。我们控股后，把赢利的电缆业务置入其中，改变了三普药业的业绩水平，但电缆业务的投入与资金要求非常大，我们增发股票，以保障电缆业务和对其他新兴投入产业的业务发展。当然，三普药业本身也得到了稳定，最近开发了新的治疗肿瘤药物。

谈到多元化，我不否认风险存在，但关键是有什么样的资源，有什么样的能力，利用这些资源把握方向的时候一定要符合实际，任何时候都要有一个度。当然，这些前提一定是在对风险和能力的绝对评估基础上，否则就置企业于巨大的风险之中。

除了电缆、药业、房地产以外，我们对其他项目只做谨慎投资，未来相当长的阶段中，我们不会再开辟新的主业。

美特斯邦威董事长周成建：消费者民族中心主义

美特斯邦威（Meters/bonwe），由周成建于1995年创建于浙江温州。其名中的“美”即美丽、时尚；“特”即独特、个性；“斯”，这个，“邦”即国邦、故邦；“威”即威风。美特斯邦威的主体消费者为年轻人。创立以来，企业坚持走品牌连锁经营之路，在国内服装行业率先采取“虚拟经营”的业务模式，依靠品牌营销、设计、信息化和人才队伍建设在激烈的市场竞争中形成了自己的核心竞争力。公司在2008年8月成功实现上市，成为A股纺织服装板块中的“快时尚”品牌第一股，目前市值超过120亿。

2014年，聚美优品创始人陈欧、猎聘网创始人戴科彬，亲自为企业品牌做出“我为自己代言”行动后，引得无数创业人为一夜成名也同样矫情模仿。殊不知，肇始这一时风的却是美特斯邦威的老大周成建。

2008年在公司实现A股上市之后，来自资本市场对美特斯邦威的业绩增长要求，迫使周成建不得不进一步加快美特斯邦威的市场规模和业绩增长动力。但如何才能实现高增长？

当时的美特斯邦威团队，为老板周成建

策划了一个老板为自己品牌代言的广告形象。在这则广告中，周成建亲自上阵，穿上美特斯邦威的潮服，和时尚的年轻人那样，登上皮靴、穿上牛仔服、竖起衣领，留下一张可能是自己一生最时髦的影像。但是，周成建很清楚，这只是自己的一次玩票，向消费者、媒体、网民进行的一次“病毒营销”而已，但随着时间流逝，“病毒”失效之后，美特斯邦威仍然需要面对业绩增长的严峻课题，尤其是还将受到那些不甘落于自己之后的本土新品牌，以及来自 Zara、H&M、C&A 等国际级“快时尚杀手”的市场围剿。

实话说，作为本土快时尚的代表，美特斯邦威已做到极致。从 1995 年创业，一直到 2008 年上市之间，美特斯邦威已在市场竞争的十多年中剪灭了无数对手，而上市之后，更增添了其美誉度。但正如杉杉董事长郑永刚在 2008 年美特斯邦威上市之际，对周成建所说的那样：“一个服装品牌，一旦做到极致，很难有更大的发展空间，这个阶段，危机就会到来，企业家应思考新的转向问题。”但是，周成建并不认同，他认为自己既然选择了这个行业，就应该做到底，把这个行业做透，甚至要做一辈子裁缝。

为了让美特斯邦威过去的成功继续保持下去，周成建及其团队从美国学者希姆普（Shimp）和沙玛（Sharma）在 1987 年提出的消费者民族中心主义（Consumer Ethnocentrism Tendency，以下简称 CET）概念中找到了灵感。

所谓的消费者民族中心主义，实际上是希姆普和沙玛在 20 世纪 80 年代通过研究发现，任何国家的消费者都存在一种民族性的倾向。每个消费者都有与生俱来的对国货的偏好或对进口货的偏见，这是消费的民族本位现象，即消费者民族中心主义。简单地说，消费行为中的民族性偏好，导致消费者在消费时，一般会首先考虑本国的消费品。

当消费者民族中心主义这个源于美国 20 世纪 80 年代的社会学概念，被从一大堆书中挖掘出来后，周成建很快联想到自己的美特斯邦威和中国消费者的关系——利用这种社会心理，加大对消费者有关国货市场教育，引导消费者对国货的信心、认识和理解，从而培育美特斯邦威新的市场空间。

2011年，周成建领导美特斯邦威正式祭出新国货的品牌宣言。在公司一份印刷品上，还特别把鲁迅《真假堂吉诃德》文中一段涉及“国货”的话，写在头条——“他们何尝不知道‘国货运动’振兴不了什么民族工业，国际的财神爷扼住了中国的喉咙，连气也透不出，甚么‘国货’都跳不出这些财神的手掌心。”很显然，美特斯邦威此举，想唤醒中国的消费者不要盲目崇洋媚外，应关注和消费中国自己的商品，当然也包括美特斯邦威。

为了进一步产生影响，周成建还召集各路文化人，就新国货文化进行大讨论，这些人包括流行天王周杰伦、传媒领袖邵忠、艺术推手陆蓉之、创意大师包益民、摩登造型师陈星如、跨界艺术家邓卓越（Dorophy）、新锐摄影师陈曼等人。

但是，这场由美特斯邦威一家所掀起的新国货运动，实在是力量单薄，并没有引起所有的“中国制造”予以相应，同时也没能给美特斯邦威创造出更大的盈利动力，不过，需要看到是，周成建领导的美特斯邦威一直在努力，一直在求变，一直在寻找可持续发展，其行为代表了大部分中国企业在2011年时期的一种选择。

对消费者怀敬畏之心

美特斯邦威从当初偏居于温州的一家地方服装小企业，到如今成为国内第一大快时尚上市公司，总结其成长的核心要素是什么？

周成建：中国很多企业，包括美特斯邦威，能够像今天这样在一个机会时代中发展，并不是说我们有很强的管理做到今天，主要是我们在努力，并在此期间自发摸索一些新的门道，从美特斯邦威角度，我认为有三点：

第一个方面是在人才的承载形式上。其实，中国多数民营企业，就算管理者是学管理出身的，但其实还是要有实践的过程。中国30多年的发展，在实践积累发展过程中，特别在人才成长的机制方面，我认为是缺乏系统性、缺乏有序性的。你做一个企业，你有不同的专业，那你对不同专业的人如何去培养他，让他有机会对企业的发展做出支持，这一点是需要去思考的。我自己也经历过很多方方面面的挫折和方方面面的调整，所以我认为这一点是尤为重要的。

第二个方面是在人才的激励机制上。人的能动性如何去激发，我认为激励的透明、科学、合理，这点也非常重要。所以我认为在这一方面我们还是在探讨，在学习过程当中。现在西方发达国家他们几百年的企业成长，人才成长机制非常专业、非常系统、非常明确。这个人若干年以后他要承担什么样的责任，他在每一阶段都会给予不同方式的培养。特别在人才激励机制上面透明，人才多劳多得这一方面做得都是非常不错的。只有这样我们才能真正地说“铁打的营盘，流水的兵”，对企业来说，人才的流动并不是一件可怕的事情，可怕的是人才的激励机制有没有给力。如果这套建立了，我们中国有13亿人口，想干事的人肯定会蜂拥而上。

第三个是行业的经验，我14岁开始学裁缝，到今天为止我觉得离裁缝越来越远，因为不同的时期你承担的责任发生了变化，今天社会变化如此之快，我们在方式方法方面、手段方面都在发生变化，所以说我觉得专业知识的积累我们同样是缺乏的。所以我觉得中国和西方发达国家优秀的企业、健康的企业比较的话，我认为在专业的标准化方面，评判的依据上面，在整个流程的设置合理性方面，我们是不够的，因为我们没有足够的经验。我自己从一个个体的裁缝，逐渐成为今天300亿规模的裁缝，管理时刻在发生变化，我的过去是没有经验支持我这样做，只是走一步，试探一步，完善一步。

做一家企业最主要的是盈利以及可持续发展，只有这样才能多缴税和解决社会就业问题，但现在很多企业家都在谈价值观，价值观是哲学的范畴，不知道除了缴税和解决社会就业之外，企业的价值观究竟是什么？

周成建：我认为价值观应该是德性的问题，你的心是怎么想的。比如说，现在出现了食品问题、药品问题等，还有，前几天电视报道说，在东北有学校拿自来水直接罐装给学生喝，据说，那个灌装水的生产企业，是教育部门指定的供应单位，后来检查它的矿泉水厂，发现实际已经被停业三年了，但始终还是在使用。我认为这些现象值得我们去思考，到底是企业主观行为，还是被动？到底是无意识的犯错，还是有意识的犯错？这是一个非常重要严肃的问题。

今天企业规模做大，不是一个健康的标志，而是要看企业到底给了消费者什么。比如，一直在说，农民种菜有选择，左边田里的菜是打农药的，是专门卖给城里人吃的，右边田里的菜是自己吃的，农民说你们城里人抗药性真的很强，我打了这么多农药你都吃了不会生病，城里人告诉农民，因为我卖给你的农药是假的。其实，我很希望这个案例仅仅是一个笑话，但是，我们都可能从心里相信这一定客观存在。如果是真的，那么是农民错了，还是城里生产假农药的企业错了呢？

只要企业生产假货、伪劣产品，就会造成社会秩序混乱，这是我认为的企业道德底线，也是判断一个企业有否价值观的标准之一。

全民进入商业时代以来，我们一直处在高度的浮躁环境中。今天的机会实在是太多了，诱惑实在是太多，但我一直在强调，我们做到耐得住寂寞、耐得住诱惑，让自己专心专注做某一件事情做到极致，才是正道。

我们所崇拜的那些伟大企业，一查历史都是几十年、几百年熬出来的，而且都不是简单靠资本驱动做大做强。我认为，期望值的管理对任何企业都很重要，要懂得敬畏市场、敬畏大自然、敬畏法律，更要敬畏消费者。

消费者主导不可逆转

与另一家本土快时尚品牌森马相比，美特斯邦威在营收上的优势继续缩小。根据财报显示，2008 年，美特斯邦威的营收是森马的 1.34 倍；2009 年，美特斯邦威的营收降为森马的 1.22 倍；2010 年，美特斯邦威的营收则继续降低到森马的 1.19 倍。为什么美特斯邦威的业绩会不如森马？

周成建：其他企业的经营状态，不是我所关心的，我只对自己企业的运营质量非常在意。尽管，最终业绩代表了一个企业的全年经营成果，但需要注意的是，这种经营成果究竟是服务于短期战略，还是长期战略？

上市之后，迫于资本市场压力，我们的确采取了一些积极行动，尤其是对推出的新品牌太过乐观，最后没有实现预定的目标和业绩，前期的费用投资很大，但收入不多，最终影响到整体的业绩。

上市后，美特斯邦威启动走双品牌之路，力推Me&City品牌。你还亲任Me&City品牌事业部总裁。问题是，这个品牌能否担当得起下一个十年，甚至更长时期的品牌升级重任？

周成建： 这个品牌起到了补充作用。美特斯邦威品牌定位是16～25岁。Me&City希望做到和美特斯邦威差异性的定位，22～35岁。这对美特斯邦威发展会形成更多的机会和更大的空间。从大的策略上来说，我认为是对的，虽然没有实现目标，很多投入对当年是有透支的，但我们也提前进行了成本投资，包括市场网络、人才队伍，对未来会有好处。

大家可能会疑问，Me&City凭什么能够有机会去挑战国际级的“快时尚杀手”？

首先，我们有主场的优势，就像足球赛一样，我们对整个中国的环境，对消费者的需求相对来说会精确一点。

做品牌有几个方面，一个是挖掘消费者的现有需求，还有一个是挖掘消费者未知的需求。从这个角度来说，我们中国人一定更了解自己同胞的人文文化和消费习惯。在挖掘未知需求方面，我们会更有优势。如果我们走中国以外的市场，那挑战就会比较大。

从劣势角度，国际大牌从整个品牌定位，品牌塑造，包括整个供应链管理，相对比较完善，我们与他们还是有差距的。不过这些都是技术层面的问题，我们是可以去突破的。因为美特斯邦威有十多年的零售经验，虽然在定位上有一些差异性，但零售运行的方法还是一致的。如果把这两者融通结合起来，可能就是我们的竞争力。

从本土市场竞争角度，实际上和美特斯邦威竞争的品牌并不在少数，这些对手要么已经实现上市，要么正在拟上市，因此，美特斯邦威除了应对国际级“快时尚杀手”之外，还需要小心国内的新晋对手。对此，美特斯邦威如何在这种中外夹击的形势中，保持自己的优势，并获得胜果？

周成建：我不认为这是美特斯邦威的困境，反而是很好的机会。因为中国市场很大，也足够容纳各个品牌，在自己专属的定位市场中保持存在。全国社会消费品零售总额在去年（2010 年）突破 15 万亿，并且还在持续增长，但从服装零售来看，还只占总体消费总额 1%左右，所以还有很大的空间让新的企业、新的品牌去抓住机会。

15 年前，我对服装企业自建工厂、自建市场的传统模式进行了颠覆，制造出一个“虚拟经营”的模式，就是自己只做设计、品牌、销售，而把生产和加工外包给第三方，这在当时来看，美特斯邦威在传统的服装行业中，率先做出了大胆的创新。但是，今天来看，“虚拟经营”已是传统模式，因为行业都在做这件事情。今天的情况是什么？涌现出的新消费习惯和消费平台，对我会有更大的挑战。我不能逃避，我需要去面对，比如，现在大家都开始把商业模式架构到线上，而美特斯邦威要不要往线上去做？搬到线上，又将怎么做？今天，要想做深、做细、做强，难度会比以前更大。

为了应对竞争升级，除了转换经营模式需要思考之外，我们的第一个动作就是推出完全按照国际“快时尚”标准定位的 Me&City，和对手进行竞争。

但是，一个新品牌的推出，需要经过市场的检验，定位需要不断纠正，以提高精确度，另外，和美特斯邦威品牌长期厮杀于市场，建立起的成熟经营体系不同的是，由于 Me&City 是新创品牌，为之无缝配套的供应链协同性还没有理顺，它还需要 3～5 年的成长期。我也相信，凭借我们在美特斯邦威品牌上积累的经验，将缩短 Me&City 试验期，会迅速培养起来。

和当初率先在行业中搞“虚拟经营”模式一样，美特斯邦威在 2011 年是否会做出新的举动?

周成建: 任何创新之前，首先要对自身的建设方面进行反思，比如思想意识够不够开放，对消费者的意识需求的挖掘够不够强，满足消费者需求的能力够不够强，等等。

消费者的需求由多方面构成，从静态角度，有产品需求；从动态角度，有消费方法需求、消费习惯需求等。20多年前的市场，没有个人需求，只有批发市场、大百货商场，它们就是消费需求，后来逐渐形成专卖店，现在又发展到了网上销售，这些都是需要我们去研究的问题。只要把这些东西弄透，企业的机会就很大。如果没有这种意识，就容易被淘汰。

任何一家企业的竞争和挑战不是来自别人，而是自己。我对自己过去十几年的经营有一个总结，所谓的创新，应该是自然发生的行为，不是为创新而创新，商业创新从来都是来自对生产模式、经营模式、消费者、消费者市场的洞察，而后对未来做出一个预判，并赋予行动，而这种行动一定就是最佳的商业创新实践。

一个品牌，最危险的事情就是，经营了很多年后，自以为做得很好，开始脱离消费者，盲目追求起高大上，然后不再与消费者沟通，变成自己和自己沟通、自己和自己讲话，这就违背了品牌发展的重要准则。

现在，不是物质匮乏的时代，而是产能过剩时代，这个时代的主导权、选择权在消费者，而不再控制在生产者手上。因此，我们的注意力要从过去专注于生产，转向对消费者的了解和沟通。这个问题很复杂，因为中国地广人多，各地消费者差异很大，做服装的，还要了解各地气候差异、收入差异、色彩差异、品质差异，甚至有些地方的消费者对商标标贴都有要求。我们经常说，要和消费者零距离，其实真做起来很难，但只要有这个心，朝这个方向努力，还是能对位消费者的。

自发“新国货”运动

2011年，美特斯邦威在营销上，主要聚焦点是在品牌文化定位上，推出了

“新国货”概念，这个概念是如何挖掘出的？

周成建：营销的本质就是把产品用有效的手段卖出去。能被使用的伎俩，企业都将视为常规手段，但正因此，营销策略的重叠、竞争也就更趋激烈。

现在的企业营销出路究竟在哪里？我们的团队想到了挖掘消费者的国民性，但缺乏理论依据，后来发现 CET 理论和我们的营销动机颇为一致。其含义是，当消费者面临国产货与外国货选择的时候，会偏爱和更多地购买本土品牌，对外国货则会产生心理抗拒。

可以说，这个理论为我们品牌文化和新营销提供了武器。在中国，学者王海忠利用这个理论，测出中国的消费者民族主义倾向平均值为 61.22，其程度与美国相近，但却远远低于韩国的平均分 90.18。王海忠把中国消费者划分为“国货崇尚簇”、“国货接受簇”和“崇洋簇”三个细分市场。但王海忠对于消费者民族中心主义在中国市场的适应性，没有给出结论，我们决定用实践去论证一下。

其实，我们很清楚，王海忠测出中国消费者民族主义倾向平均值的 61.22 分，刚过及格线，因此我们要打“新国货”牌，是面临很大阻力的。从战略目的上，我们不仅要的是“国货崇尚簇”、“国货接受簇”，同时也要争取“崇洋簇”的回归。

中国的人口占世界 1/5，如果我们真能通过合适的“新国货”方式去诠释产品，让消费者接受我们。相对来说，我们就占领了世界。

“新国货”概念，在美特斯邦威的品牌价值、消费者诉求和营销环节上，具体如何武装到牙齿？

周成建：“新国货”概念的提出时间是今年（2011 年）3 月，要说成功与否，还有待观察。不过，和以往制造营销概念一样，我们同样精心设计了系统营销。

首先是沟通渠道，我们除了和常规媒介合作之外，还利用互联网的广度覆盖加深度体验的结合，形成多元和层次化的媒介组合策略。

一是与 SNS 网站人人网合作，共同推广新国货运动。从效果上看，活动上线

10小时即有400万美邦粉丝表示“支持新国货”，这一数据刷新了人人网此前的所有活动数据；二是在EPR（Electronic Public Relation，网络公关）层面，通过在腾讯及新浪开通官方微博与粉丝互动，探讨“新国货”货；三是在传统媒介，进行软投入，探讨国货历史、演变和今天的消费者民族中心倾向；四是对80后、90后一代偶像周杰伦形象广告中的信息进行“病毒营销”，把“新国货”文字进行倒置，变为“国货＋新”，强化核心诉求；五是在城市枢纽线上，突出我自己代言的广告形象，既然美特斯邦威的老板自己都出来说“新国货”，更代表美特斯邦威的决心！

在推动“新国货”中，我们发现，除了宣扬国民主体消费意识之外，还能对美特斯邦威服饰风格进行再定位。我们每年有超过1.5亿的服饰销量，但存在的问题是，虽形成了繁华局面，却没有成为一眼辨识的“中国风格”，因此通过“新国货”概念，为下一步的发展，提出战略升级的准备。

实际上，我们推行的“新国货”，是对消费者民族中心主义营销理论的重大突破，“新国货”概念营销，不是为了让消费者在国产货与外国货选择中面临尴尬，而是在当下消费升级的大趋势下，对社会结构、文化形态、人群情感和商业周期的重新再定位。

第六编　对决 2010

一个行业可以进入成熟期，但消费者永远没有成熟消费一说，这就是为什么所有的企业为一个产品、为一个技术主导，为一个商业模式、为一个市场空间，彼此激发生死竞争的真相。2010 年，在中国制造迈向转型升级的路上，经历了一场与传统思维和传统格局的激烈对决。

格力电器董事长董明珠：把自己抵到墙角

国有企业格力电器正式创建于1991年，前身为海利公司。在创建人朱江洪和职业经理人董明珠的共同带领下，公司从当初年产不到2万台的空调小厂，依靠围绕“专业化”的核心发展战略，以“创新”精神和“精品战略”（打造精品企业、制造精品产品、创立精品品牌）的理念，在竞争异常激烈的家电市场中，创造了自1995年起连续19年位居中国空调行业第一、2005年起连续九年世界第一的商业传奇。

如同品牌的名字一样，市场上的格力电器总是以一种魔挡杀魔、佛挡杀佛的姿态，和一切阻碍其发展的势力做抗击。自董明珠被格力创建人朱江洪引为企业二把手之后，董明珠也将其强硬性格深融于格力的血液中。几乎每一年，格力电器都会生产出一个有关商业冲突的案例，而每次的主角一定是被称为“家电铁娘子”的董明珠。

2010年1月29日，距离当年的春节尚有两周时间，这一天，正是广东省十一届人大三次会议的开幕时间。作为广东珠海代表团成员之一的董明珠（当时职务为格力总裁），准备选择在会议期间向时任广东省委书记汪洋投诉一件格力的“冤情”。

事情的缘由是这样——此前，在2009年广州市番禺中心医院空调采购项目的投标中，报价1 707万元的广州格力败给了报价2 151万元的广东省石油化工建设集团公司。广州格力落败的原因是，投标文件没有满足招标方实质性需求，尽管广州格力在该招标项目以1 707万元的报价被评标委员会推荐成为第一中标候选人。

趁汪洋到珠海代表团一起审议政府工作报告之机，董明珠不仅向汪洋大胆直言，“希望政府能够给（我们）支持，最大的支持是一个公平的环境”，同时表示，对方（广东省石油化工建设集团公司）的产品质量肯定没有格力好，“这是纳税人的钱，转化为政府的财政。这其中的400万哪里去了?!”

之后，董明珠的行为被媒体进一步发酵，被称为“向汪洋告状，直指政府采购存在潜规则”。格力掀起的这宗商业冲突风波，占据了这一年春节前后绝大多数财经媒体的头条。

事情还没有完。紧接着，在当年5月，格力又以“反对不正当竞争”为由，将其竞争宿敌美的告上法庭。

但是，不管董明珠及其格力的所为是对还是错，作为企业需要用业绩向股东、投资者做出交代。这一年的第一季度，格力的业绩增长没有跑赢两个最大的对手：美的净利润同比增长率居首，高达249.29%，海尔净利润同比增长156.69%，而格力电器的净利润仅增长15.30%，远远落后。

董明珠及其格力电器，强势的态度和业绩表现之间形成了巨大的悬殊。这一年，我们比以往更想了解董明珠将带领格力走向何处?

不妥协才是立身之本

2009年，格力因参与广州番禺中心医院的政府采购竞标，结果却以1 700万的报价输给了报价2 100万的广东石化，格力觉得不公平，于是就向广州市财政局提起投诉，但是被驳回。再次请求行政复议未果的情况下，格力做出了出人意料的决定，把广州财政局告上了法庭。虽然这个官司已经平息，但是想知道的是，格力达到了什么样的目的?

董明珠：我们不是一时冲动。因为国家政府采购法里面就有这一条，如果你不满意，最终可以通过法庭来解决。自从这个事件出了以后，省里的人大对专门的政府采购进行了一些修订，增加了一些条款。我觉得这就是很好的一件事情。

我在网上也看到了，说是格力通过这个炒作，提高了知名度，我认为这是错误的。一个企业的发展，如果简单地靠炒作就能把企业炒成功，那我们就全去炒作了，就不要潜心去研究技术，不要过那种寂寞的生活。作为一个制造企业来讲，炒作是行不通的，还是要靠自己实在的内功，所以在这过程当中，当时已经不允许你去顾忌什么，而是你必须去面对。

我希望留给消费者什么印象，或者给市场留下什么影响？我认为没有这场官司，我也希望格力在消费者心目当中是一个最有品位的、最负责任的品牌，这是我本身就需要做的，要履行的一个职责，要实现的一个成果。

我们走的是合法程序。至于为什么后来我要站出来说话，就是后面出现了400万的维修费，如果我们作为一个消费者买一个产品，还没有使用前就要承受400万的维修费，你认为哪个消费者愿意去买?

你们在打官司的时候，股价是一路往下走的。你有没有考虑过，当你去打这场官司的时候，可能对企业来说，长期是一件好事情，但对短期来说，投资者可能会输掉钱?

董明珠：我觉得在任何时候，格力都没有伤害过我们的股民。投资者投资格力电器，我认为是最有保障的，也是最有价值的。因为我们是坚持年年分红的上市公司。

我想表白的是，我们不能为了保证股价不下跌就委曲求全，这样我觉得可能未来的竞争会更困难。当时处理这件事件的时候，并没有考虑到格力自身的利益在哪里，实际上随着这个事态的变化和发展，得到了不同的结果而已。我比外界更了解这个真实的情况，我希望的是用这个案例来提醒我们应该进行哪些改进、哪些完善。

三年前，格力说要走自己的独立渠道，不进国美大卖场，但事实上，现在在国美里却已经有了格力的专区，这是否意味着格力在厂商之争中最终做了让步？

董明珠：我们为什么再跟国美有合作？是因为我们之间达成一致思想，就是我们的目标一致，而且在共赢诚信的情况下合作。而我觉得既然都谈成了，我们为什么不去跟他合作呢。

因为过去在发生不同观念的时候，我们需要的是坚持，就是首先把消费者利益摆在第一位。比如针对我们的空调，我们要卖 2 000 元，而商家要卖 1 000 元，那我就认为你的 1 000 元是对消费者不负责任，因为实际上会造成你的成本都拿不回来，也就不可能对消费者负责任。而现在，在两者达成共识、互相能够保证企业发展的前提下，我们去合作，这就是共赢。

作为白电龙头，格力电器虽然业绩在增长，但二级市场（股票）走势却为什么与此背离？

董明珠：首先，我需要解释的是，这么多年来，格力电器一直不是依赖于靠股市上的价格来支撑企业的发展；其次，格力电器靠的是自己的产品和技术来持续发展，所以股票涨与不涨对我来说我都不关心。

但是，我对我的投资者负责任，我不对我的投机者负责任。我们从股市上募集到 18 个亿，现在我们给股民的回报已经超过 30 个亿。格力电器是一个制造业，所以它的中心点还是技术研发、产品质量，通过我们的市场占有规模的扩大，来保证企业的发展，而不是靠股市上的股价高低来保证企业的发展。另外，股市有时候是随着外部的环境变化会发生一些变化的，它不是独立的。

专业化就是自断后路

过去格力讲“好空调，格力造”，现在又多了一个标签，叫“世界名牌”，顶着这个光环，对于格力来说是否是营销的一种方式？

董明珠：从表面上看，即使多了一个“世界名牌”称号，好像没有什么意义。但我认为很有意义，它表现出一个企业的形象、对企业的过去进行了肯定。

政府在评选“世界名牌”的时候，是有一定指标和要求的，它本身就希望推动整个中国企业的竞争，而不是推动某一个行业的竞争，所以我认为“世界名牌”是有一定价值的，只是说你企业怎么去看待这个荣誉。比如说三鹿奶粉事件发生后，国家停止了这样的评选，但是究竟是谁的错？我认为是企业的错，因为给你荣誉说你好的时候，你就忘记了自己的责任，并用它来欺骗了别人，如果我们获得了世界名牌后，就用一个纸糊的空调让你拿回去用，那就叫欺骗，和你这个荣誉就是不相符的。

至于营销，我们如果把营销仅仅作为一个买卖关系，跟消费者只是一个交易的话，中国制造就走不上世界舞台。我们营销这么多年来，坦率说，没有绝招，唯一就是两个字——诚信！我们就是围绕着诚信两个字做营销。品牌，不是自己封的，是消费者通过长期体验并产生口碑所形成的过程。

很多家电企业同时做几类，甚至几十类家电产品，格力为什么只专注于空调产业？这对格力来讲，是不是一种品牌资源浪费？

董明珠：将一个空调产业做好，就非常不容易了。格力电器一年的技术研发费用就是20多亿元。如果我们要做几十个种类家电产品，都要做到全球最好，就会分散我们的精力与财力。现在，我们的战略很清楚，就是只将空调产业做成全球第一，我们不搞多元化。

格力电器搞专业化发展之路，是“自断后路”的做法。道理很简单，我们只能成功，不能失败。对于搞多元化的企业来说，一类产品失败了，还有其他产品可以补进，但格力不行。如果空调我们做不好，消费者不买账，我们就会全盘皆输。我们只能做好、不能做差，走专业化是我们自己“自断后路”，意义是只能在全球空调业持续不断地向前冲。

但是，如果从应用角度，其实格力已经在多元化，为什么这样讲呢？比如说空调产品，虽然都是空调，但是在应用上是可以多元化的，比如说我们把它进行细分，客厅用的、办公室用的、卧室用的、医院用的、冷藏食品厂用的、铁道用的，等等。

关于“自断后路”经营思维，你已在不同场合说过，现在回过头看格力，正是依靠这样的经营思维，才走到今天。但是，在这个过程中，有没有因为这个模式出现过经营风险？

董明珠：我认为行业不可能倒闭，除非有先进的技术替代。如果再往前跑，你还在原地踏步，你肯定要不行了，你始终领跑在行业的前面，我认为它就会有通路。我们现在为什么做那么多技术研发出来，我们愿意这么大投入，这也是我们要坚持我们的技术一定领先于别人。如果说我什么都做，我这个不行，那个算了，反正那个有得赚，管他呢，自己就没有自我压力，反正能赚钱就行了。但是我现在考虑的不是能不能赚钱，而是能不能持续发展。现在是中国走向世界的时候，怎么让全世界认可我们中国，靠我们制造业，我们用产品来展示我们中国的形象，这是很重要的。

国内很多企业靠合资或花钱购买国外技术，为什么格力一直坚持要自己搞自主创新？

董明珠：中国的汽车产业、彩电行业等，都有大规模与海外企业进行合资的先例，但现在来看，一些合资并没有根本意义上的成功，我们把市场让给别人了，却并没有换来核心科技。没有掌握核心技术的合资，就像是一个姑娘，长得很漂亮，但你娶回家，却发现她经常生病、出这样或者那样的问题。

在空调行业，过去我们没有自己所有拥有的技术，买的压缩机是别人的，但是日本在15年前已经用的是全自动的、全直流的变频压缩机的空调，而中国还在用低档五级的，甚至没有级别的高能耗空调，那么这两年呢，我们开始提出节能这样的口号。我最大的体会就是，如果你没有自己的核心技术，你就要挨打。

实际上，格力电器早已看到了这个问题。2001年的时候，我们曾谋求从日企手中购买多联式中央空调技术，遭到对方拒绝。他们告诉我们“这种技术我们是不会卖的，因为它现在是世界上最先进的技术”。日本人一句话打醒了我们，回来后，我们开始认真地反思。最后得出一个结论，就是过去我们所谓跟别人的合作也好，或者说给别人贴牌也好，或者说别人的技术参数给你，并要求你按照这个规定来做，你生产出来的东西也还是别人的，而且给你的所谓合资技术是落后的，先进的东西不可能到你这里来。那么，唯一能够改变我们命运的是什么？就是自己独立创造。

从日本回来两年后，我们在痛定思痛中自主研发出国内首项“多联式中央空调”技术，此后，又相继生产出世界第一台超低温数码多联机组，以及具有自主知识产权的离心式冷水机组等。2009年，我们反过来再次与日本企业（大金空调）合作，但是我们之间则是站在了一个平等的地位上，并且改变了中国企业过去简单购买别人技术的合作方式。合作公司本身是一个空白，我们出5.1个亿的资本控股，对方出4.9个亿，然后共同研发，共同享用从这家公司中产生的科技成果。

对于自己的产品，格力一直简单地说一句“掌握核心技术”，但格力的核心技术究竟通过什么方式产生？

董明珠：作为一个制造业企业来讲，要想成功，不是博得别人的同情和谅解，而是自己的一种坚持，要跟自己做挑战，直白地说，你要把自己抵到墙角，因为你没有退路，你才能把产品做得更好。

把自己抵到墙角怎么去理解？今天我们说“格力掌握核心技术”，实际上在我们公司内部经历了几个阶段。我们最早的时候讲“八年不回头”，就是八年消费者不回头，这是当初我们提出的第一个口号，后来，我们推出了一个“六年免费服务”。售后服务在市场有两种概念，一种叫包修，一种叫保修，实际上它们容易被混淆，所以我们讲“六年免费服务”，把自己抵到墙角后，基础是什么？在诚信中，自己的技术首先要过硬。

举一个例子，还是谈变频压缩机。目前国内许多企业都采取与日本企业间的技术转让来获取做变频空调，然而日本企业永远都不会将最核心的技术卖给中国。而国内唯一掌握第三代变频核心技术的企业一定是格力，因为我们的“G-Matrik”变频技术能够保证15赫兹稳定运行，在真正意义上达到了舒适和节能的完美统一，同时比目前市场上普通的直流变频空调省电50%～80%。其实，包括“G-Matrik”变频技术在内的所有自主技术的出现，就是来源于把自己抵到墙角的竞争思维。

走国际化之路是中国企业后30年发展的一个重要方向。我一直强调，没有技术的企业是没有灵魂的企业。我们不想交学费，我们想多赚钱。要做到这一点，只能靠核心科技。

领导力就是要得人心

就企业伦理来说，在投资人、老板、消费者、员工和社会之间，你会怎样排序？

董明珠：我认为第一是消费者，第二是员工，第三是社会责任，第四才是我们的投资者和老板。如果企业只关心投资者和老板的利益价值，而没有员工的努力工作、没有消费者市场，那么投资者和老板的利益也很难保证。另外，如果一个企业没有社会责任，不去关爱社会，你这个企业也不可能成为一个好企业，也更不可能有你老板的存在，所以我觉得老板是应该摆在最后面的。

经营上的强悍作风，是否影响到你的领导力？

董明珠：我认为，对员工既要有严厉管理，同时更要有人性关怀。不能把领导力简单地理解为强硬，而是要能给员工带来福音，改变他们的生活，同时给想干事的人一个发挥自己的平台。

格力的一线工人年均工资是3万，如果干30年，按照市场平均工资水平就是100万不到。但要知道，现在一名普通员工如果得了重病或家里出了重大事故的时候，他可能几十万都挡不住，而格力的员工遇到这种情况，就一定能够得到解决。

我们企业有一个女工，她当时在广东已经寻找了好几家工厂应试都没有被录用，最后到了我们企业工作，三个月不到，在一次全体员工体检中，她被查出来得了白血病。其实在试用期间，我们完全可以解雇她，但是我们认为，既然她来到格力，我们就有义务去帮助她，所以我们为她花了几十万来帮她治疗，但由于是晚期了，最后她还是离开了人世。

表面上，格力很亏，招聘了一个人，还倒贴几十万，但是，我们的做法却得到了所有格力人的心。这位女工在她的笔记本里面留下了一句话——“一生虽然走过了20多年，但是走过的地方只有格力给我带来了幸福和温暖。”这段文字，后来在我们4万名员工里广为传播。

有没有考虑过您的接班人的问题？另外，在格力目前的市值里面，很多是来自你个人影响力所创造的价值，而在你退休那一天，格力股价是否还能保持稳定？

董明珠：退休这个问题实际上是每个人都要面临的，也是不可改变的一个事实。我十年前当总经理的时候，别人就问，说你上任以后，你的三把火是什么？我说一把火都没有，我唯一要做的事就是培养接班人。

我上任的时候就意识到，一个企业要打造百年，是要几代人才能够实现的，你必须要有这样的心胸去培养人，所以我们培养了很多大学生，在我们格力，最能成功的大学生就是那种有拼搏精神的人。

我相信退休的时候一定会有人选，而且现在我们团队都各尽所能。至于我退休以后的股价，这不是我关心的问题，而如果我退休后品牌力下降了，那就是我最失败的一件事情。

携程首席执行官范敏：和对手对决

携程旅行网，由号称“携程四君子”的梁建章、季琦、沈南鹏、范敏共同创立于1999年。以“鼠标+水泥”的商业模式，携程通过互联网与传统旅游业务的结合，向用户提供集酒店预订、机票预订、度假预订、商旅管理、特惠商户及旅游资讯在内的全方位旅行服务。公司2003年纳斯达克成功上市，目前占据中国在线旅游50%以上市场份额，是绝对的市场领导者。

至少在2007年之前，“携程四君子”都认为携程已经获得在线旅游市场的统治地位，因此为进一步追求个人的理想，他们决定选择各自的新方向：2002年，季琦从携程抽身而出，创办如家连锁酒店（此后，又创办汉庭及华住集团）；2005年，沈南鹏离开携程，加入红杉资本，出任创始合伙人；2007年，梁建章再次赴美攻读斯坦福大学经济学博士；剩下的只有范敏，他一个人继续掌舵这家中国最大在线旅游公司。

“携程四君子”都认为，自他们确立市场优势地位后，很难再找到可匹敌的对手。他们的想法没有错，即使按照2010年第二季度的市场份额来看，携程都要领先第二名艺龙近六倍之多，何况这个所谓第二名的市场份额只有区区9%，连破十都还没有完成。

但是，危机常常潜伏在背后。携程用“鼠标+水泥”的方式，在帮助各大航空公司和酒店销售的同时，逐渐从一个渠道代理商转化为市场统治者。携程的演变正如当初苏宁、国美一样，从一个产品代理的哀求者，通过市场规模化发展后，逐渐将势力盖过厂家，形成了自己的市场统治地位，而让上游企业明知利益被剥一层皮的情况下，也要苦求其与之合作。

2010年，原本风平浪静的在线旅游市场突然躁动起来。这一年，携程的上游航空公司和酒店决定反抗，他们纷纷推出了自主的线上销售网站，意图和携程分庭抗礼；淘宝和腾讯两个互联网大佬也开始加入战场——淘宝用数据证实了自己挺进在线旅游市场的决心，鼓动了超过200家航空公司、机票代理商在其平台上开店，并获得每天1万多张出票量的战绩；而腾讯利用QQ平台，不仅开出用以提供机票预订的“QQ旅游”，且旗下的支付平台财付通与国航、南航、东航等十多家航空公司达成合作。

除了上游对抗和淘宝、腾讯强势卷入之外，另有去哪儿、畅翔、同程和途牛等新的潜在对手，他们利用垂直搜索引擎、结算中心、专注旅游路线和信息化旅游标准软件服务等模式，逐渐将业务扩展到携程的地盘上。

在缺少季琦、沈南鹏和梁建章的情况下，作为公司首席执行官的范敏打出了一些牌，比如组建星程联盟、收购各地线下旅行社和旅游网站，以及入股如家和汉庭酒店等。这一时期的范敏，在接受我的访谈时表示，他的这些行动，虽然是基于加固原有的“机票+酒店+度假+商旅”业务城墙，但明显感觉到这个世界将不再太平。

要始终向市场亮出剑

携程的上游供应商正在谋求自己的独立。一方面是航空公司降低代理费以及增加直销比重，另一方面是酒店业积极培育自己的VIP会员，从而降低携程的分销量。对此，携程将怎么办？

范敏：任何行业产业链上的企业，彼此都要遵循商业规律。无论是航空公司还是酒店，都不可能百分百地做直销。

航空公司降低代理佣金，对携程也有利好。国外有类似的历史，但最终在市场上只剩下5～8家企业做代理，而这些代理公司一定是本身具有行业规模、具有管理能力的企业。因此，我们反而乐见这种优胜劣汰。

坦率说，航空公司关键在于做好收益管理，而非刻意追求直销。我注意到，有些航空公司说要执行“零代理费”，但这样的情况不可能存在。即使有，也是用自己的奖励机制来替代，否则谁会做代理？如果航空公司在没有奖励机制情况下，真去执行“零代理费”制度，一定会迫使代理人不再卖他们的机票，最后的结果是，航空公司自己来承担不低于3%，甚至更高的管理和销售成本，这个账，对于航空公司一定是算不过来的。

而就酒店培育自己的VIP会员这个问题，我们携程的业务是对酒店直销有力的补充。但是不管如何，你问任何一个酒店总经理，你完全直销可能吗？肯定不能。

实际上，无论是航空公司还是酒店，合作原则就是彼此关注对方的核心利益。我主张“惠、明、赢”三字来处理我们彼此的关系。“惠”就是互惠互利；“明”就是透明公开；“赢”是长期共赢。

一些酒店认为携程在和他们的合作中比较“霸道”。之前就有格林豪泰指责携程挤压酒店利润，并且退出了和携程的合作，那么，携程和酒店在合作中是否真是如此“霸道”？

范敏：任何的商业合作都会存在误会或者摩擦。由于携程在行业中已经是一家影响力企业，所谓树大招风，只要有一点小事件，都会被传言放大。至于我们和酒店的合作，其实我们对所有的合作伙伴还专门印了一本《酒店白皮书》，明确和具体解释了携程作为酒店的合作方一定要坚持“惠、明、赢”的三字理念。

作为携程来说，我们会抱着“如临深渊、如履薄冰”的态度。从我们和酒店的关系角度，我们是酒店一个非常有效的补充营销渠道。我自己以前也做过酒店，管理过酒店，所以我想不管是我们和酒店的关系，也包括和航空公司的关系，实际上是一个双赢、互补的关系。在我们看来，酒店、航空公司和我们是产业链的关系，荣毁都是捆绑在一起。

无论航空公司还是酒店，在追求利益和话语权的前提下，他们并不想永远被绑在一棵树下，而携程的新老竞争者的出现，是否给他们脱离或者和携程重新利益分成创造了条件？

范敏：携程诞生以来，市场就不乏跟进者，最早的一批是以艺龙为代表的携程模式的复制者，但多惨淡经营，艺龙也只在去年（2009 年）刚刚结束亏损，要追赶携程的步伐还需时日，但第二批竞争者则完全不同，而是以创新模式与携程直接展开竞争。

以互联网为载体的中国在线旅游业的发展，目前有两大趋势。第一，只有互联网行业是我们和世界水平最近的，这也意味着互联网企业在中国不断地诞生是一个常态；第二，中国在 2012～2015 年成为旅游大国是既定的事实。因此，以互联网为手段切入旅游业的竞争企业只会越来越多。我也注意到，第二批竞争者不再简单地复制携程的模式，而是更展现了创新思维，从竞争策略角度，这反而是好事，因为可以让我们看到新的竞争方式，以我们的能力而言，我们不会输。

去哪儿网已经正式推出在线交易平台 TTS（Total Solution，后改称 SaaS），通过这个平台，消费者无论买哪个商家的票，交易都可以在去哪儿网站上完成，再也不用像原来一样需跳转到代理商网站。而且去哪儿网因此可以把用户直接引导至酒店和航空公司的预订网站。这有助于酒店和航空公司大力发展自身的会员体系，并降低佣金成本。这个模式正好击中携程的软肋，携程怎么办？

范敏：针对垂直旅游搜索引擎的竞争，我们的一站式的查询和服务依然具有优势。在对手没有 TTS之前，我们已经实现资讯和服务的全面整合，让用户节约查找时间，并通过携程内部的精益服务满足用户的需求。此外，中国民航市场中，航空公司给予代理商的机票价格基本是一致的，差异度其实很小，尽管比价搜索能查到“最低价格”，但却无法保障所链接商户的真实与合法性，而携程却能担保其网络信息的真实性和服务的可靠性。我们在网上还有酒店点评、社区评论等，是用户自己的真实体验，同时通过携程的预订，用户还有积分奖励，这些能产生很强的综合竞争力。

并购只为控制产业链

在信息技术高度发达的今天，携程的竞争对手都在缩减呼叫中心的成本，加速信息交换自动化，但携程为什么反而耗资 5 亿新落成了一个目前世界旅游业最大的呼叫中心？

范敏：中国的消费者对电话呼叫服务中心的依赖或者是偏好，和欧美国家（的消费者）还不一样。所以我们还是有相当部分的客户为了便利，或者他感觉有人和人的接触比较温馨，比较放心，倾向于使用呼叫服务，所以呼叫服务中心这样一种运作模式，我想在国内，可能在近阶段还会有它非常重要的存在意义。

从携程角度，我们在网上预定方面也做了很多推广，我们也很高兴看到网上预定的比例每年都在提升，但是因为我们的客户群体很大，还是有相当一部分客户习惯或者比较倾向于使用呼叫服务中心，所以我们从实践出发，还是要根据客户的需求来给他们提供最佳的服务方式，所以我们携程最近确实是新落成了一个全球最大的单体旅游业呼叫服务中心，这实际上也是为未来的高速成长，未来非常大的市场空间预先布局，所以我想这应该也是这个行业本身发展的一个需求。

携程要从过去单一的中介代理商，向综合旅游内容服务商转变，具体路径是什么？

范敏：过去的携程财报上只单列机票和酒店预订两项，后来增加了商旅管理、旅游度假两大单列项目，这就显示了我们的转型决心，即从过去单一的中介代理向综合旅游内容服务商的转变。也就是说，携程不仅仅只做酒店和机票预订，而是将它们整合到商旅管理、旅游度假的内容服务上。

如果画一个旅游服务业的微笑曲线，那么左边曲线是服务质量、底部是中介代理，右边曲线则是品牌。而现在，携程则在做曲线两端的延伸。今年（2010年）Q2财报也预示了携程转型的积极影响：商旅管理业务同比增长83%，而旅游度假业务则同比增长88%。虽然从Q2财报显示的四大项目的营收具体数据来分析，携程的酒店和机票的总和为10.58亿元，而商旅管理、旅游度假的总和则为1.01亿元，看似距离前两项业务尚有较大距离，但是将商旅管理和旅游度假两项业务在国内同行之间比较的话，已经是遥遥领先了。

携程的下一个十年，就在于商旅管理、旅游度假组成的“两极”成功与否，这直接影响到我们成为世界级旅游服务企业的目标达成。

既然谈到商旅管理，那么携程在这项B2B的业务上，前景如何？

范敏：就针对企业的商旅管理来说，国内其他企业基本未成气候，我们的注意力在美国运通等跨国商旅管理公司身上。商旅管理业务对资源、技术、资金要求颇高，而就在今年（2010年），携程已经成功超越了国旅运通（美国运通在华的合资公司），成为国内市场份额排名第一位的商旅管理公司。

其实，尽管淘宝、腾讯进入到在线旅游的竞争行列，但阿里巴巴、腾讯以及百度等大型互联网企业，本身又都是我们的商旅签约客户。携程正式启动商旅管理只有短短的五年时间，在国内就已经超越了国旅运通，因为我们实际上是把商旅管理作为一个转型的项目来推动。

在新的业务模式下，盈利模式是否也将不同于过去的佣金化模式？

范敏：旅游度假服务和商旅管理的运作模式，一定和以往的佣金模式会有不同，这些产品或者这些运作，将更体现携程自主品牌的内涵。对携程来说，我们的获得或者我们的回报，是因为我们为客人提供了良好的服务，这一点在中国逐步会有越来越多的人来认可，一个好的服务或者一个好的产品策划，最后付诸实现了，消费者会买这个账，会给回报。

举个有趣的例子，在前一阶段，我们刚刚推出了所谓的"顶级产品"甚至叫"天价产品"——50万人民币，两个月的旅游。这样一个产品，我们在大中华地区挂上线以后，在10来分钟就一售而空。当然，我们在事先也做了一些推广，做了一些介绍，这实际上就表明，如果有一个好的产品设计，即使卖这么贵，但是包括的内容非常好，南北极、巴西的嘉年华、迪拜、南美洲一些非常有特点的文化遗迹，这些东西推出来后，还是有客户会买这个账。所以，对携程来说，我们下一步推出的旅游产品的种类、深度都会不一样，我们也成立了研发团队，会在这方面花很大的力量进行推进。

携程当前超过50亿美元的市值，已排列全球第三，但和世界最大的旅游公司Priceline、Expedia等相比还有很大差距。携程如何用更快速度进行追赶？

范敏：首先是市场红利，我很庆幸携程诞生在一个13亿人口的市场，这个市场为我们未来的发展提供了无限的可能。这也是我们当初创业并进入在线旅游行业的初衷。

其次，携程要规模化只能依靠服务价值和品牌效应，这听起来似乎很空泛，不过这却是消费者愿意使用携程的真实动因。

按照携程的发展轨迹，我们一方面采取并购，另一方面就是战略投资。

就并购对象来说，我们没有并购竞争对手的历史，而更积极于产业链上的并购。仅以2009～2010年的并购案，我们先后对台湾易游网（ezTravel）、香港永安旅游，以及中国古镇网进行了三轮并购。那么，通过这三大并购如何体现服务价值、品牌？

以台湾易游网为例，我们看中的是易游网在台湾的旅游资源。易游网拥有台湾“宝岛之星”火车这个资源，如果携程的客户去旅游，就一定比别人有优先权、比别人享受到便利的服务价值，从而倍增我们的品牌效力。

就并购香港永安旅游来说，此举让我们获得了永安线下旅行社资源，完善了我们在香港当地的上下游产业链。另外，关于收购中国古镇网，我们既可以获得更多的用户和会员，同时还能够利用其所拥有的景区合作关系，掌控古镇客栈类旅游产品资源。

关于战略投资，我个人认为这是对我们服务价值、品牌的护航。比如我们投资如家 20%股权和对汉庭 9%的股权上，是与这两家酒店结成紧密的上下游产业链关系。通过收购运作的方式，将多方资本捆绑在一起，这有利于携程掌握旅游酒店市场的话语权。尽管资本合作不会给具体的业务带来本质变化，但资源整合效应将会出现。

移动用户已逐渐产生，携程是否开始提前布局移动互联网？

范敏：我们已经推出了一个“携程无线”手机网站，并且针对不同手机型号开发了相应版本。手机用户访问时，网站会自动跳转到相应手机版本的页面，方便用户浏览预订。同时，我们的手机网站已经和几大手机制造商开展合作，同时与大型手机网站合作研发相关下载。从我们发布手机预订平台以来，预订量已经有显著增长。但是，我现在还无法预测手机订单是否有一天会超过我们的 PC 端，但这的确已经形成一个新的趋势。

曾一起创业的“携程四君子”中，季琦和沈南鹏现在选择另创新业，而梁建章也远离携程，奔赴美国进修，为什么你还一直坚持在管理最前线的岗位上？

范敏：我们确实有一个志向，要把携程打造成一个百年的企业，但是我们现在实际上只走了十分之一。尽管我们这些人永远不会看到 100 年以后的携程，但是我想，作为创始人，即使我们有几位离开携程了，但是我们还是会在各自的领域，继续为携程走向新的发展阶段，做出贡献。

对我个人来说，因为我本来就是从旅游行业出身的，对这一行热爱的程度更高一些，所以我选择了继续留守，做一个“留守男士”。但是，我想这份事业恰恰和我的志向、乐趣是能够紧密结合的，所以我不会对它产生“审美疲劳”，并坚持到了现在。

台湾台达电子董事长海英俊：找到自己的利基

台达电子，由台湾被誉为“科技教父”的郑崇华创立于1971年，专注于电子自动化、能源管理与视讯监控系统等业务。在郑崇华近40年的带领下，公司由当初15人的小企业，目前已经发展至全球近5万多名员工的国际企业，现为全球最大的交换式电源供应（Switching Power Supply）制造商，也是各种通讯及光电零组件、网络组件、机电产品、与视讯产品的重要制造商。2004年后，郑崇华将公司权力交给1999年加入公司的海英俊，并由后者掌舵公司的发展。

在群星璀璨的台湾电子工业界，台达电子要算行业中低调的一家。

如果说台积电开启了集成电路的代工模式、宏碁以“微笑曲线”理论为产业升级指明了路径、鸿海以规模化生产风格创造了代工神话，那么占据全球电源供应器50%市场的台达电子的独创性是什么？

纵观过去近40年的经营历史，可以说台达电子在创始人郑崇华的手上，是一个ODM模式（Original Design Manufactuce①）

① 指由采购方委托制造方，由制造方从设计到生产一手包办，而由采购方负责销售的生产方式，采购方通常会授权其品牌，允许制造方生产贴有该品牌的产品。

的集大成者。细数其历史发展的三大阶段，正是ODM模式成就了它的伟业：20世纪70年代以生产电子零组件，从“供应在台湾的外商电视厂”再到“逐渐卖到美国本土”；20世纪80年代同样的生产，但由供给电视市场转到了电脑市场；20世纪90年代至金融危机前，在零组件方面开始步入多元，从磁性元件、无碳刷式直流风扇到网络元件、微波通讯元件等，特别是主力推进的电源供应器开始扩展范围，从台式电脑、笔记本电脑到通信设备系统如手机站、交换机站、不断电系统、马达控制等。台达电子成功的路径，主要就是从服务于跨国公司的需求中获得全球优势地位。但是，如果没有金融危机影响，台达电子恐怕还会对ODM模式的生产方式坚持不懈。

2010年，无论是内地还是台湾，两岸制造业都共同面临着史无前例的大变局。在不确定的市场环境中，以OEM（Original Equipment Manufacture①）或ODM两种产业模式为主的两岸制造业，要生存或发展，最大的挑战莫过于降低成本、产业升级和创新突围等三大重要的战略选项。台达电子会走向何处？不仅台湾企业在看，内地企业也同样在关注，大家都希望看到一个先行者。

这一年，作为郑崇华继任者的海英俊，为了让公司摆脱ODM束缚，决定走向前台，并对公司调整了新的战略：打品牌，向新能源工业化进军。

海英俊的外表看上去不是那么硬气，更像一个学究，见到他的时候，我当时真实的想法是，领导人如此儒雅，怎么能领导这家近40年的工业公司做如此大幅度的转型？但是，和海英俊对话中，却发现这家知识主导型的企业，不仅秀外且惠中。

转型必须弄清现实和趋势

无论是OEM还是ODM，本质上都属于制造，在当前全球订单紧缩情况下，这两类企业为了自己的利益，必须做出两个战略选择：一种是降低成本，进行价

① 指由采购方提供设备和技术，由制造方提供人力和场地，采购方负责销售，制造方负责生产的一种现代流行的生产方式。

格竞争；另一种是利用创新、差别化或走到前台自创品牌，来构筑进入壁垒以缓解竞争压力。台达电子如何决断？

海英俊：过去，台资企业和一些优势的内资企业共同集中于沿海地区进行大规模投资，利用当地低成本劳动力进行加工装配，实行的就是低价竞争战略，但现在情况发生了改变，沿海地区的成本正加速上升，于是有企业开始转向内地的西部发展，但牵一发而百动，工厂的搬迁牵涉各项成本，以及地方资源、人才供给、供应链管理、政策问题等，因此要维系低成本战略已经不再是我们的共同优势，我们的当务之急，就一定是转向创新和高附加值服务。

创业近40年来，我们曾经一直坚守ODM，但现在我们需要去寻求新的商业模式，我们称之为DMS模式（Design + Manufacture + Service①）。和过去最大的不同，就是我们在ODM基础上增加了制造服务。另外，正如微笑理论指导的一样，我们还通过建设自己的品牌来试图向生产链的上端移动，我们甚至把2010年定名为台达电子的品牌元年。

最近，我们发布了Q3财报（2010年），第三季度合并营收为490亿台币（约合人民币109亿），同比增长14%，而营业净利以55.7亿台币（约合人民币12亿）再创历史新高。很多人疑惑，台达电子怎么说转型就能转型，而且日子过得那么好？

事实上，我们并非做的是全方位转型，而是将现在很多企业谋求的转型方向，作为一个局部战略，注入到企业发展的总体战略中。台达电子现在有两条腿，一条仍然是ODM，而另一条却是新业务。前者是过去的产业优势，后者是面对的未来。这样的结构不矛盾。

很多企业对转型有误解，认为是要抛弃自己的过去，开创新的局面。遗憾的是很多企业虽然割掉了主业，却没能介入到新的竞争项目，因此前途更为迷惘。

① 根据客户提出的产品诉求和规格、外型设计要求，由代加工企业设计并定牌生产产品的全部或主体，再由客户根据市场需求作最后配置和最后组装并销售的模式。

要知道，即便是像韩国三星这样的公司，现在仍然有一部分是 OEM 和 ODM 业务。

过去，台达电子的核心业务是什么呢？其实几乎所有人都可能使用我们的产品，从电脑、笔记本、游戏机到高端服务器、电信交换机，恐怕都有台达的产品在提供动力。我们全球个人电脑电源相关零组件的市场占有率逼近五成。

就参与全球竞争的角度来看，两岸制造业现在不是争论要不要继续留在 OEM 或 ODM 的问题，而是一方面要把制造继续深化，比如我们提出的 DMS 就是一种出路，另一方面则是追求产业趋势。

台达电子现在把新业务寄托在新能源工业产品领域，在这个领域中的机会是什么？

海英俊：在我们过去奉行 ODM 模式中，尽管每家客户都给我们几百万至几千万量级的订单，但利润却很低，未来也不会有爆炸式的成长，所以引入和拓展新业务成为必然。我们选择的突破点就在于新能源工业产品领域。通过这个领域，我们计划在 2～3 年内，将自有品牌产品比重由目前 10％提升到 30％以上水平。

过去，我们以为给跨国公司做配套供应就是我们的价值，但是现在我们必须抛弃这种依赖式的思维，把眼光放得更远一点。我们现在提出“环保、节能、爱地球”这个企业宗旨，就是为了给台达电子确定一个战略方向和核心。我们一直提醒自己要找到自己的新利基。目前看来，新的市场趋势一定在新能源上更有效率，我们之前做的一些产品，像太阳能、电动车的新电池、马达、零组件等，是这个时代所需要的东西。

节能减排是巨大市场需求

产业升级这个说法，金融危机之前就被提出来了，现在很多企业才终于要把它付诸行动，但如何解决品牌、服务等综合性问题？

海英俊：要解决品牌、服务等问题，摸准需求是唯一通向这两方面的路径。需求点如何寻找？就看哪里的问题最大。现在就是节能减排的问题最大，因为这已经威胁到地球上人类的生存环境，所以我们提出“环保、节能、爱地球”这个企业宗旨，这话讲的人很多，我们也听了很多，但是假如说你的产品不符合这个条件，今天的客户就会拒绝采购，更何谈什么转型。我们现在研发的新产品，几乎都按照这个约束条件去考核。

为什么台达电子要在2010年才提出品牌元年，难道过去没有这样的明确方向？

海英俊：很多人讲到品牌，说就去做广告，这是不够的。而品牌是公司的所有东西在一起的集合，包括公司的文化、公司的管理、公司的服务、公司的财富等所有东西都加在一起才叫品牌。我们为什么把今年叫做品牌元年呢，我们认为做品牌的时间差不多到了。

另外重要的是，我们确立了未来围绕新能源工业设计和制造的总体方向，这和我们过去的ODM有重要的区别，就是我们在这个新领域中将要主打自有的品牌。

如何平衡自有品牌和ODM产品之间的结构？原来做ODM的产品能不能也转向品牌？

海英俊：两者的产品定位有很大的市场区隔。在新能源工业产品上，我们有独立的技术壁垒，几乎就是创造需求，而ODM则专注于低阶产品。

至于我们的ODM产品能否转向品牌，几乎不大可能。因为我们过去的品牌不是建立在具体产品上的，而是建立在企业声誉上的，客户认定的是台达电子制造，我们没有为某个零部件设计过任何的专属LOGO，也就是说我们没有像英特尔那样把配件当作品牌来推。

除继续保留 ODM 相关业务之外，台达电子正在切入到新能源工业的不同领域，比如电动汽车电池，对于这一业务，内地公司的比亚迪也在做，而你们的优势是什么？

海英俊：我曾经说过，我们的竞争策略是“谋道不谋食”，就是谋求创新的附加值，而不是简单的和对手争抢同质产品的市场。

在电动汽车领域，我们不是简单地制造电池，而是提供整套动力和驱动系统所需的部件。我们的产业方向是帮助车厂建立一次到位的汽车电子与整车动力系统。

具体来说，我们具备了油电混合动力车、电动客车、电动观光车、电动高尔夫球车、电动叉车、电动摩托车等的动力系统方案，此外，还包括提供电动助力转向控制及无刷电机、无钥匙进入系统、车身控制器、LED 照明模块、电动车充电桩，以及电磁组件、高效率直流无刷风扇散热系统及步进电机等各种汽车电子产品。

我们非但“不谋食”，而且希望和内地企业在新能源产业上共同“谋道”。目前我们与内地排名前 10 的汽车公司正在谈判合作。

控制生产动作以降耗人力

沿海城市劳动力成本上涨，包括台湾企业在内很多制造类企业正在往内地西部搬迁，台达电子为何不见行动？

海英俊：我们在 1992 年和 2000 年分别在东莞和吴江设立工厂，两家沿海生产基地为我们集团在内地的市场贡献非常大，但金融危机后，两地的劳动力成本增加了，而且我们也遇到劳动力不足的问题。这个问题，我们已在金融危机前就注意到了，我们判断沿海的成本一定还会继续增加，但每个企业有自己的看法，我们在分散性投资中，谨慎地选择了与沿海更靠近的区域，新设的两个新的生产基地，一个是在安徽的芜湖，一个是在湖南郴州。

我去郴州参加过商务部举办企业转移的会议，官方就拿郴州作为一个样板，样板公司就是我们台达电子。在那里，我们发现工人工资偏低，更重要的是很多都是当地人，在郴州有90%的工人都是湖南人，而90%的湖南人当中70%是郴州人，所以流动性是比较低的。对比沿海地区6%～7%的月工人流动率，郴州只有2%，所以人员流动低的话，对工人的熟练度是很有帮助的。

在克服劳动力短缺和成本上升上，除了迁移工厂之外，有没有其他措施？

海英俊：没有其他办法，只有提高自动化的效率，这是任何一家优秀的企业发展到一定规模之后的必然选择，因为劳动力永远不可能廉价，不可能取之不尽。

没有高效率的产品生产线，企业要取得持续发展就是一个空话。目前我们给客户的承诺是，从接到订单到产品出厂，国内客户一周内交货，国外客户两周交货。这与竞争企业家6～8周的交货时间相比，我们的优势明显，但是我们怎么做到的？

为提高生产效率，我们内部采用了SFIS（Shop Floor Integrated System[①]）管理系统，对生产现场的流程进行效率监控，使厂内从发料、生产到最终出货，各个环节衔接紧凑合理，减少人为因素的时间消耗。同时，在设备方面，我们在生产线上安装了自动测试系统，只需按一个键，就可以快速地进行质量检查，比起不少厂家采用人工方式当然要快很多。

① 通过连接ERP系统、供应链管理系统，对接到现场作业和生产设备之间，并提供实时且准确的实际生产数据，进而有助于管理者制定运筹计划的管理系统。

第七编　抉择 2009

“球员加教练员”模式，是中国企业家在长期市场竞争中形成的特色，这使得中国企业家充满自信，他们既深谙市场的跌宕起伏，也懂得控制局势。2009 年，在全球经济被金融危机螫刺的背景下，市场呈现恐惧之态，但是部分中国企业家却高调显示了中国式生存的力量。

娃哈哈董事长宗庆后：没有疲软的市场，只有疲软的产品

娃哈哈创建于 1987 年，前身是杭州市上城区校办企业经销部，在创始人宗庆后的领导下，从 3 个人、14 万元借款白手起家，现已发展成一家集产品研发、生产、销售为一体的中国最大的大型食品饮料企业集团。目前，娃哈哈在中国 29 个省市自治区建有 70 多个生产基地、170 多家子公司，拥有员工 3 万名、总资产超过 400 亿元。

2009 年 6 月 27 日，时逢周末，距离娃哈哈和达能拉开的股权争夺刚刚过去两个月。宗庆后和他的智囊们在开完上午会议后，准备接受我下午的到访。

此前，宗庆后已经开过多次新闻发布会，向公众表示拒绝接受达能对其非合资公司 51% 股权的强行并购，且态度强硬，为最终有个结果，双方同意由瑞典斯德哥尔摩商会仲裁院进行裁决，在此期间，娃哈哈和达能双方都同意保持静默，不再公开指责对方。因此，虽然宗庆后的助理同意安排我和宗庆后见面，但有一个前提是，避免谈及“达娃之争”。

其实，“达娃之争”不在我的兴趣范围之内。首先，相比达能，娃哈哈更得中

国的民意支持；其次，相关部门并不乐意看到已拥有大量中国消费群的娃哈哈改成外资；再次，瑞典斯德哥尔摩商会仲裁院的任何裁决，对娃哈哈都不具法律约束；最后，为了继续在中国市场“混下去”，和娃哈哈继续攻斗，对达能无任何益处。所以，我提交给宗庆后的访谈提纲，完全不提“达娃之争”，我更想了解的是，金融危机爆发后，作为影响力企业家的宗庆后，如何思考、设计企业下一步的发展问题。

娃哈哈活得很好。2008年的利润高达50.54亿元，而2009年1～4月的利润也达到30.5亿元，按照销售目标，冲击500亿元大关指日可待。相比之下，当年的大部分中小企业则处在倒闭潮的阴影中。

娃哈哈的总部在杭州火车站附近的清泰街上，不属于CBD。原本以为，娃哈哈的总部会和其江湖地位那样高大上，但实际却毫不起眼，如果不是门口挂着“娃哈哈集团有限公司”的招牌，还以为只是一家小公司的驻地。

那天午后，当我推开娃哈哈大门的时候，也许是周末的缘故，里面鸦雀无声，只有一位门警站在门厅内。我说明自己的来意后，门警用对讲机通告了宗庆后的助理，随后让我上了电梯。助理已等候在电梯门口，他将我引入宗庆后的办公室。

宗庆后的办公室因为连着会客厅，显得非常宽敞。宗庆后当时正在审批一叠文件，我注意到他背后的一排书柜，看来，这位传奇企业家很好学。他看见我进来后，起身和我握手，说很少有人会不关心“达娃之争”。我说，如果把娃哈哈看成是一家准备做百年的公司，今天的“达娃之争”只是娃哈哈历史的沧海一粟。我关注的是，在如今经济大周期背景下，娃哈哈怎么能够保持业绩增长的可持续。

用自己方式经营企业

在全球经济变局下，各种商业论坛上谈得最多的是六个字——“信心、使命、责任”，但在目前状态下，“信心”到底如何产生？

宗庆后：经济学家永远给不了明天的答案，企业家只能靠自己去找一条更适合自己的路！和过去一样，我对那些商业理论不感兴趣，它们大多来自课堂，研究这些理论的人很少有实际办过企业的经验，更无法去指挥企业。我一直坚信自己的经验和规则，所谓“实证者胜!”

娃哈哈2008年实现的利润，比2007年增长了50.36%，而在2009年1～4月实现的利润，比2007年同期增长了104.60%，这两个数据更说明了“实证者胜”。“实证者胜”是什么？说出来也是老生常谈，即发现需求、创造需求。

可以说，一个善于发现需求、创造需求的企业，永远不用担心任何经济周期影响。在我的观察中，有些出口导向型企业亏损和破产，不是因为外部金融危机，恰恰在于自己的产品没有需求竞争力。说得严重点，就是企业家缺少智慧。

对于娃哈哈来说，经济学家们一方面赞扬我们创造的业绩，另一方面从内心深处一直在怀疑我们的可持续性，因为按照通常的商业理论来看，我们企业没有副总裁、没有海归、没有空降经理人，甚至没有为企业多达13类的产品配备对应的品牌经理，按照麦肯锡的管理标准，我们不符合国际管理标准，但为什么我们能赢、能持续？

我一直用中国人自己的方式来经营企业，这是我的底限。我很庆幸娃哈哈能够抵御金融危机，我也希望娃哈哈代表的是，中国人自己创造出来的管理文化，而不是欧美的等级式管理，也不是日本半家长、半等级式的管理模式。

我一直认为，跨国企业输入中国的管理文化有很大的表面性，中国人的企业还是需要靠自己实践出来。过去30年，我们自己创造出来的企业，依靠的不是外来资本，也不是外来管理，而是靠基础市场，也就是我们今天说的内需市场，另外还靠的是产品创新，甚至主动创造需求。因此，我并不认为金融危机对于这样的企业存在危及生命的冲击。

现在，很多人都在谈论有关企业的实力问题，实力也被赋予多种解释，客观地说，过去拼硬实力的情况仍会延续，因为企业兼并、行业洗牌在加速，而且会催生出规模化的企业，然后拼资金、人力资源、管理和渠道，但这些是浅层次的，以后出现的竞争一定不是重复这些东西，而是产品的创新性。

从我的经验来看，相比扩充企业规模和复杂的内部管理，其实产品掉头最容易实现，因此在现阶段，娃哈哈要求的是，先升级产品的创新。

一直在说，你在娃哈哈绝对权威，很多决策至今都由你一个人拍板，是否如此？

宗庆后：这只是我表面上给人的印象，但事实不完全如此。关于战略与决策的研究和提案，其实一直是由管理团队在做，但最终决策还是靠我个人的直觉。这么多年来，我都不用所谓的第三方咨询调研机构，我认为这些咨询调研机构，很多都是理论派，里面的专家甚至都没有做过一天企业，这怎么能够让我把攸关企业生命的战略和决策，去托付给他们？

我们所有的战略与决策都是在自己实际调研基础上形成的，而且会更准确，我本人很少待在公司里，大部分的时间都在第一线。

当然，为防范我个人的决策失误，在最终确定某项战略决策时，会经过程序化。首先是，汇总报表以及各方面情报，然后制定目标，再把这个目标拿出来供大家讨论，从中层干部进行，再由职工代表大会讨论通过。

国内很多企业现在生产经营难以为续、停工停产，有的甚至关门倒闭，由此带来的裁员潮也牵动着舆论，同时，企业社会责任问题也被推到前沿。对此，我们究竟应该怎么办？

宗庆后：形势的确很严峻，怎么应对，我认为三点很重要。

第一是保企业。企业是市场的主体，是经济发展的脊梁。保增长的前提就是保企业。如果企业家们一遇到困难就撂挑子，就关门大吉，那么国家应对金融危机的一切努力都将可能化为泡影。危机再严酷，终究会有过去的时候，我们首要的任务是要让企业活下去。企业生存下去了，才能让工人有活干、有饭吃。

第二是保就业。现在受金融危机冲击最直接的，无疑是因企业停产或倒闭而失业的员工。国外有研究表明，当失业率达到一定程度的时候，社会犯罪率、自杀率就会上升。在当前发展困难较多，就业压力较大的特殊时期，尽可能做到不停产、不裁员，不把职工推向社会，在保稳定、保就业上尽到责任和义务。

第三是团结合作。当前的经济危机是一次严峻的考验，企业家们只有团结合作，才能共渡寒冬。有能力的大企业要发挥中流砥柱的作用，通过专业化的协作，帮助相对落后的企业渡过危机，让现有的企业活下去，帮助新的企业生出来，只有这样，才能使我国经济发展步入良性循环的轨道，使经济早日复苏。

一个好的企业和一个伟大的企业区别在于，好的企业可以向社会提供好服务和好产品，而伟大的企业不仅能够提供好服务和好产品，更重要的是能够勇于承担社会责任。

没有绝对赢利的行业

出于对未来的不可预期，多数企业能做的就是“压缩成本、减弱规模”，但这显然不是最终的出路，一旦形势趋暖就会丧失先机。不过和这种思路相比，娃哈哈却高调宣称“危机给我们提供了扩张时机”，是否又过于激进?

宗庆后：产业危机下，很多企业第一反应就是“我的行业要衰退了，企业要出问题了”，这种思维的结果就是，企业永远不会找到行业中的机会。可以说，没有绝对能赢利的行业，任何行业都有竞争激烈的对手。娃哈哈所处的食品行业，被很多同行企业认为是夕阳产业，因为行内选手太多，但我们做了20多年，还是认为食品行业是永远的朝阳产业。

金融危机使一些饮料企业经营不下去，这正好给我们提供了扩张的好时机，娃哈哈完全应该利用这个机会来扩大市场份额。我们今年（2009年）销售目标比去年增加了170多亿。

娃哈哈的扩张是正常的企业需要，不是“做秀”。娃哈哈的基础是20多年的积累，在技术、营销、管理上都积蓄了实力。去年（2008年）企业投资了60亿，增加了 90 多条生产线。更重要的是，我们的经销商又增加了 1 000 多家，再加上原来的经销商基础，因此市场对我们有产能需求。企业要上规模，靠什么？一是要有赢利基础，二是要有资金和管理能力，这些条件我们都具备，只是我们的扩张恰好选择在敏感的经济大背景中。

除了市场衰退之外，很多企业，尤其是民营中小企业的最大痛点就是融资难。这个问题不解决，更会加速中小企业的停产或者破产，对此，怎么解决？

宗庆后：中国的中小企业大部分是民营企业，常常处在优胜劣汰的竞争市场中，因此，中小企业的银行贷款难免出现坏账。在缺乏坏账准备金和贷款担保的情况下，向中小企业放贷会使得银行坏账增多而受到责任追究，也会增加外界对银行向中小企业收受贿赂的猜疑。相比之下，银行对政府和国有企业的放贷一旦产生坏账，银行的责任几乎不会受到追究，因此，金融机构为避免承担风险而把大量的贷款，发放给了政府和国有企业。这种融资领域的"歧视性对待"看似规避了风险，实际不仅给中小企业的融资带来了困难，也给经济正常运行带来更大的风险和隐患。

我的建议有三项。第一，政府需要完善担保制度，为具有发展前景的中小企业提供贷款担保，鼓励银行向中小企业发放贷款；第二，要允许银行增加呆、坏账准备金，抵御银行为中小企业放贷的风险；第三，需要制定相应对策，鼓励民间投资，积极发挥民间游资在中小企业融资中的作用。

娃哈哈今年（2009 年）要完成 500 亿的销售计划，除了产能优势以外，产品战略上做了什么准备？

宗庆后：过去 20 多的经验，让娃哈哈明白一个道理，就是无论管理多先进，多讲层次，最终企业都要拿产品与市场对话。幸运的是，娃哈哈的产品都取得了很好的市场口碑，我们既没有因为食品安全问题受到冲击，也没有因为口味和定位问题受到消费者冷遇。集团今年（2009 年）提出的销售 500 亿目标不是空穴来风，而是对形势的综合预判。

娃哈哈产品战略一直坚持两大原则，“需求扩容”和“研发需求”。坦率说，在软饮料界，任何竞争性产品的制造配方已经没有秘密可言，按照现在的科技发达程度，一台质量分析设备就能解析出大部分产品的配方。那么企业竞争靠什么？在快速消费品领域中，现在的实力点就是你的产品的更新速度，不过这对于中小型企业来说，很难做到，今后的竞争优势将更多集中在几家大型公司中。

我们的500亿靠什么完成？除了我们过去创立的“联销体”① 渠道销售模式以外，就是推产品，这个战略我们叫“产品长蛇阵”，即囊括所有软饮料品类，并在单一品类中推出多种配方的产品，这样，即使竞争对手有一款和我们的产品产生竞争重叠，消费者也会在我们的“产品长蛇阵”中找到他们需要的一款。这就是我在企业中经常讲的“需求扩容”。

何谓“研发需求”呢？以我们今年（2009年）推出的一款“啤酒花茶爽饮料”为例，这个产品的卖点就是有啤酒花味，但却是一款不含任何酒精的茶饮料。它是我们的创新，全球没有先例。我们在对需求了解中发现，很多消费者喜欢啤酒味，但我们是做无酒精饮料的，怎么把消费者的需求和我们的特点相结合，同时又规避酒精这个问题？于是，我们单独把啤酒花提取出来，再和茶元素做结合，最终创新了这款“啤酒花茶爽饮料”。很多人以为，我们是在制造需求，其实不是，而是迎合需求。结果是，该产品为我们一季度（2009年）就带来了5亿元销售量，成为集团新的赢利点。但是竞争者也会马上跟进，我们就会在该产品基础上，实施“长蛇阵”，再研发五至六款系列产品。

娃哈哈目前还是非上市企业，有无计划何时登陆资本市场？

宗庆后： 娃哈哈目前不缺资金，有150亿元放在银行。现在资本市场炒作和

---

① 联销体是指不相关的任何两个或两个以上的自然人或法人，为建立和运作任何形式的商业项目或企业而进行的各种形式的组织安排。其形式包括联营体公司、合伙联营体和合同联营体。

投机太多，不确定的风险太大，我是做实业出身，只想踏踏实实做大企业，不想涉入资本领域。

让对手先付市场成本

很多企业都渴望创新，其中最大希望是寄于产品研发，希望用新产品来摆脱危机，并一招制胜，但是在快速消费品行业中，产品创新已经变得越来越艰难，娃哈哈为什么经常能够做到产品创新？

宗庆后：没有疲软的市场，只有疲软的产品。我一直坚信企业赢利要靠产品去驱动，而快速消费品领域的游戏规则是不进则退。这个行业的最大挑战就是经常遇到同质化竞争。同质化竞争在金融危机中，甚至给弱势企业带来灾难性打击。可以说，我们今天的成功，就是不停地和同质化做抗争，未来还要持续。

不和对手同质化的最好途径是什么？当然是创新，但到底有多少企业能够持续创新？企业不是实验室，创新产品一定要能带来赢利。

娃哈哈的创新走了三步。最初的时候，我们从国外买来样品，在研究中复制它们；后来国内竞争者开始增多，我们开始贴着竞争产品搞研究，战术上我们做的事情就是，在解析出对手的产品配方基础上改良，同时开发出多款；再后来，当自己的能力增强时，并且没有竞争对手情况下，创新则运用企业全体员工的智慧，让内部员工提出创新意见、设想，然后由集团研究中心研制配方，再投入试销市场，进而品牌运营。

无论是否发生金融危机，消费需求和习惯也会到一定阶段发生改变，而企业必须时刻要对消费群“投其所好”，娃哈哈如何做到？

宗庆后：市场上不清楚娃哈哈为什么想做什么，就能做什么，更不了解我们产品的创新速度为什么这么快？

这个关键点就是，我们掌握了国际一流的设备和技术。在发展中，我们明白，实际上先进的技术并不在国内，但怎么让国外公司愿意把技术转让给中国公司呢？于是，我想到通过和达能的合资，来获得技术和管理，结果我们只得到了资金，但这不是我们想要的。

后来我们转变了思维，引进一流的设备，尽管价格比较贵，国外公司看到了自己设备出口的巨大利润，于是开始和设备一起提供给我们技术，这样我们跟国际上的交往一多，最先进的国际技术，我们可以在国内首先使用。也因此加速了产品从研发到生产的时间表，企业的核心竞争力也就上去了。现在我们自己也建了一个设备工厂。模具是有使用寿命的，以前让国外做，几十万美元一套。我们引进、消化、吸收技术以后，我们自己能够制作模具，同时我们有一些设备也能自己做了，也降低了投资成本，而且在市场变化比较快的时候应变能力也比较强。今天我们要开发一个新产品，要设计一个新瓶型，我们很快就能做好。这些年我们在技术进步上也取得了比较好的成果。

不过，在企业产品战略上，我们采取的是，不做大的超前，只领先半步，让竞争对手先去尝试，先付市场成本，甚至先犯错，然后我们再采取主动，通过加大产能、降低成本和营销战迅速占据主动。

可口可乐已进入乳饮料市场，这会不会增加对娃哈哈在乳饮料产品上的竞争威胁？

宗庆后：我不担心竞争。我们的乳饮料“营养快线”产品出来后，很多类似产品也出来竞争，但是很快一个个都消失了。我们“营养快线”有着自己的技术优势，别人模仿不了。对于可口可乐加入到这个市场，我表示欢迎，只要是大家公平竞争，这对各自都会有好处。因为只有竞争，才会迫使娃哈哈持续开发出更多更好的产品。

过去都是我们跟着别人走，模仿别人的产品，现在是外资要跟着我们走。可口可乐加入中国的乳饮料市场，也说明了中国企业在进步。

这么多年来，娃哈哈一直没有对外部企业进行并购，产业全部依靠自我孵化实现，现在国外经济低迷，娃哈哈是否会像一些中国企业一样，寻求海外市场和对外资并购？

宗庆后：从我们的产品角度，其实已经做了很多年的外销，并在部分市场落了脚，但和我们到海外进行并购相比，后者每走一步都需要很谨慎。因为，中国企业到国外收购工厂生产并在当地销售，会加剧当地市场的竞争，不一定就能获得理想的销售业绩。另外，当地的企业为了自己的利益，肯定会为难中国企业，所谓强龙不压地头蛇，我们斗得过他们吗？事实上，中国很多企业在海外的大规模投资，失败和亏损具有很高的比率。

我很难想象，连海外企业自己都很难搞好的情况下，我们凭什么就能做得比人家好？再说，海外企业工会组织的威力很强，而且是高福利高税收的社会，所以，我们实际收购成本会非常巨大。

格兰仕董事长梁庆德：谁心里都想做“价格屠夫”

梁庆德领导的格兰仕，创建于1978年，前身是一家乡镇羽绒制品厂，1992年后进入家电领域。经过20多年坚持的“价格屠夫”战略，不仅提升了微波炉在国内的普及率，同时也清洗了市场，迫使绝大多数微波炉生产厂家退出竞争，形成格兰仕的市场控制者地位。格兰仕的产品涉及微波炉、空调及小家电等领域，在中国内地拥有13家子公司、60多家销售分公司和营销中心，并在中国香港、首尔、北美等地设有分支机构。

2009年，中国家电企业必须庆幸，因为自己拥有了一个中国企业的身份、因为自己在中国市场生产和经营，得以借助“家电下乡”政策庇护，获得一次喘息良机。

根据当时“家电下乡”政策规定，非城镇户口居民购买彩色电视机、冰箱、移动电话与洗衣机等四类产品，按产品售价13%给予补贴，最高补贴上限为电视2 000元（人民币，以下皆同）、冰箱2 500元、移动电话2 000元与洗衣机1 000元。

按照这个标准，通过政府财政的补贴，激活了农民的购买能力和农村消费，同时也给中国家电企业带来两个转向：从出口导向转向内需导向、从城市市场转向农村市场。

“家电下乡”是一个在经济历史特殊时期采取的特定政策。其背景是中国经济“三驾马车”受挫，为拯救出口企业，尤其是家电行业而采取的一种救济手段。

从2009年2月1日起，家电下乡在原来14个省市的试点基础上，开始向全国推广，产品也从过去的四个增到八个，除了之前推出的“彩电、冰箱、手机、洗衣机”之外，又新增了摩托车、电脑、热水器、空调。它们和彩电等产品同样享受国家13％的补贴。据商务部和财政部当年的数据，通过这种财政补贴的家电下乡，直接累计拉动了消费9 200亿元。

现在看来，“家电下乡”最大价值是，为中国家电企业从生死存亡到迈向转型升级，争取了宝贵的时间和空间。如果，当初所有的中国家电企业清楚地看到这一政策激发出的潜在价值，就应该趁此机会思索和实践新的转型升级，但遗憾的是，部分企业在“家电下乡”中，只是简单的抛货，甚至还混杂了低劣产品，有些企业还骗取财政补贴。对此，格兰仕梁庆德当时这样告诉我：“做中国企业很幸福，但是下乡再做不好只能怪自己！”

由于梁庆德广东口音很重，在完成对他的访谈，并做完录音记录后，我又得到该公司原副总裁，也就是格兰仕“价值摧毁理论”奠基者俞尧昌的帮助，对内容逐字逐句进行核正。就“家电下乡”暴露出部分企业急功近利问题，他们都共同重申格兰仕的一个原则：“我们虽然没有能力使人们富裕起来，但会竭尽全力使得广大消费者辛勤的劳动成果更固有价值。”

根据当年商务部公布的9月份全国家电下乡微波炉销售数据，全国家电下乡微波炉共销售11 758台，同比8月份增长近三倍。其中，格兰仕以6 469台占比总销量达到55％以上。正是利用“家电下乡”这一契机，梁庆德领导的格兰仕为自己赢得了反思和调整时机，并由此迈向了开辟空调和小家电业务的未来之路。

做农村市场，先下乡

在家电下乡的企业名录中，除了全国著名品牌外，还出现了一批多年前在竞争中曾经出局的品牌。于是市场也开始担忧，以政策为主导的企业下乡，会不会掀起新一轮的市场洗牌？另外，旨在刺激农村消费、拉动内需的下乡过程中，企业能否在给农民带来实惠的基础上，最大限度地摆脱外部经济的寒冷？

梁庆德：虽然大家的日子都很困难，但家电企业有没有春天？我说是有的。这个春天在哪里？包括家电在内的轻工行业被纳入了十大国家振兴产业规划中，同时以提高出口退税率、推动家电下乡等两项措施，均给企业带来由“危”向“机”的转移。但是问题就来了，如何对部分企业短期投机套利行为进行监督？企业是否全靠财政补贴政策来生存？什么样的企业能通过下乡扭转自己现在的困境？

我研究过农村消费的一些特点，发现农民对家庭产品的消费兴趣不是来自电视广告，更多依赖于村与村、户与户之间的口碑相传。部分企业如果短期投机套利，既难以绕过政府监督，更难避开农村市场对其的惩罚。“三鹿事件”就是前车之鉴。

另外，虽然有国家政策支持，但这不意味着中国家电企业就可以“等、靠、要”。过去就我们的产品要不要往农村走，有过争议，聚焦的不是认为农村有没有消费能力，而是担心“山寨机”。现在政府出面，农民只要付出比买“山寨机”略高一点的价格，就可以买到品牌产品，这样企业就有了市场氛围，但是这些是政策给的，不是企业的市场行为。

不要以为“家电下乡”就没有竞争，里面也包括了三星、西门子、松下、惠而浦等外资品牌。中国本土企业在农村是必然要遭遇竞争的，这就需要靠自己的市场策略。不能否认的是，价格战要比品牌和服务战更早启动。中外企业比拼的一定是产业成本和规模效应。因此所有的企业并非靠着“中标”就可以无忧。

要强调的是，企业作战农村市场要有打持久战的心理和战略准备，更不要天真地认为农村市场会在短时间内接受你的产品。其实我们早在2000年就启动了“大篷车”家电下乡活动，今天只是在政策护航下，顺利下乡而已。实际上，“大篷车”每个下乡企业都可以用，方法很简单，就是把产品装在流动车里，模拟农村“赶集”。

除此，走“工商联合”路线是我认为比较可行的战略，实际上就是企业界经常谈到的资源整合。大多数中国企业对于争夺农村市场这块未知领域都是陌生的，联合当地的工商力量就是成败的最大关键。商业伙伴会不断地告诉你很多“农村须知”，并提供互利的渠道，因此中国企业完全可以资源集约化，实现自己在农村网络的迅速全面扩张。

要提醒的是，下乡企业的领导制定农村市场战略前，最好到农村去集中生活一段时间。

OEM模式，不是错

实体大量破产、倒闭，作为中国“世界工厂”的核心——东莞和佛山两地相比，为什么格兰仕所在的佛山，不但没有出现大量企业倒闭，而且制造业依然平稳发展？

梁庆德：开放30年来，珠三角几乎一直都是处于快速发展的顺境中，在能赚钱的大好环境下，谁都不在意优劣。但在金融风暴下，两地的产业优劣就显现出来，其中关键性的决定因素就是两地制造业的性质截然不同。

东莞企业绝大部分都热衷于做贴牌加工和出口贸易，属于典型的外向型企业，而佛山企业大多数热衷于做自有品牌，并同时开拓国内国外两个市场，甚至很多企业都偏向于内向型。国际经济环境恶化后，包括格兰仕在内的多数佛山企业则放大了国内市场注意力，而长期依赖于欧美市场的东莞企业，就会遭受订单锐减的灭顶之灾。

过去一直赢利的企业，为什么在金融海啸前毫无抗风险能力？

梁庆德：金融海啸只是制造业亏损的一个借口，没有海啸，每年也有一大批企业会因自身决策的失误而倒下。而这些倒闭的企业绝大多数是资金链断裂，但是怎么会断裂的呢？2007 年市场好的时候，很多原来赢利很好的企业就开始花巨资炒股，我就亲自见过一家拿出几十亿元去炒股的企业，而在金融风暴袭击下，股市从 6 000 多点急转直下时，又只能被迫在 4 000 点补仓，巨亏后就造成企业现金流断裂。

去年（2008 年）银行给格兰仕的授信额度是 68 个亿，但格兰仕只用了一个零头。当时有不少人劝我趁机捞一把，但是，我认为全世界没有一个人人都赚钱、时时刻刻赚钱的股市。格兰仕在赚钱的时候，也从不做投机，因此在金融海啸前，我们仍然有足够的现金流。

由于倒闭的企业绝大多数是以 OEM 为主的企业，因此这种产业模式被认为是死于经济危机中的最大原因，难道 OEM 真的已经成为一个夕阳模式？

梁庆德：我反对片面指责企业做代工。世界 500 强的富士康也靠代工起家，现在也继续在做代工，和他们能做到全球 700 亿美元相比，国内企业有几家能做到？因此产业模式本身不是错，就看你在一个专注的领域中能否做到世界第一、能否做大、做强、做精、做专、做透、做绝？像富士康那样的企业，即使苹果公司不和它合作，也会有索尼，现在不是那些品牌商主导它，而是它在主导着这些品牌公司。这个商业思维在格兰仕被奉为企业的高度战略，我们的目标是将中国最大的微波炉制造中心，转变为全球最大的微波炉制造中心。

实际上，业界长期以来通常是把代工企业等同于那种缺乏技术的打工企业。这顶“帽子”并不适用于富士康那样的企业，当然更不属于格兰仕。格兰仕申报的国际国内专利专有技术两千多项，自主开发的光波微波炉、光波空调已经成为全球家电市场风向标。

另外，在业界还有一种声音就是产业要升级，现有模式要尽快淘汰。这个建议没有错，但是有没有现成的解决方案？没有。产业升级就是从劳动密集型转移到技术、品牌服务上去，但是这样的新模式还没有完全建立起来的时候，现有的模式不应该被简单过早、过快地否定掉。中国有9亿农民，2亿农民进城打工，他们的工作在哪里？没有劳动密集型企业，就业问题如何解决？

现在的出口企业的解决方案，是要先调整内外贸产品的结构比例，从依赖外贸转向内需市场，同时走掌握技术、规模化降低成本的路。还是一句话，OEM本身只是一个在制造企业中的商业工具。

价格战，即成本之战

格兰仕有一个目标，就是要成为“全球制造”，但是突如其来的金融危机，会减弱这一战略步伐吗？

梁庆德：不会，我们反而将因势抄底。这不是说我们放弃过去的保守而要冒进，企业坚持的低成本和适当扩张战略没有改变。这看上去和当前海外经济形势是否矛盾？其实不然。我们只会针对海外白色家电领域，此外只考虑对方品牌、生产线、专利技术等，而对于债务和应付福利则不会接收。因此我们和几家海外企业的谈判都因为这个基本底线的坚持而异常困难。我们宁愿不收也不妥协，何况现在经济的底部没有完全显现，这让我们有足够的谈判优势。

可以查一下格兰仕过去的经营历史，你会发现一个特殊的现象，在市场过热的时候，我们按兵不动，而在市场趋冷的时候，我们开始进攻。

金融危机影响下，发达国家的贸易保护主义、贸易壁垒开始抬头，中国制造业应该如何寻找海外市场？

梁庆德：这是全球所有企业共同的生存问题。依我看，中国的市场开放程度和自由度反而要比发达国家高。欧美的发达国家现在无非就是用反垄断、反倾销、限制进口等手段来进行所谓的保护本国利益，但是中国大部分输出的产品是普通消费品，这完全有利于欧美发达国家多数民众的生活需求。反过来，中国的市场准入做得如何？政策补贴家电下乡的企业中，包括了很多外资企业。另外，在提高中国出口企业退税比率情况下，也成为外商向中国企业压价索利的借口，实际上很多中国企业贴补了外商。

现在，打开海外市场不能靠过去简单的出口模式，而可以适当利用部分海外企业陷入困境的情况，进行抄底并购，把工厂设在当地，避免贸易壁垒。

海外战略抄底上，其中也包括了人才引进，在如何确保海外人才的有效性上，格兰仕能提供什么样的经验？

梁庆德：我一直在思考为什么我们企业无法从国内找到优秀的技术人才，非要花巨资去聘请海外人才，关键还是国内没有设置相关产业的技能高等教育，为什么在瑞士有钟表学院、酒店系统教育，而中国没有？据我知道很多国内著名的网络企业，对招聘来的大学生通常要进行长达三年的内部培养，而格兰仕也一样。但是为了企业加速发展，我们只能积极寻找海外人才，这个战略不仅现在被提出，近年来就一直在延续，只不过，现在可以从过去高价聘请变成抄底。

过去，我们请过一个韩国籍的技术高管，并配了五名左右的中国技术员工，结果效果并不好，于是我们就调整为招聘团队，一组一组地挖，其中也包括营销人才。我们在日本有八个公司在进行招聘、挖人。现在海外的企业压力加大，裁员出很多技术、营销、管理人才，当然被裁的人并不一定是优秀人才，这就需要依靠我们过去的经验去判断。

无论是高价聘请还是抄底人才，企业的评估原则是，是否缩短与世界优秀企业的距离。

格兰仕的“击穿价格底线”战略，引发行业震荡，因此业界称格兰仕为“价格屠夫”，但在金融危机下，这种价格战略是否还能延续？

梁庆德：我必须要解释我们为什么一定要做“价格屠夫”？当年进入微波炉领

域，格兰仕毫无优势可言，无论是技术还是品牌，或是市场口碑，微波炉产品的优势全部集中在日本的产品，而且日本的微波炉价格一般都在 3 000 元以上，换句话说，微波炉对于中国消费者来说，尽管存在需求，但很难承受价格，更难实现消费。当时，我们就想，我们进入市场，要让更多的中国人消费，必须要做到价格亲民，但怎么实现？从财务角度，只有在该产品实现规模化生产后，我们才可能摊薄成本，然后挤出成本空间，把产品价格拉下来。

于是，我们把前几年赚到的钱，全部孤注一掷地投向微波炉产业。经过几次扩大化生产后，我们实现了规模化生产，然后在 1996 年对产品进行第一次降价，1997 年后又进行了第二次大幅降价，接着在 2000 年进行第三次和第四次降价，如果以 2009 年为维度，此前共进行过九次降价运动。在这一过程中，我们自己提出了“价格屠夫”和“价值摧毁理论”。

令我最感欣慰的是，我们实施了这种“击穿价格底线”战略，一方面迫使部分国际竞争对手的市场占有率萎缩，甚至关闭生产线，另一方面让微波炉从神坛上下来，成为一件普及商品。

“击穿价格底线”战略，对于业界对手是压力，但对于消费者来说则是实惠。把价格往下拉，挤掉对手，每个企业都很想做，但在价格战中取胜不是简单的事情。过去我们将微波炉从几千元一台拉到几百元一台，挤掉了外资品牌，并逐渐确立“成本领先”的清晰战略，不是来自业界，而是来自市场需求。

价格战其实是一种很简单的策略，但为什么能做好的企业寥寥无几？因为这个看似粗暴的策略，如果不是把它当作一个系统的工程来做，而只是一味降价的话，最终将导致利润下滑甚至亏本。打价格战的企业要有两大基础：第一，要有能力做大规模，并对生产活动产生的成本，控制到每一个细节；第二，价格战的背后是一条价值链，必须发掘掌握到这条价值链上每一个环节上的利润空间，由此才能拥有别人所没有的降价空间。

我一直说企业要做大做强，要有五根手指——品牌、技术、价格、规模和服务，它们握成拳头才是实力，而在拳击的时候，价格最先接触市场，因此企业一定要“击穿价格底线”。

业界会认为我们是营销价格战，其实根本不是，而是制造成本的价格战。营销价格战打到后来的结果一定是企业失去利润。但是，打每一场成本价格战，必然要求企业控制原材料的价格，但原材料价格能否控制？我说只能适度，因为涉及行情的变动，我们的出路是，要想办法在产量上谋求规模，靠规模效应实现总成本的降低。

方太集团主席茅理翔：产品优先于规模

做过十年会计和十年供销员的茅理翔，在1985年45岁时创办慈溪无线电厂，再用了十年赢得“点火枪大王”美名，后在1995年55岁时二次创业，和儿子茅忠群创办方太厨具。

方太创立以来一直专注于成套化、嵌入式高端厨电领域，目前已形成吸油烟机、嵌入式灶具、嵌入式消毒柜、嵌入式蒸箱、嵌入式微波炉、嵌入式烤箱、燃气热水器等七大产品线，其中高端吸油烟机在高端市场占有率达45.02%。

从2009年2月1日起，家电下乡在原来14个省市的基础上，开始向全国推广，产品也在之前推出的“彩电、冰箱、手机、洗衣机”之外，又新增了摩托车、电脑、热水器和空调。它们和彩电等产品同样享受国家13%的补贴。尽管部分企业在下乡计划以及相关政策扶植中释放了局部压力，但大部分未被列入家电下乡的企业，则只能寻找自我救赎之路。这些企业几乎都选择了低价打折抛货的策略。这段时期中，企业为比拼降价力度而再度求量求规模，从而将让利演变成了一场史无前例的“大出血”运动。

在这个背景之下，要不要牺牲利润以换取市场，考验众多企业领导人的决策判断能力。作为以高端厨电为产业定位的方太，在高管层内部也发生过激烈的讨论。该企业前线作战的营销主管们向老板茅理翔建议，基于市场低迷，消费者对产品的低价预期，方太应该推出廉价产品或者大幅降低产品毛利，以刺激市场的神经。

在大冲突时期，要做出一个平衡各方利益的选择很难：如果推出廉价产品将彻底否定方太过去坚守的高端定位，而降低产品毛利虽能扩张产能，但后果是方太不得不把市场压力转向供应链，以寻求成本控制，会导致原有的供应商不满或者提供次质配件。

向左走，还是向右走？茅理翔向高管团队提出三个问题：第一个问题是，方太的产品质量和品牌在市场上是否过得硬？第二个问题是，比外资品牌还高出10%售价的方太产品，如果这一次削掉10%的价格，甚至更多一些，能否保证未来不再进一步掉价？第三个问题是，把削价后的成本危机转嫁到供应商头上，最终损害的是谁？

这一年，在大部分对手纷纷采取“大出血”的运动中，方太没有跟进，反而继续坚持高端产品、高端价格，这种“逆市场”而为的策略，使得方太的品牌价值进一步提升。根据国家信息中心市场信息处与中国家电网共同发布的《国内重点城市高端吸油烟机零售市场分析报告》，方太在2009年以44%的占比名列中国高端吸油烟机销量第一。为此，定位理论创建者杰克·特劳特（Jack Trout）对方太的行为，送出了褒奖：“中国卖得更好的高端吸油烟机，不是洋品牌，而是方太，因为方太更专业。”

当然，对于方太在2009年选择的“逆市场”行为，还可以从差异化、错位等营销理论角度进一步诠释。

放弃两次赚快钱的机会

降价促销本是营销手段之一，然而在市场下行趋势中，很多企业出于生存需要，无底线的放大这一营销行为，最后将让利演变成行业的“大出血”运动。方太为什么没有卷入其中？

茅理翔：企业能否长期按住自己既定的价格，并保持稳定？考验的是企业自己在市场中的定力。客观地说，“低价打折”这一商业行为看似为了适应市场变迁，但实际上是否定了自己！

我曾经在不同场合中都说过，中国企业由于缺乏缜密的产业思考，因此在本轮经济危机中受到了强制调整。所以，我们现在不能再片面追求规模效应，而是要通过从现在起的后十年去找一种能自我控制和调整的方法。

那些“大出血”的消费品牌，背后都有共同的特点，就是同质化严重、缺乏技术含量，消费者可以货比货、价比价，生产企业原来试图通过所谓“大出血”来挽回一点利润，结果在竞争中，反而会陷入不进行降价，消费者就不买账的境地。

坦率说，方太的产品只有在成本允许情况下才在局部进行优惠销售，但这完全不等同于“大出血”，因为我们永远不会改变自己的中高端路线。既然我们选择了打品牌、打高端市场，就是想取其利，但同时也就要接受其弊，这是企业的追求问题。过去高速发展期，方太放弃了两次可以规模化的机会——第一次是，地方政府出政策请方太去投资房地产；第二次是，地方政府提出以方太品牌去整合宁波慈溪数百家中小企业，如果选择了，方太虽然可以成为多元化企业，但是在过度分散的资金、管理下，方太的日子恐怕要比现在难过。

方太不“低价打折”的深层原因，就是我们相信自己的产品过得硬，我们和对手竞争没有同质化，每一个产品都是来自企业所设立的全球最大的厨电研究中心的技术。

企业界一直在探索如何创新，希望用创新的技术含量来避免无休止地陷入货比货、价比价。在浙江也出现了一个口号——“浙江制造走向浙江创造”。但是那么多的企业在谈创新，作为管理者如何区别创新计划是真正有效的、真正能够突破今天的危机期？

过去方太在创业时期也遇到过急于创新的问题，但是越急越难以对项目做更深入的分析，结果就容易产生伪创新。因此关键还不在企业究竟创新出了什么产品，而是企业有没有一个持续发展的创新推动机制。我们内部有一个集成产品开发管理委员会，其作用是评估创新项目，这包括创意计划、研发跟踪、模具开发到最后的量产，委员会整体上要经过三次决策批准，这一方面为了将创新的风险降至最低，另一方面确保项目的市场接受程度。很多企业领导人在危机期单纯地要求下属赶创新的速度，其实这是本末倒置，应该先着手建立起企业的创新制度、创新文化。

中国企业过去十年通过劳动密集型将制造拿到了，但是距离品牌还是有很大的距离，难就难在能否以 100 年持续只做好一个产品，并经受各个经济周期的考验，除了将“中国制造改为中国创造”，别无他法。

2019 年结束产业大调整

中国企业加快了转型，但是淘汰的企业数量大于新生企业，这对于整体经济产生了严重影响，那么调整期究竟什么时候才算是真正完成?

茅理翔：我将调整期与未来划分为三个十年。

现在的调整期最合适时间是到 2019 年。中国企业用了 30 年走了别人 100 年的路，基础相当不稳。这次是中国企业第一次真正的调整，只是在受金融危机影响下，被迫和强制性地进行调整。当然接下来的十年，淘汰数量不会这样的高发，但是会维持在一定的比率上，我们要用十年来调整过去 30 年高速发展期存在的“野蛮式”增长方式，而向科技、环保和集约型拓展，跟不上这个节奏的企业自然要被竞争所挤压。

第二个十年是 2019 年到 2029 年，中国企业将享受到前一个十年调整后的成果，并再度完善产业机构化、制度化，在遭遇新的经济周期时，不会像现在这样出现集体淘汰。

而再后一个十年是到 2039 年，这是中国企业实现全球领导力的时期。

因此，我个人认为，现在的产业结构治理和淘汰反而应该从速，不能松懈，并且压缩时间表。这就要求企业领导人更放开思维，有做百年企业的设想。

大多困难企业的主要问题集中在低端的产业模式上，这些企业如何才能突破危机?

茅理翔：除了因环保等问题被国家压缩的产业以外，企业不是没有出路，而是要靠创新手段实现包括产业结构、管理等方面的升级。以方太来说，如果没有坚持常年创新，我们的产品也只有普通的抽油烟机，这就很难生存，即使没有经济危机，离破产也只是一步之遥。消费者现在购买比外资品牌还要贵的方太产品，就是因为他们已经认为我们的产品质量和提供的功能与技术是值得信赖的。实际上，在我们进入吸油烟机领域的时候，吸油烟机这个商品是被认为属于低端的产业，当时地方政府也并没有看好。

既然认识到自己的产业属于低端，企业就要把各种能力的“拔高”当作使命，努力把自己做“硬”。这个出路就在于改变原有的模式，怎么走？就是将创新注入低端产业，培育独特的产品和管理经验，在这个过程持续3～5年之后，回头看看，你会发现过去被别人认为低端的产业，在你手里就会变成一个朝阳产业。

但是目前情况不同了，市场上的赚钱都依靠低价竞争，其实这个时候，你反而就要学会隐忍，放弃低利润竞争，耐心搞产品对比、研究，哪怕只做好一个产品，但是这个产品是有专利的，你仍然可以重新崛起。

创新周期都比较漫长，但在经济周期下，企业如何压缩产品开发周期直到量产？另外，企业在创新系统管理上应该如何形成有效机制?

茅理翔：必须务实，放弃“机会主义”，并且要重执行。我们进入抽油烟机领域的时候，同在一省的竞争对手帅康、老板已经做得很优秀，作为“后进者”，我们如果不压缩产品开发周期，就等于在烧钱，当时还有30多家企业联合起来搞价格战，抽油烟机平均价格已降低200元左右，我们甚至在五个月内产品销售没有增长，不过我们却在搞研究，之后，我们向市场推出了一种欧式外观、中国内腔的产品，在推出市场中，我们大胆地把定价高出普通产品的100%，结果是，三个月后，从原来试销300台一下子升至月销1 000多台。这个经验，让我们以后注意到压缩产品开发周期的重要性。后来，我们把该产品的改进型称为“鼎后”，这是方太一个里程碑式的产品。实际上，当时的“鼎后”不是方太的实验室产品，而是来自内部普通员工的全员智慧。

目前，困难企业的出路，不光是内部的研发机构，而是要靠全员，让每一位员工献计献策，改变那种“办公室搞研究”的做法。

对于过去没有设立过创新机制的企业来说，要压缩产品开发周期是不现实的，因为创新并非呼之即来，这要看企业对创新的投入和管理。当然，对于目前尚能维持经营的企业来说，要利用目前市场同质竞争的空隙，加紧向企业输入创新系统管理。一方面要在内部设立相关创新领导组织，另一方面引入类似IBM的IPD（集成产品开发管理）工具。IPD的功能就在于提高产品开发效率，同时推进多个创新项目时候，既节约研发成本，又加快创新成效直至量产。

很多中小企业浮躁感很重，多数企业穷尽思维仍难突破危机，于是开始想通过拓宽边际产品来打通赢利渠道，这种战略能否为他们带来机会？

茅理翔：不能说没有机会，但是就带有对赌市场的危险。

很少有企业一开始就完美无缺，并且能够保证其定位一直正确。成熟的企业一定是每走一步弯路，尝试，然后再回归，这种纠偏的过程将让企业越来越走向“归核化”。2006年，方太进行了再一次战略调整，将原来“外置式厨房电器”调整为“嵌入式厨房电器”，即今后所有外置式厨房电器不再涉足，因为非嵌入式厨房电器中如微波炉、烤箱等，市场都有了很成熟的品牌，方太在这方面也很难与之竞争，于是放弃了电磁炉、饮水机等产品，将自己“缩小”，主攻“嵌入式厨房电器”。目前，我们的“嵌入式厨房电器”已经达到在该产品领域的30%占有率，而且趋势更加积极可观。在企业内部，我们强调的是“产品优先于规模”。

凡是拓宽边际产品的企业，经常遭遇的尴尬就是，竞争企业已经在该领域依靠庞大的产品系列线对于市场渠道实施了垄断，而自己却只能靠一款或者两款的低价格产品来获取微薄利润。我建议这些企业放弃拓宽边际产品的思路，反而要将“归核化”进行得更彻底，对核心产品深挖掘，毕竟在你熟悉的核心产品领域，优势更为集中。

除了创新作为企业持续发展动力之外，成本控制也是动力的一个砝码，实际上，供应链上企业的生存状态影响到整体生产企业，市场低迷中，方太如何处理和供应链的关系？

茅理翔：与供应商的商业关系，反映了一个企业的商业信用。

困难期，方太要独善其身几乎很困难，但是过于压低供应价格，就会导致供应商降低配件的生产标准，反过来，将令方太的整体质量受损。如何提高整个供应链的质量，把他们纳入到方太的产品质量与成本的控制体系中，是方太不得不面对的问题。

方太的供应商70%分布在浙江宁波慈溪总厂周边，方太有数十家生产不同部件的外协厂家，比如生产灯座的，生产风机的，等等，除了制定相关供应合约以外，方太花费了大量精力对他们进行帮扶，定期会派品质人员、工程师去辅导。方太既不会通过打压供应价格，也不会拖欠账期来增加方太的利润。

实际上，保障优秀的供应商利益也是企业持续发展的能动力。

儒家思想能帮中国企业

其他民营企业对自己家族制身份避之不及，方太却宣扬现代家族企业模式。但是陷入破产、歇业中的大部分中小浙江企业多数系家族企业，那么家族企业在持续发展能动力上是否存在巨大弊端？

茅理翔：的确，倒闭的很多企业多数是家族企业，但原因不是出在家族制度上，而是产业问题，家族制度引发的矛盾是未来一定会遇到的事情。“活下去”的家族企业应该利用这一时机，不仅要思考企业盈利模式，更要思考的是制度的改革，强调互信，尤其是劳资互信。

在家族所有权层面，方太要始终保持绝对控股的地位，这一点不会动摇。但在经营层面，方太要强调淡化家族制的决定，经营团队除家族成员茅忠群之外，全部采用经理人制度。

方太的家族管理模式目前形成的结构为，我担任董事长，但是经过放权后，我目前主要在品牌层面进行把控，经营则由儿子茅忠群总负责，并在总经理架构下组建属于其自己的管理团队，而在保持家族制的绝对控股90％的幅度下，又适当拿出10％的股权给予由博士、硕士等组成的高知管理团队。

实际上，我对家族企业研究从1999年就开始，之前管理界多存在否定家族制说法。我提出过淡化家族制说法，但是需要说明的是，淡化不是否定，而是结合当前企业全球化发展趋势，建立适合方太的现代家族企业制度。

很多企业不仅积极谋划商业策略，同时丝毫不放松对员工在企业文化上的推进，希望用共同的价值感来激励员工士气，但是员工表面上释放的能动力究竟多少是真的？而方太所设立的“孔子堂”，真能凝聚员工士气吗？

茅理翔：坦率说，方太要2015年实现销售额破50亿元大关，就要靠向员工传达儒学精神这把尚方宝剑。不过，公司设立“孔子堂”是在经济危机发生前，并不是仓促用来激励员工的。

方太的高层大多来自世界500强在华公司，他们过去西式企业的思维能否与儒学相适应？其实我也是抱着尝试的态度去观察的，结果发现这些过去受到高等教育的高层不仅没有盲目坚持西方管理文化，还提出了很多儒学与方太管理的结合创想。其中一位高层在内刊上这样写道：“经济学家和管理学家那些高深的理论解决不了危机，因为痼疾在于文化。”

现在多数企业在引进技术和管理时，也把价值观全部照抄，实际上究竟多少价值观是适合中国企业的？而在西方管理问题严重的当下，其企业制度下的管理文化并非是完美的，而在员工普遍的怀疑心态下，再要将价值观趋于一同几乎不可能，因此方太于一年前推动的儒家思考则更适合中国员工。

我们推出“孔子堂”不是全部否定西式管理，而恰恰就是从管理出发的一种低成本的培训，将价值观作为员工教育的最基本架构。

腾讯首席执行官马化腾：砍掉低于亿级用户的产品

1993年从深圳大学计算机专业毕业，马化腾进入深圳润迅通讯公司，专注于寻呼机软件的编程开发，为进一步寻求“互联网之梦”，1998年和好友张志东共同成立“深圳市腾讯计算机系统有限公司”，并推出即时通信软件——“腾讯QQ”，六年后，公司在香港联交所主板上市，成为中国互联网历史上第一个市值超过100亿美元的企业。马化腾领导下的腾讯，影响和带动了中国互联网产业的发展。

1998年到2011年，马化腾做了两个重大选择：其一，仿照ICQ开发了OICQ，也就是今天的QQ；其二，在2005年3月16日，通过收购Foxmail邮箱软件，将这一软件的创始人张小龙及其团队整体收入麾下，并由后者孵化出今天一统IM（Instant Messaging，即时通讯）江山的微信。

英雄只论成败。今天看来，也许只看到腾讯的辉煌，却忽视了它在2009年经历的一场彷徨无措。这一年的第二季度，腾讯总营收达28.784亿元，同比增长79.9%，盈利为13.989亿元，同比增长82.8%。尤其在网络游戏领域，首次超过当时如日中天的盛大，另外还在抢夺举世瞩目的2010年上海世博会的赞助资格上，击败所有对手，成为唯一的互联网高级赞助商。在这样的背景下，腾讯成了“全民公敌”，并在互联网行业、财经界掀起的一股关于“抄袭”与“创新”争论的风暴中成为争论焦点。

争论风暴分成两派：支持者认为，在互联网世界里，“抄袭”与“创新”没有泾渭之分，腾讯的“改变式创新”促进了技术的进步，是互联网的发展潮流；反对者则认为，中国缺乏真正创新的文化，整个社会的法治环境、创业环境将因为抄袭和模仿变得混沌，腾讯在法律上侵权，在市场上搞垄断，是互联网中的“劫匪”。

反腾讯的风暴中，阿里巴巴公司创始人马云和新浪网原总裁兼CEO王志东在当时也进行吐槽。前者矛头直指和其有竞争的腾讯拍拍网，认为“腾讯没有创新，所有的东西都是抄来的”，后者的攻击直接对准马化腾本人，认为“马化腾是业内有名的抄袭大王，而且他是明目张胆地、公开地抄”。面对指责，马化腾却柔和地表示：“抄可以理解成学习，是一种吸收，是一种取长补短。”

事实上，中国很多互联网企业都有“抄袭”的痕迹，比如淘宝。如果不是前有eBay易趣，就不会有后来的淘宝，唯一的区别是，马云沿袭eBay易趣时，修改了“禁止买卖双方在交易前进行联系”的陈规，变成了让买卖双方自由讨价还价和商量交货方式的新模式，依靠这样的模式迅速取代了eBay易趣的统治地位。

马化腾当时抛出的“抄可以理解成学习”的思维，很多人以为他是在狡辩，但拿到今天来看，也许让很多人后悔。

不要对立学习和创新

实体企业正遭遇前所未有的严峻形势，这对以腾讯为代表的互联网企业，有何触动？

马化腾：2008年是很不平凡的一年，美国金融风暴是堪比“9·11”的大事。很多人已深切地感受到这一点，觉得这个冬天真的来了。从事互联网行业的业内同仁都十分清楚，我们目前正处在充满挑战的经济环境。翻看那些反映全球经济低迷走向的报告，我认为，现在正是对那些有助于我们解决当前问题并刺激行业复兴的战略进行评估的有利时机。

对腾讯来说，目前的经济环境是一个挑战，也是一个很大的机遇，因为我们有一些板块发展增长会受阻，但有一些板块会发展得更快。我们看到今年的大发展中，网络游戏的板块增长非常迅速；第二个就是网络广告，尤其是我们的体育用品、快销品广告等，反而还遇到一个非常大的增长机会。

对于我们来说，我们希望借助各个业务的高速发展，能够立足长远，我并不希望腾讯把利润放在账上，更希望把利润投入到长远的发展里。未来的三年，一定是中国网民增长非常关键的三年，会突破 3 亿多人，但之后的增长率会降低，因此我们需要在这三年中大力发展和培育产品，以抓住用户。

就中国的互联网企业，下一步的发展路径或者选择是什么？

马化腾：经济危机下更多是信心问题，大家信心不足是因为不清楚前进的方向。

从企业发展观的角度，我认为，不管企业做到什么样，都要保持一种诚惶诚恐的心态。在互联网领域产生的每一种新技术、每一种商业形态，我们都很敏感，而且会赶紧跟进、先去尝试。在互联网领域，任何人都无法事先判断什么是错、什么是对，只能通过自己尝试才能论证。如果被论证可行的，就马上做决策并投入资源，不用去看对手怎么做。

与此同时，要时刻保持危机感。只要早点发现、早点应对危机，那还是有胜算。但起码要往前走一步，看清楚情况，才能知道自己走得对不对。

在网络游戏领域，2009 年第二季度腾讯的收入首次超过盛大。但腾讯在该领域的增长主要受惠于《地下城与勇士》、《穿越火线》两款游戏商业化的提高，以及“QQ 游戏”的自然增长，而《QQ 幻想》、《QQ 三国》和《QQ 华夏》等较成熟 MMOG（Massive Multiplayer Online Game，大型多人在线游戏）的收入则有所下降。那么，未来腾讯将如何成为持续性的赢家？

马化腾：回顾行业过去十年的发展，结合腾讯的经验而言，中国网游企业在运营模式上，除了传统的自主研发、代理合作的模式外，腾讯最早采用联合运营的模式，并且在各种模式上都取得了很大的成功。

腾讯的代理合作，并非直接从开发方拿到一款游戏之后直接发行，而是尽早介入游戏的研发环节，并做很多的本地化研究和改造，比如《穿越火线》由最早从韩国开发商获得该游戏的第一个版本开始，直到最终上市，一共修改发布了不下 14 个版本。腾讯的联合运营模式，也是在国内厂商中最早采用的模式，与深圳网域联合运营《QQ 华夏》就是成功的典范。在自主研发方面，腾讯也一直不断地在投入和积累，目前也有多款自主研发的产品受到用户的广泛欢迎，如《QQ 幻想》、《QQ 三国》等，2009 年我们会再发布几款自主研发的新品，出击各个细分市场。这三种模式，确保了腾讯游戏多元化的产品供应，也印证了腾讯游戏业界领先的综合研发和运营能力。

一方面，从社会经济的产业层面来看，作为一个新兴的文化产业，我们很欣喜地看到，首先是政府相关部门发展网游产业的决心，积极的产业扶持与政策指引。其次是绝大多数网游企业为营造绿色、健康、和谐的网游平台自觉自律，并为此做出了种种卓有成效的努力。此外，所谓网游妖魔化的话题，业界内外都有过富于建设性的积极探讨。另一方面，就社会文化层面而言，作为一种新生的娱乐方式，网络游戏被妖魔化似乎又是其发展路上的必经历程。当年电影、武侠小说、流行音乐等同样遭遇到类似的困境，如今都已被大众所喜闻乐见。当然，网游的被妖魔化也有其本身发展不规范的原因。这要求网游企业在发展的同时，必须承担相应的社会责任，向用户提供绿色、健康的游戏产品，倡导积极向上的游戏文化。

在国内网游业兴起的初期，一些企业在刚起步的阶段，由于缺乏必要的技术实力，因此代理游戏成为一条“捷径”，只要拿到一款好的游戏产品，短期内就可以见到成效。但是随着行业的不断发展，单纯依靠代理给网游企业带来较大的风险，产品的成功往往直接和企业的成功捆绑在一起，于是不少企业开始逐渐投入到自主游戏研发中来。从长远看，自主研发始终是企业发展的必经之路，毕竟这无论对于企业本身还是整个产业来说都是其核心优势所在。腾讯游戏一直强调“精品战略”，无论是自主研发，还是代理运营，我们都对产品品质有非常苛刻的要求。只有精品，才能更好地满足QQ平台如此海量用户的需求；只有精品，才能在市场上获得真正意义上的成功。

面向未来，坚持自主创新，树立民族品牌是腾讯公司的长远发展规划。腾讯一直以“为用户提供一站式在线生活服务”为战略目标而努力。过去十年，我们的业务不断地影响和改变着数以亿计网民的沟通方式和生活习惯；未来，腾讯所提供的更多产品包括移动互联网服务还将为他们带去更丰富和快乐的体验。网络游戏作为在线娱乐之一，是其中重要的组成部分。

值得一提的是，随着中国游戏产业的发展，游戏已经脱离了过去单纯游戏的概念，我们认为未来的发展趋势是向社区化发展，而在这一点上，腾讯已经走在了业界的前列。目前，无论是腾讯公司整体的在线生活模式布局，还是腾讯游戏的产品布局，都是从用户的最基本需求、最简单应用入手，注重产品的可持续发展和长久生命力，打造绿色健康的精品游戏。同时，基于对用户需求的研究，我们也会对成熟运营的产品不断做后续内容的开发和挖掘，通过开拓新的内容、新的模式和新的玩法，使得成熟产品也能持续稳健的发展。

网络游戏领域中的企业并非都实现了赢利，比如巨人出现增长乏力、九城出现亏损，这对腾讯有什么样的警示?

马化腾：在国内网游业的发展初期，一些企业通过代理游戏的“捷径”，拿到一款好的游戏产品，短期内就可以见到成效。但是随着行业的不断发展，单纯依靠代理带来了较大风险。从长远看，自主研发始终是企业发展的必经之路，无论对企业本身还是整个产业来说都是其核心优势所在。腾讯游戏一直强调

“精品战略”，无论是自主研发，还是代理运营，我们都对产品品质有非常苛刻的要求。

因为这个行业属于创意性行业，所以到三年之后，竞争格局增长的势头会不会放缓，这是我们非常关注的。在韩国，已经有了这样的情况。所以，对腾讯来说，还要着眼于更多、更长远的新的发展机会，比如电子商务、搜索、品牌广告等，尽管腾讯现在占的比例不高，但我们具有相当大的潜力。

腾讯提出，企业战略未来目标将由“模式驱动”转为“技术驱动”，依据和基础是什么？

马化腾：我始终强调，腾讯是一个既注重学习能力，同时又强调拥有自主研发能力的企业。目前腾讯拥有6 000多名员工，其中60%以上的员工是研发人员。2007年，腾讯成立了独立的互联网技术研究院。这在目前的国内互联网企业中是独一无二的。腾讯互联网技术研究院不但进行应用技术方面的研发，也承担着很大一部分基础性研究的任务，例如互联网视频、语音的编解码和传输。中国的其他互联网公司，专利申请数量很少，而截至2009年3月，腾讯已申请近2 000项专利。腾讯非常重视新技术的研发和应用，腾讯的未来就在于依托技术优势，在互联网应用的各个领域全面发展，全面拓展用户群，实现品牌效益的最大化。

大事件就是传播平台

成为世博会唯一互联网高级赞助商后，腾讯面临哪些挑战？

马化腾：腾讯将在宣传推广、内容和技术三方面重拳出击。宣传推广上，将再次延续2008年北京奥运会期间火炬在线传递活动的成功经验，利用大事件与大平台完美结合进行世博营销；在内容上，腾讯网世博频道将全新改版，推出最具特色的系列策划、最具影响力的互动活动，让腾讯4.48亿活跃用户，感受身边的世博会；在技术上，腾讯主要负责网上世博会项目的总集成、总运行和总维护。由于网上世博会存在大量的虚拟3D展馆，当很多用户同时访问网上世博会时，会占用大量的服务器及带宽资源，另外还要保证网上世博会整个系统的安全。为了攻克访问速度、网站安全这些难关，腾讯投入了最好的技术和人力资源。一方面，腾讯拥有多年开发、运营和维护多人大型网络平台的技术基础，能为海量的互联网用户提供稳定的互联网服务的经验，特别在安全性、稳定性上久经验证；另一方面，腾讯从公司内部抽调了技术骨干精英和顾问，组成了100人的专职团队。

参加世博会，能为腾讯网品牌带来哪些价值？

马化腾：腾讯网与世博会携手，是“大回响、大影响”品牌战略的又一次体现。

早在2006年，腾讯网就已经成为国内第一流量的中文门户网站，尤其在2008年以来，在汶川地震和奥运会的报道中充分体现出快速反应和深入追踪报道的实力，也是大家所有目共睹的。

世博会是继奥运会之后最大的一个国家级盛事，这对腾讯网来说是一个重大的机遇。腾讯网正在逐渐朝主流影响力方面大步迈进，与世博会的合作将加快这一进程。具体业务层面上来说，在中短期，互联网各种业务模式中，网络游戏增速最快；但从长期来看，网络广告收入必然成为最主要的支柱。未来腾讯的收入也要向这个方向上靠，广告比例要增加，这是我们的战略考量。世博会对腾讯网而言，更多的是提升品牌形象，而品牌形象的提升，势必会带来网络广告收入的增加。

在中国互联网发展历史上，重大的社会经济事件，往往成为网络媒体迅速兴起的重要契机。距离世博会正式开幕不到一年时间，作为上海世博会唯一互联网高级赞助商，腾讯网将抓住机遇，在为广大国人贡献一次精彩世博会的同时，自身必将获得突破性发展。

新产品必须创亿级用户

只见腾讯的产品，但不知道这些产品在内部通过什么样的机制实现？

马化腾：每当外界说腾讯如何成功、如何领先的时候，我都不作回应，我不认为腾讯做得已经十分成功。其实产品好不好，自己说了不算，品牌也不是自己封的，一定要有实实在在的产品，满足各个阶层的人，他们认可了，会给你这个品牌赋予很多内涵。腾讯在娱乐产品等方面比较强，这既是优势也是劣势。以前，我们的思路是抓大放小，满足大部分用户的需求。但现在看来，高端用户的感受才是真正获得口碑的，这和满足普通用户的需求之间并不存在矛盾，高端用户其实是要求更高、有更多个性化需求的用户，所以说在满足大部分用户需求的基础上，我们更要精益求精，去关注意见领袖的想法。

腾讯从来没有预设对手或任何的假想敌，腾讯最大的对手是自己。对我们来说，业务和资金都不是最重要的，业务可以拓展，可以更换，资金可以吸收，可以调整，而人才却是最不可轻易替代的，人才是我们最宝贵的财富。腾讯认为，一个好产品的实现和人才密不可分，前者涉及企业可持续发展，后者则是企业真正的财富。

腾讯需要的不仅仅是优秀的人才，更注重适合型人才。腾讯在选拔人才时最看重两个方面，除了符合正直、尽责、合作、创新的价值观之外，更看重于是否有良好的用户意识，以及对用户需求的敏感度。

在用人方面，腾讯在企业内部形成一条“活力曲线”：把最好的团队和员工挑出来，为他们创造条件，让他们承担更大的责任，激励他们，取得更大的成功；也把表现欠佳的挑出来，要求他们必须迅速调整状态，找出原因并迅速赶上，如果在3～6个月中仍然不能适应企业的前进步伐，可能会被淘汰。从发展空间上来说，一方面我们拥有成熟和完善的人才发展机制；另一方面，几乎所有的产品都是直接面向用户。在我们内部，评估一个产品好不好，是否应该持续推动，一个简单标准就是，这个产品能否创造亿级用户，这是我们的底线。没有具备亿级用户潜力的产品，我们会砍掉，更会调整这个产品部门。

eBay 正在谋求出售 skype 65％的股权，目前 skype 的用户群里的华人相对较少，而 QQ 基本上是华人在用，国外用户群体很少。QQ 会不会去争夺这个机会，从而获得一个超级庞大的海外用户群?

马化腾：面对行业的竞争和维持可持续性的发展，腾讯一直致力于追求稳健的业务发展，主要是通过业务自然增长，同时我们也会寻找一些和我们有相关业务且又有潜力的公司进行投资，希望可以携手一起共同成长。危机与机遇并存，金融危机确实使市场多了并购的机会，但没有影响我们的并购准则。我们一直密切留意各业务领域内具竞争力的并购机会，仍然会从公司的技术、人才、业绩、估值与我们现有业务的协同作用等各方面去全面考虑。

我们也会留意海外市场的并购机会，目前进行初步的尝试和布局，在越南、印度、韩国、美国都开设了办事处。如果有合适的机会，我们也不排除通过直投和合资等方式，进一步扩大海外业务的规模。另外 QQ2009 已经具备发展海外用户的强大基础，随着更多中国人、中国业务走出国门，海外用户的发展是一个自然而然的过程。并且最近我们与羊城晚报合作在报纸上开通了 QQ 爆料平台，其中就有来自五湖四海的信息。

图书在版编目(CIP)数据

新常态下的变革：对话37位中国企业家/沈伟民著.
—上海：东方出版中心，2015.11
ISBN 978-7-5473-0875-2

Ⅰ.①新… Ⅱ.①沈… Ⅲ.①企业管理—研究—中国
Ⅳ.①F279.23

中国版本图书馆CIP数据核字(2015)第246989号

新常态下的变革

对话37位中国企业家

出版发行：东方出版中心
地　　址：上海市仙霞路345号
电　　话：62417400
邮政编码：200336
经　　销：全国新华书店
印　　刷：常熟新骅印刷有限公司
开　　本：720×1020毫米　1/16
字　　数：310千字
印　　张：22.5　插页2
版　　次：2015年11月第1版第1次印刷
ISBN 978-7-5473-0875-2
定　　价：49.00元

东方出版中心邮购部　电话：52069798